广东省普通高校人文社会科学重点研究基地
暨南大学海外华文文学与华语传媒研究中心研究成果
暨南大学教务处、新闻与传播学院联合资助出版

暨南新闻传播学术系列
ACADEMIC SERIES ON JOURNALISM AND COMMUNICATION OF JINAN UNIVERSITY

新马华文报
文化、族群和国家认同比较研究

The Comparative Study on Cultural, Ethnic and National Identity of Chinese Language Newspaper in Singapore and Malaysia

彭伟步 著

暨南大學出版社
JINAN UNIVERSITY PRESS
中国·广州

图书在版编目（CIP）数据

新马华文报文化、族群和国家认同比较研究/彭伟步著．—广州：暨南大学出版社，2009.5

（暨南新闻传播学术系列）

ISBN 978-7-81135-215-3

Ⅰ．新…　Ⅱ．彭…　Ⅲ．中文—报纸—对比研究—新加坡、马来西亚
Ⅳ．G219.339　G219.338

中国版本图书馆 CIP 数据核字（2009）第 036179 号

出版发行：暨南大学出版社

地　址：中国广州暨南大学
电　话：总编室（8620）85221601
营销部（8620）85225284　85228291　85220693（邮购）
传　真：（8620）85221583（办公室）　85223774（营销部）
邮　编：510630
网　址：http：//www.jnupress.com　http：//press.jnu.edu.cn

排　版：暨南大学出版社排版设计中心
印　刷：佛山市浩文彩色印刷有限公司

开　本：787mm×1092mm　1/16
印　张：16.75
字　数：306 千
版　次：2009 年 5 月第 1 版
印　次：2009 年 5 月第 1 次
印　数：1—2000 册

定　价：33.00 元

总 序

在中国新闻传播教育发展史上，暨南大学新闻传播教育已走过60多年坎坷不平而又不断奋进的历程。

1946年，暨南大学新闻学系在上海创立。1949年，因暨南大学停办而并入复旦大学新闻系。1958年，暨南大学在广州重建，中文系于1960年开办新闻学专业。1970年，暨南大学在文化大革命中被迫停办，新闻学专业随中文系并入华南师范大学。1978年，复校后的暨南大学重建新闻学系。从此，暨南大学新闻传播教育走上不断发展的道路。

改革开放以来，暨南大学新闻学系逐渐扩大办学规模：1984年开设国际新闻与传播双学位专业（后改为国际新闻本科专业），1994年创办广告学本科专业，2001年创办广播电视新闻学本科专业。2001年，在原新闻学系的基础上组建新闻与传播学院，下设新闻学系、广播电视学系、广告学系。与此同时，暨南大学新闻与传播学院努力提高办学层次：早在1986年即成为我国第三批新闻学硕士点之一，2001年又获准设立传播学硕士点；2003年，新闻学同时成为广东省高校名牌专业和国务院侨务办公室重点学科；2006年成功申报新闻学博士点，成为华南地区首家设立新闻传播学类博士点的院系，建成本—硕—博一体化的完整人才培养体系。

继2006年成功申报新闻学博士点之后，暨南大学新闻与传播学院在2007年又取得了一系列可喜成绩：①获准设立新闻传播学博士后科研流动站；②与中文系联合组建的海外华文文学与华语传媒研究中心获准为广东省重点人文社会科学研究基地；③新闻学获准为广东省重点学科；④新闻学专业获准为教育部首批特色专业建设点；⑤获准增设播音与主持艺术专业。所有这一切，都令人感到气象一新。

之所以能够取得上述各项成绩，一个重要原因是暨南大学新闻与传播学院多年来十分重视学科建设。特别是2006年暨南大学百年华诞、暨南大学新闻传播教育六秩荣庆之后，学院明确提出了要从教学型学院逐渐转变为研究型学院的发展战略，确立了学科建设的核心与龙头地位，完善了学科建设的激励机制，加大了学科建设的支持力度，全院教师以饱满的热情参与到以学科建设为中心的教学与科研工作之中。

在当代中国学术事业蓬勃发展的历史进程中，一个单位的学科建设要有所建树，必须发挥优势，强化特色，开拓创新。为此，凝练学科方向至关重要。经过多次讨论，暨南大学新闻与传播学院已明确了六个重点建设的学科方向，即新闻传播理论与媒介批评、中外新闻传播历史、新媒体与新闻传播业务、传媒产业与传媒经营管理、海外华文传媒与华文传播、广告公关与营销传播。除此之外，学院还将培育新的学科生长点，努力把暨南大学新闻与传播学院建设成为“华南学术重镇，媒体精英摇篮”。

学科建设是一个系统工程，涉及诸多方面的工作。譬如，建设高水平的师资队伍，开展高层次的科学研究，进行高质量的学位点建设，推动深层次的教学改革，都是学科建设的重要内涵。其中，科学研究上层次、上水平尤其重要，因为高水平的师资队伍主要是在科学研究的过程中锻炼成长起来的，高质量的学位点建设必须以高层次、高水平的科研工作与科研成果作为支撑，深层次的教学改革也必然以科学研究的进步作为根基与动力。因此，大力推进上层次、上水平的科学研究，便成为摆在暨南大学新闻与传播学院面前的历史使命。

在推进科学研究的过程中，一方面要加强领导，组织团队，争取项目，协同攻关，力求重大突破；另一方面要充分发挥学者个人的主观能动性，高度重视学者的自主研究。人文社会科学的发展史表明，许多重要的成果不一定出自“规划项目”，而往往出自学者的自主研究。鉴于此，暨南大学新闻与传播学院大力提倡多样化的研究，不仅鼓励积极申报国家级、省部级研究课题，而且支持学院教师进行富有学术价值的自主研究。

为了相对集中地展示暨南大学新闻与传播学院教师的各种研究成果，学院决定推出“暨南新闻传播学术系列”，陆续出版学院教师在新闻传播领域的学术论著。开放、多元、丰富的研究主题，将统一在“暨南新闻传播学术系列”的开拓与创新之中。

2008 年，是暨南大学在广州重建 50 周年与复校 30 周年，也是暨南大学新闻学系重建 30 周年。在这个时刻推出“暨南新闻传播学术系列”，应当说具有令人充满想象与期待的意义与价值。我们相信，“暨南新闻传播学术系列”不仅是暨南大学新闻与传播学院致力于学科建设的重要成果，而且是学院在新的起点上迈向更加辉煌未来的重要见证！

暨南大学新闻与传播学院常务副院长 董天策

2008 年 3 月

前言

笔者于1997年开始接触并研究海外华文报纸，迄今已逾10年。笔者能够长时期专注于此方面的研究，一方面要感谢前人为该领域的研究提供了许多资料，另一方面得益于笔者对这一领域浓厚的研究兴趣。暨南大学是一所侨校，在这里，可以阅读许多海外华文报纸，特别是东南亚华文报纸。笔者也可以接触到大量来自海外的华人留学生和学者。笔者一方面通过报纸、学生和学者了解海外华人的生存状况，或赴海外进行田野调查，另一方面利用暨南大学的资料与环境优势，对海外华文报纸展开研究。客观来说，暨南大学为笔者所提供的良好研究环境，是国内其他大学所不具备的。

海外华文传媒是海外华人社会的三大支柱之一，在维系海外华人族群认同，促进华族文化的传播，增进华人与当地主流社会的交流与理解，帮助华人了解和融入当地主流社会等方面作出了积极的贡献。然而，迄今为止有关这一方面的研究还比较少。这是华人华侨研究的一大缺憾。

十多年来，笔者一直从事海外华文传媒的研究，收集资料，努力思考，撰写了三部相关著作：《东南亚华文报纸研究》、《海外华文传媒概论》、《〈星洲日报〉研究》。这些著作虽然不能说是上乘之作，但比较详尽地介绍和论述了海外华文传媒的现状与未来，为广大读者了解海外华人社会及海外华文传媒提供了丰富的资料，为后来者继续从事这方面的研究做个铺垫，也希望有更多的学者从事这方面的研究。

笔者写完《东南亚华文报纸研究》、《海外华文传媒概论》和《〈星洲日报〉研究》后，一直想结合民族学、新闻传播学的相关理论，对新马华文报纸进行比较研究，希望借此为以后的少数族群传媒研究打下基础。这也是笔者撰写此书，探讨新马华文报纸文化认同、族群认同与国家认同，并比较研究两者差异的一个原因。

一直以来，笔者对新马华人与马来人的种族关系非常感兴趣，也很想站在一个新的角度，通过华文报纸了解新马华人的社会现状，研究它们的文化认同、族群认同和国家认同。由于有机会接触大量资料，又有机会亲赴新马进行实地调查，再加上中国西北部生活着大量信奉伊斯兰教的少数民族，因此笔者很希望通过研究新马华文报纸的文化认同、族群认同与国家认同，为研究中国少数民族的文化认同、族群认同与国家认同探索出新的思路。此外，笔者还想借对新马华文报纸的比较研究，把相关研究扩展到少数族群传媒的族群与国家认同，以及少数族群的文化传播等研究，进而丰富新闻传播学，为学术界提供一个新的审视少数族群传媒作用的窗口。

新马两国华人众多，华文传媒相当发达。它们很有代表性，也很有特点。新加坡独立前，华文报纸是当时市场化程度最高、运作最规范的海外华文传媒，但是独立后，在多种因素影响下，政府把英语作为社会媒介语言，华文逐渐在新加坡式微，华文教育也于20世纪80年代终结，造成华文报纸在新加坡由原来的主流媒体逐渐沦落为亚主流甚至非主流媒体。马来西亚独立后，马来人与华人达成华人拥有接受母语教育的权利的社会契约，并把它写入宪法。一直以来，华人努力保护和发展华文教育，使得华文报纸拥有源源不绝的读者并成为华人社会中重要的舆论工具，在马来西亚有着很强大的影响力。

不同的政治体制及华人在政治上的不同地位，使新马华文报纸形成了差别很大的族群认同、文化认同和国家认同。在全球化的背景下，它们面对全球化的挑战所展现出来的族群认同、文化认同与国家认同也发生了很大的变化，特别是面对文化全球化的影响，华文报纸以文化为纽带，超越种族主义，呈现出淡化国家认同的现象。这为我们思考少数族群传媒在全球化传播中的定位与发展提供了一个可供借鉴的新视角。

虽然十余年来笔者一直在关注此领域的研究，也一直在收集相关资料，而且两度赴新马进行田野调查，但是由于学术访问时间有限和个人学浅才疏，书中肯定有许多不足之处，观点也许有偏颇之处，希望得到各位读者的斧正。

另外，此书稿能够顺利完成写作与出版，得益于多位专业人士的提携与指导。暨南大学曹云华教授领笔者进入海外华文传媒研究的大门。北京大学程曼丽教授帮笔者引荐海外华文传媒负责人，并督促笔者的学术研究。马来西亚星洲媒体集团刘鉴铨董事经理、萧依钊总编辑在笔者赴马期间提供了许多宝贵资料并给予热情款待。暨南大学出版社杜小陆先生、黄海燕女士辛勤编辑书稿并提出许多修改意见，在此，笔者对他们所提供的帮助与指导特表谢忱。

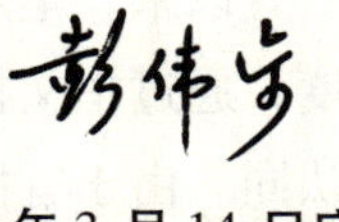

2009年3月14日定稿

2009年4月20日再校对

目录……

THE COMPARATIVE STUDY ON CULTURAL, ETHNIC AND NATIONAL IDENTITY OF CHINESE LANGUAGE NEWSPAPER IN SINGAPORE AND MALAYSIA

第一章

华文报族群、文化与国家认同的历史背景

THE COMPARATIVE STUDY ON CULTURAL, ETHNIC AND NATIONAL IDENTITY OF CHINESE LANGUAGE NEWSPAPER IN SINGAPORE AND MALAYSIA

精致隽永的文字，油墨香味的报纸，既呈现出新马华文报纸久远的历史，也使我们从中可以发现海外华人不断开拓的历史，带给我们对先贤的认识。历史是一面镜子，从这面镜子里，我们可以不断回望久远的历史，解读历史中的文化与思想，使我们对历史有更多的了解，有助于我们正确理解当时的华人社会，客观评价华人对历史的贡献。

作为反映新马华人历史的重要文献史料和传承华族文化的重要桥梁，华文报纸从诞生伊始就被赋予了与当地主流报纸不同的社会角色与文化功能，甚至是抗争种族政治的重要喉舌。客观地说，华文报纸有非常浓郁的族群文化色彩，为族群利益奋斗不已，这与其所处的政治和文化背景有着非常密切的关系。

新马种族关系敏感、复杂，两国华人又处于截然不同的政治环境中，即使新加坡是华人主导社会，但也面临着失去华族文化的严峻挑战。这些政治现实使以传承华族文化为己任的华文报纸在传播华族文化过程中充满了许多变数。它们的族群、文化和国家认同的角色也在这些非常复杂的种族关系和政治背景中不断得到展现，甚至被强化。

从新马被英国殖民统治开始，华文报纸就作为传承华族文化和推动华文教育的重要力量，为维护华族利益作出了杰出贡献。它们与当地其他不同语文报纸一起为推翻英国殖民统治、建设新马发挥着重要作用。华文报纸的历史征程，详尽而又准确地反映了新马华人的奋斗历史。在现阶段，由于复杂的种族关系，以及新马两国纠缠不清的关系，它们在族群、文化和国家认同方面既呈现出共性，也展现出明显的差异。这些相同点与差异都能在华文报纸的历史发展过程中反映出来。

第一节　新马华文报起源至日军侵占前

新马华文报刊是海外华文报刊的先驱，为中国海外华文新闻史奠下了重要的基石。现华文报纸是在华文刊物的基础上，经过学习西方报纸的编排，逐渐发展起来的。自 1815 年《察世俗每月统记传》创刊出版后，不断有华文刊物出现，在日军侵入新马前，新马地区的华文报纸的发展就达到了历史的顶峰。

一、报纸起源

新马华文报纸历史悠久，从《察世俗每月统记传》开始算起，迄今已有将近二百年的历史。华文报纸不断生根发芽，逐渐枝繁叶茂，茁壮成长。从1815年到1837年的22年间，马六甲、巴达维亚及新加坡三地，先后出现了四份宗教性的华文杂志，即马六甲的《察世俗每月统记传》、《天下新闻》，巴达维亚的《特选撮要每月统记传》，以及新加坡的《东西洋考每月统记传》。

"英国布道会教士马礼逊1814年初派遣中国人米怜到马来群岛一带进行考察，以便寻找建立后勤的基本地点，同时也乘此机会散发马礼逊编印的基督教宣传文字。"①

1815年初，马礼逊再次派米怜到马六甲，设立印度以东布道会（Ultra - Ganges Missions），正式展开新教在马来半岛的宣教活动。《察世俗每月统记传》也就是在这种情形下，为了满足宣传宗教的需要而创刊问世的。它是马来亚的第一份华文刊物，也为《天下新闻》、《特选撮要每月统记传》及《东西洋考每月统记传》先后在南洋一带的出现奠定了基础。

1815年8月5日，第一份华文刊物《察世俗每月统记传》在马六甲创刊。创刊者是英国传教士马礼逊（Robert Morrison）和米怜（Wiliam Milne），除了数期为马礼逊和麦都思（Walter Henry Medhurst）、梁发三人合编外，其余都出自米怜之手。米怜编印《察世俗每月统记传》的目的非常明显，就是希望通过这份杂志来辅助宣教工作的进行。所以，基督教教义的阐述和介绍是《察世俗每月统记传》的基本内容和主要目标。鉴于中国科学的落后及民智的闭塞，米怜也将科学知识（如天文地理等）列为《察世俗每月统记传》的部分内容。至于一般性新闻，很少涉及。所以，米怜在他的回忆录中，对《察世俗每月统记传》的创刊目的，有这样一句话："本报宗旨，首在灌输智识，阐扬宗教，砥砺道德。"

《察世俗每月统记传》虽然是以木刻版线装书的形式出版并免费散发，且内容大多阐述基督教教义，但也刊登一些新闻及港口货物商情，后期甚至有少量时政评论文章，这初步具备了现代报纸的特质。此外，《察世俗每月统记传》虽然是在马来亚创刊，但是由于它是一份华文报刊，且主要销售对象是中国移民，因此受到中国传播史

---

① 王慷鼎. 新加坡华文报刊史论集. 新加坡：新社出版社，1987. 16

学家的特别重视，被誉为“中国近代杂志的第一代”，“中国近代报业的开山鼻祖”等。

“《察世俗每月统记传》于1822年2月、3月间，出版最后一期之后，因米怜去世，无人为继而停刊。麦都思（Walter – henry Medhurst）决定在巴达维亚创办《特选撮要每月统记传》，继续米怜的工作。《特选撮要每月统记传》由麦都思编印，发行于巴达维亚，创刊于道光三年六月（1823年7月），停刊于道光六年（1826年），前后共出四卷，每期印1 000份，3年共印83 000份。所载内容，亦以宗教为主，辅以历史等。封面编者名字‘尚德者’，即麦都思的笔名。”①

《特选撮要每月统计传》停刊后，由两名西方商人出资与印度东布道会教士联合发刊，由纪德（Samual Kidd）主编的《天下新闻》于1828年在马六甲创刊。其内容包括中国及外国新闻，有关科学、历史及宗教等报道。《天下新闻》采用活版排印，同时采用白报纸印刷，这些在当时都是首创。但可惜的是，《天下新闻》只出版了一年就停刊了。

“1829年，马六甲的布道会来了一位普鲁士籍的教士郭实猎（Karl Friedrich August Gutzlaff）。郭氏主持会务。郭氏的出现，与新加坡的《东西洋考每月统记传》的刊行有密切关系。1833年8月1日，即道光十三年，郭实猎以个人名义在广州主编并发行《东西洋考每月统记传》。《东西洋考每月统记传》成为中国境内出版的第一份现代华文报刊。该刊于1835年8月停刊。1837年2月在新加坡复刊，成为新加坡第一份华文杂志。《东西洋考每月统记传》在新加坡出版20期后，于1838年10月，因中英关系恶化（鸦片战争前一年）而告停刊。”②

这份报纸在新加坡出版的时间虽然并不算长，却打破了新加坡华文报刊沉寂的空气。因为它是在新加坡出版的第一份华文报刊，比《叻报》的创刊要早四十余年，所以在新加坡的华文报刊史上占有一定的地位。

“这四份华文报刊，虽属宗教性质，但在该出版地的大众传播史上，都具有开山拓荒的意义。如1815年创刊的《察世俗每月统记传》是马来西亚的第一份华文杂志，1823年创刊的《特选撮要每月统记传》是印尼的第一份华文报刊，而1837年在新加

① 王慷鼎. 新加坡华文报刊史论集. 新加坡：新社出版社，1987. 178

② 王慷鼎. 新加坡华文报刊史论集. 新加坡：新社出版社，1987. 18

坡复刊的《东西洋考每月统记传》则是新加坡的第一份华文报刊。"①

据新加坡学者王慷鼎的考证,《东西洋考每月统记传》之后,1858 年,由纳森·威廉·史密斯(Thsmpson Won Smith)在新加坡创设《日昇报》。原报已无法见到,但从有关资料可以推测出史密斯是此报的出版人及创办人。该报是一份周刊,逢星期一出版。

《日昇报》之后,《叻报》于 1881 年 12 月 10 日在新加坡创刊。该报是一份真正具有新闻性的日报,人称"南洋第一报"。它一直出版到 1932 年,维持了 51 年,因此在华文报业史上占有重要的地位。它在报纸经营管理方面的许多创见,至今仍可为我们提供许多借鉴。

《叻报》之后,又有许多报纸创刊,如《星报》、《天南新报》、《日新报》、《图南日报》、《总汇日报》、《星洲晨报》、《中兴日报》、《国民日报》等(见表 1-1)。

表 1-1 辛亥革命前后主要华文报纸创刊、停刊时间一览表

报名	创刊、停刊时间
叻报	1881 年 12 月 10 日—1932 年
星报	1890 年 2 月 14 日—1898 年
天南新报	1898 年 5 月 26 日—1905 年
日新报	1899 年 10 月 5 日—1901 年
图南日报	1904 年 1 月—1905 年
总汇日报	1906 年—1929 年,1929 年改名为《总汇新报》,1940 年被卖给胡文虎,1945 年停刊
星洲晨报	1909 年—1910 年
中兴日报	1907 年 7 月 12 日—1910 年
国民日报	1914 年 5 月 26 日—1918 年 8 月 6 日,1919 年 10 月 11 日—1941 年以《新国民日报》刊发,1937 年 6 月 1 日被《南洋商报》收购,1941 年移至吉隆坡出版,1941 年 12 月日军侵入吉隆坡后停刊

1911 年辛亥革命成功以后,保皇派与革命派之间的论战遂告平息,蓬勃一时的政

① 王慷鼎. 新加坡华文报刊史论集. 新加坡:新社出版社,1987.9

论报纸因此日渐式微。

19 世纪 20 年代以后，新加坡出现的华文报纸有《南洋商报》（1923 年 9 月 6 日）、《星报》（1927 年 6 月 25 日）、《星洲日报》（1929 年 1 月 29 日）、《民国日报》（1930 年）、《星中日报》（1935 年 9 月 11 日）等。这时的南洋华文报纸再次重整办报目的与理念，逐步朝商业化与企业化的方向发展。当中以陈嘉庚于 1923 年创办的《南洋商报》与胡文虎于 1929 年创办的《星洲日报》最为典型。

《察世俗每月统记传》在马来亚停刊后，华文报刊在马来亚一度销声匿迹。直至 1890 年邱义论创办了《华洋新报》，才结束了马来亚华文报刊的停滞期，并开始了马来亚的华文报纸的历史。之后陆续出现的报纸有邱谠佳创办的《屿报》、林花簪创办的《槟城新报》、吴世荣等创办的《光华日报》等（见表 1－2）。

表 1－2　马来西亚（马来亚）主要华文报纸创刊、停刊时间表

报名	创刊、停刊时间
华洋新报	1890 年—不详
屿报	1894 年—不详
槟城新报	1896 年—1936 年
广时务报	1897 年—1898 年
南洋时报	1897 年—不详
光华日报	1901 年至今
吉隆坡日报	1909 年—1910 年
四州周报	1911 年—1911 年
益群报	1919 年—1936 年
华侨日报	1936 年至今
星槟日报	1939 年至今，1986 年改名为《光明日报》，1992 年被《星洲日报》收购
建国日报	1940 年—1986 年
中国报	1946 年至今
马来西亚通报	1957 年—1994 年
诗华日报	1952 年至今

（续上表）

报名	创刊、停刊时间
美里日报	1957 年至今
国际时报	1968 年至今
自由日报	1868 年至今
亚洲时报	1976 年至今
东方日报	2003 年至今

1815—1936 年，马来亚的华文报纸共有 10 种，其中影响较大的《益群报》于 1919 年在吉隆坡创刊，1936 年停刊，后改组易名为《新益群报》，但第二年再次停刊。1939 年 1 月 1 日，胡文虎为了把办报事业扩张到马来亚，在槟榔屿创办了《星槟日报》，使其成为北马区最重要的华文报纸。该报一个月后推出《星槟晚报》，发行地区远至泰国、缅甸、印度尼西亚苏门答腊等地。该报创刊不久因日军南侵，于 1941 年 12 月停刊，战后复刊，但在 1986 年 9 月 29 日再次停刊。后来其员工自行组织，另创报纸，起名为《光明日报》。该报执照由民行党主席林敬益出面向当时任首相的马哈蒂尔申请，才得到特殊批准。创刊初期，由于资金极度匮乏，经营管理不佳，直至 1988 年销量才有所好转，达 44 000 多份。1990 年 9 月，该报被金马扬集团（Kemayan）收购。其办报宗旨仍然沿袭前报的宗旨：作为一份民营报纸，立场鲜明，不偏不倚，绝不偏向任何政党，以全体读者及大众的利益为依归。1992 年，因金马扬集团改组，《光明日报》同年 7 月被迫停刊。《星洲日报》社长张晓卿收购该报，使其隶属于星洲媒体集团。1940 年，《建国日报》于怡保创刊，日军统治时停刊，战后复刊，1986 年停刊。

“当时新加坡华侨文化水平低，办报人才匮乏，阻碍了华文报业的发展。从 1880 年至 1900 年的 20 年间，新加坡只出现过 4 家华文报纸，而从 1904 年至 1914 年的 10 年间，便先后出现了 7 家报纸。”① 从 1921 年至日军侵占新马之前，日报竟有 22 种。这在当时是一个颇为了不起的成就。之所以有如此多的华文报纸诞生，与当时的新马华人人口不断增多且物质条件有所改善有着密切的关系。当时，新马华侨富商在南洋

① 吴庆棠. 新加坡华文报业与中国. 上海：上海社会科学院出版社，1997. 109

拥有巨大的势力，其中最主要的原因，是他们掌控了锡矿与树胶的生产。园主与矿主们大量雇请华侨工人工作，再加上英国人早期并不干涉马来亚的商业活动，社会亦相对稳定等，致使新马华侨数量大量增加。这就为南洋华文报业的创刊提供了物质条件和读者市场，华文报业开始以崭新面貌出现在南洋华人面前。此外，在南来新加坡的中国文化人中，许多都是富有办报才华和经验的著名报人，他们带来了中国报业的优秀传统和风格，也促进了新加坡华文报的完善和成熟。

一批华侨参与了中国文化人的办报活动，有的还担任过主笔。他们积累了办报经验，提高了办报水平，成为新加坡华文报业发展的重要人才。中国文化人在新加坡华文报刊上发表了大量文章，当中不少堪称精品，如胡汉民、汪精卫、胡愈之的政论及王斧的杂文，都是新加坡华文报业史上的宝贵财富。华文报浓厚的中国意识，丰富多彩的中华文化内容，加强了华侨的民族意识和文化传统的熏陶。

文化的交流是双向的，辛亥革命前后，成批的中国文化人南来新加坡办报。与此同时，也有新加坡华侨赴中国或其他地区从事华文报业工作。在这些人中，比较著名的有黄世仲、黄伯耀、康荫田。他们的办报活动都是从新加坡开始，然后才到中国或其他国家创办华文报纸。例如，黄世仲是香港《中国日报》在新加坡的特约记者，他在郑贯公、陈诗仲之后，曾于1906年主持过《中国日报》的笔政。黄世仲在新加坡加入《中国日报》后，又在香港为多家华文报纸服务，主持编务。同时，他热心于孙中山领导的中国资产阶级民主革命工作，并为此作出了积极的贡献。黄伯耀先在《图南日报》做记者，后赴香港，在《世界公益报》任编辑。此后，他还担任了《少年中国晨报》的翻译和记者。康荫田先在《天南新报》做通讯员，《图南日报》创刊后，他又到那做记者，后在《中国日报》做记者、在缅甸《华暹日报》做主笔。他们不但为新加坡的华文新闻业作出了贡献，还为中国华文新闻业奉献了智慧和思想。

然而，抗战前的华文报业虽然取得了相当大的发展，但其仍然存在发行量少、质量有待提高、报社本身的采编稿件较少、无法真实地反映新闻原貌等问题。从《国民日报》、《新国民日报》与《南洋商报》关于消息来源的统计数据来看，从1914年至1935年，《国民日报》、《新国民日报》记者采访的稿件都徘徊在16%至25%之间，直到1940年，才超过50%。《南洋商报》在日军入侵新马之前，其记者采访的稿件也低于50%（见表1－3、表1－4）。这说明，当时报社的消息来源主要依靠外电和政府通告。由于报社记者亲身采访的稿件较少，因此就无法真实、客观地反映新闻事实，由此造成报纸的可信度和真实性受到一定的影响。

表1－3 《国民日报》、《新国民日报》的新闻来源①

年份		本报采访	专电	外国通讯			政府通告	其他	总数
				路透社	其他	总数			
1914*	平均条数	0.61	0.08	0.37	1.33	1.70	0	1.21	3.6
	百分比（%）	16.94	2.22	10.27	36.94	47.21	0	33.61	100
1915*	平均条数	0.68	0.16	0.59	0.42	1.01	0	0.95	2.8
	百分比（%）	24.29	5.71	21.07	15.00	36.07	0	33.93	100
1919*（6月）	平均条数	0.52	0.17	0	0.51	0.51	0	1.40	2.6
	百分比（%）	20.00	6.54	0	19.62	19.62	0	53.84	100
1919（10月）	平均条数	0.55	0.22	0.03	0.81	0.84	0	1.69	3.3
	百分比（%）	16.67	6.67	0.91	24.54	25.45	0	51.21	100
1920	平均条数	0.64	0.22	0.20	0.81	1.01	0.01	1.12	3.0
	百分比（%）	21.34	7.33	6.67	27.00	33.67	0.33	37.33	100
1925	平均条数	0.81	0.29	0.19	0.92	1.11	0.01	2.78	5.0
	百分比（%）	16.20	5.80	3.80	18.40	22.20	0.20	55.60	100
1930	平均条数	1.38	1.51	0	2.94	2.94	0.05	0.72	6.6
	百分比（%）	20.91	22.88	0	44.55	44.55	0.76	10.90	100
1935	平均条数	1.61	0.81	0.60	3.50	4.10	0.09	0.39	7.0
	百分比（%）	23.0	11.57	8.57	50.00	58.57	1.29	5.57	100
1940	平均条数	2.36	0.32	0.63	0.76	1.39	0	0.03	4.1
	百分比（%）	57.56	7.80	15.37	18.54	33.91	0	0.73	100
平均数	平均条数	1.01	0.42	0.29	1.33	1.62	0.02	1.13	4.2
	百分比（%）	24.05	10.00	6.90	31.67	38.57	0.48	26.90	100

注：有*的三年样本，取自《国民日报》。以下各年取自《新国民日报》。

① 揭伟强.《国民日报》与《新国民日报》新闻内容分析（1914—1940）. 新加坡国立大学中文系名誉学位毕业论文（新加坡国立大学中文图书馆，索引号：PN5449 SIN. GM）

表 1-4 《南洋商报》的新闻来源①

年份		本报采访	通讯社	其他	总数
1923	平均条数	1.46	3.49	0.35	5.3
	百分比（%）	27.55	65.85	6.60	100
1925	平均条数	1.75	2.70	0.25	4.7
	百分比（%）	37.23	57.45	5.32	100
1930	平均条数	2.33	4.19	0.18	6.7
	百分比（%）	34.78	62.54	2.68	100
1935	平均条数	2.71	4.59	0.10	7.4
	百分比（%）	36.62	62.03	1.35	100
1940	平均条数	3.35	3.43	0.32	7.1
	百分比（%）	47.18	48.31	4.51	100
1941	平均条数	2.60	2.13	0.27	5.0
	百分比（%）	52.00	42.60	5.40	100
平均数	平均条数	2.37	3.42	0.24	6.03
	百分比（%）	39.30	56.72	3.98	100

从新闻传播业的角度来说，衡量一份报纸的消息是否客观准确，除了记者稿件要占到50%以上，还要对来自政府的通告及行业报告等进行审核，这样才能尽可能地避免假新闻的出现，然而，从《国民日报》、《新国民日报》、《南洋商报》各种新闻来源的统计数据来看，很显然，当时的华文报纸在保证新闻的真实性和可信度方面存在一定的问题。

总体而言，虽然受到人力、物力、财力的影响，新马华文报业的发展存在一些不足之处，但是从客观的角度来评论被日军控制的新马华文报业，其发展还是达到了一定的水准，竞争比较激烈，报业也比较繁荣。1940年，陈嘉庚在重庆向记者介绍南洋报界的情况时说："南洋华侨日报，以新加坡最为发达，其他英荷美各属的报馆虽然多，但总不及新加坡出版的报纸张数和销数多。每份报纸日出早报对开纸六大张，晚

① 陈爱玲.《南洋商报》新闻内容分析（1923—1941）. 新加坡国立大学中文系名誉学位毕业论文（新加坡国立大学中文图书馆，索引号：PN5449 SIN . NY）

报两大张。”“而国内首都重庆的中央日报，每日仅出版一小张，只有新加坡的十余分之一。”他说，新加坡各报的社会新闻，“则登载颇详，凡有开会，记者必到，似为竞争而来。如重庆政府社会机关之多，逐天必有数处开会，如在新加坡不知要增加多少新闻，而重庆则寂寞无闻”。他举例说，以数月前（1940年8月前的几个月）召开的“全球经济学社”年会为例，“要人到会者不少，名人多位演说，若新加坡报纸一大张专载，尚恐不尽，而重庆各报，仅登数行，精神内容绝无可取，以首都（重庆）的日报，应为各省及南洋模范，乃如此简单，实为海外华侨所失望”。陈嘉庚对中国报业与新马报业的比较论说，一方面反映了他对中国报业的不满，另一方面也真实地反映出当时新马华文报业竞争激烈、忠于事实、敢于报道社会黑暗面的实况，反映了当时新马华文报业比较繁荣的事实。

二、政治论战

早期华文报纸之间出现过三次论战。一是辛亥革命前的保皇与革命之争；二是北洋军阀时期，拥北洋政府与拥孙中山之争；三是抗日战争前后和国共内战期间，围绕国共关系问题，报纸形成了左、中、右三种倾向。

1. 保皇与革命之争

第一个高潮是在戊戌政变至辛亥革命前（1898—1911）。戊戌政变后，许多维新派知识分子被迫离开中国，其中相当多的知识分子逃难到东南亚，他们坚持变法维新，以图在国外印制报刊，通过秘密渠道带回国内，鼓励民众继续保持变法维新的观念。后来由于观念日渐落后，思想顽固，他们蜕变为保皇派。而与此同时，立志以推翻清政府腐败政权为己任的革命党人，利用新马华侨众多的特点，通过报刊寻求他们的支持，进而影响华侨的革命观。革命派与保皇派因此各自利用报刊在新马展开言论激战。

论战主要在《图南日报》与《天南新报》、《中兴日报》与《总汇日报》之间展开（见表1-5）。其中许多知识分子都卷入论战当中。

表 1－5　保皇派与革命派报纸

维新保皇派		革命派	
报名	创刊、停刊时间	报名	创刊、停刊时间
天南新报	1898 年—1905 年	图南日报	1904 年—1905 年
总汇日报	1906 年—1929 年，1929 年改名为《总汇新报》，1939 年被卖给胡文虎，1945 年停刊	中兴日报	1907 年—1910 年
		星洲晨报	1909 年—1910 年
		光华日报	1910 年至今

邱菽园是新加坡富商，有“新加坡才子”之称，于 1898 年创办《天南新报》。在中国政治面临大变动之际，他竭力拥护康有为的变政主张，并发表社论支持新政。康有为在新加坡曾下榻邱菽园的家里。邱氏还捐出一笔钱给保皇派，以供他们在汉口发动勤王政变。这件事被满清政府获悉后，便将邱氏在家乡的亲属扣押作为人质，邱氏不得不捐出一万两银子以赎其罪。康有为利用邱菽园创办的《天南新报》来宣传保皇思想，向海外华侨继续灌输君主立宪制，因此受到革命派《图南日报》的猛烈抨击。

1904 年，陈楚楠与张永福合创《图南日报》。这份报纸不但是南洋第一份鼓吹革命的报纸，也是新加坡中国革命派报业的先驱。该报早期被华人视为“孽子”，直到 1905 年才被越来越多的华人接受。

“1904 年 1 月，《图南日报》创刊，1905 年冬停刊，为‘南洋华侨革命党机关报鼻祖’。在此之前，新加坡缺乏革命派的宣传机关。在《图南日报》创刊号上，主笔尤列以‘吴兴季子’为笔名发表发刊词，大力鼓吹革命，痛斥清廷，抨击保皇派，结果报纸‘出世第一天，入了社会人士的眼帘，他们就紧张起来，不约而同大呼小叫，说是无父之君，谋反大逆的报纸。不要说叫他们出钱来买一份看看是无望，就是你十二分诚意的不要钱送他们一份看，请他们赏识，他们不客气地随手就撕掉’，各商店（老板）均‘严诫其子不许购读’，给报纸发行造成很大的困难。报纸初印 1 万份，以后减为 1 000 份，实际上长期订户仅 30 余，因此报纸只能作为宣传品免费赠送。”① 由于过分强调宣传革命，疏忽了经营管理，导致这份报纸无以为继，财源渐匮，无奈之下只好停刊。

---

① 吴庆棠．新加坡华文报业与中国．上海：上海社会科学院出版社，1997. 70

1904 年 1 月，《图南日报》与《天南新报》展开保皇与革命的论战。在《天南新报》主持编务的许山河，打着“团结御侮”的幌子，攻击革命是“灭种亡国”，散布唯有“变法救国”才有出路等论调。《图南日报》针对《天南新报》所谓“变法救国”、“革命灭种”等论点，刊登大量文章，揭露满清政府封建统治的反动与腐败，以及列强野蛮侵略和任意宰割中国的事实，旗帜鲜明地支持推翻满清统治的革命，宣传“革命之目的，以保国而存种”的民族主义理论。在革命派的舆论攻势下，保皇派、保守派和清政府驻新加坡总领事联合起来对付《图南日报》，英殖民当局也警告《图南日报》不得刊登言辞激烈的革命文章。

《图南日报》虽然出版时间不足两年，但它却是革命派在新加坡乃至南洋的第一个舆论宣传机关，对动员东南亚广大华侨投身反清运动和支持辛亥革命起了重要作用，因此该报在新加坡华文报业史上占有重要地位。

1906 年《图南日报》停刊后，陈楚楠与张永福不甘心革命派喉舌就此消亡，1906 年底，他们与其他人士一起创办了《总汇日报》，继续宣传革命。可是其他股东如陈云秋及朱子佩却反对该报刊宣传革命，陈楚楠与张永福又不愿退出《总汇日报》，结果陈云秋等保守派与陈楚楠、张永福以抽签的方式决定该报的归属。陈云秋抽到好签，陈楚楠与张永福无奈之下只好退出。《总汇日报》落入保守派手中，宣传逐渐向保皇言论倾斜。自 1929 年改名为《总汇新报》后，成为保皇党的喉舌。

为抗击《总汇新报》的保皇言论，革命派于 1907 年 7 月 12 日创办《中兴日报》，在新马宣传革命，宣传唯有革命才能救中国的思想。在与《总汇新报》的论战中，《中兴日报》讥讽《总汇新报》为“汉贼”、“认贼作父”，而《总汇新报》则回赠其为“叛逆”、“流氓”、“大逆不道”。

《中兴日报》的论说主要围绕中国展开，涉及清政府暴政的主题较多，对当地问题则很少涉及。“在闽粤新闻栏和国内新闻栏里，大量反映福建、广东、香港和中国其他各省的新闻，约占报纸 2/3 的版面。《中兴日报》始终贯彻开启华侨爱国意识、支持祖国革命的宗旨，报纸发表大量论说，抨击清朝政府的暴政，揭露政府的欺骗行径和阴谋，唤醒人们推翻满清政府的思想。如何虞颂、王斧的论说《异哉清廷之谕旨》、《愚民术之变迁》等，抨击清廷的暴政；《华侨宜自筹保护策》等，揭露清廷派官员来新所谓保护华侨的实质；《呵呵拿匪徒耶拿革命党耶》等，则在于激发华侨的爱国思想。"[1] 1908 年，新加坡革命派的《中兴日报》与保皇派的《总汇新报》曾展开一场激烈的大论战。在《中兴日报》的强大阵容面前，《总汇新报》处于论战的下风，于是急调美国的徐勤担任主笔，但他并不能挽回《总汇新报》的颓势。然而，虽然在论战上取得上风，但同样因为经营管理不善，缺乏财政资助，《中兴日报》不得已于 1910 年停刊。

1909 年，《星洲晨报》创刊，这是另一份宣传革命的言论报纸。新加坡早期的华文日报是在每天下午才出版的，但是《星洲晨报》却打破了这个习惯而改在每天早上出版。这一创举为新加坡早期华文报业的发展翻开了新的一页，并由此形成了早报在早上出版的习惯。

2. 拥北洋政府与拥孙中山之争

辛亥革命后，袁世凯恢复帝制，在全国人民的声讨中匆匆退位，不久死去，中国进入北洋政府时期。此时发生了《振南日报》与《国民日报》、《叻报》与《新国民日报》拥北洋政府与拥孙中山的论战（见表 1－6）。

表 1－6　拥北洋政府与拥孙中山的报纸

拥北洋政府派		拥孙中山派	
报名	创刊、停刊时间	报名	创刊、停刊时间
叻报	1881 年—1932 年	国民日报	1914 年—1918 年停刊，1919 年复刊—1919 年
振南日报	1913 年—1920 年	新国民日报	前身是《国民日报》，1919 年—1941 年

《振南日报》创刊于 1913 年元旦，主要编辑是邱菽园，号"星洲寓公"。一方面，他支持北洋政府的段祺瑞，认为段氏担任国务总理，政局将会翻新，对中国统一的前途非常乐观。另一方面，他鄙夷孙中山及国民党，认为孙氏与军阀陈荣廷合作，假护法之名反对北洋政府，不过是"争权竞利"，两系最终必会发生冲突。

"《国民日报》是国民党的喉舌报，于 1914 年 5 月 18 日创刊，正是袁世凯有萌发帝制之际，为了抵制袁氏的野心与广植国民党之信念，槟城国民党人分头向英、荷、美、法、暹（泰国）等地华人劝募办报股本，得 4 万余元，股本既足，公举陈新政为

① 吴庆棠. 新加坡华文报业与中国. 上海：上海社会科学院出版社，1997. 75

总理、邱天绍为经理，聘雷铁崖为总编辑，《国民日报》于焉诞生。草创初期，该报之反袁议论，不获当地侨民见谅，加以袁氏爪牙的破坏与当地政府的严加管制，以至销售额锐减，经费枯绝，不得不于 1915 年 8 月 31 日停刊。1916 年 3 月 1 日复刊，《国民日报》极力揭发军阀的阴私，谴责他们假共和之名，行奴才之实，为了满足个人的欲望，不惜卖国亡国。”①

《国民日报》不断提出警告，倘若任由军阀势力坐大，无法加以制止，任由他们卖国自肥，凌辱国人，那么必将导致亡国。《振南日报》邱菽园驳斥，亡国论是暴烈党人所要的花招，他们利用国民心理的弱点，动辄以亡国吓人，他们兴妖作怪，以逞个人私欲，而国人为彼之应声虫而不觉。邱氏挺起胸膛，敢指人为证，警告寰球：中国必不亡。

《国民日报》申辩：它之所以提出亡国论是以报人的天职，心所谓危，不敢不告。抚览时事江河日下，觉长此以往，有亡而已。忧之也深，则言之也切，籍此警省，或冀人知亡而求其不可亡者。按这事实，北京政府亡国之举措已见诸施行，国民之自觉心已形太弱而晚，以致险象横生，中国濒于危绝之境、挽救之际，犹待国人有激切之觉悟，实力奉行，这一来就能挽亡为存，转危为安。

针对对方的不亡论，《振南日报》发表评论，只要人心爱国，则国不亡。《国民日报》却认为是夜郎自大，空言夸谩，无补于事，不如以亡国激励国人，居安不忘危，知亡而后存。如果粉饰太平，人人心如死水，则中国必亡。

1919 年五四运动发生后，《国民日报》激于义愤，屡屡刊载抵制日货的文字，不见容于当局，该报被令停刊一月，于 1919 年 8 月 6 日停刊 ，1919 年 10 月 1 日复刊，更名为《新国民日报》。

刚复刊的《新国民日报》又因政见不同而与《叻报》打起笔战。

“叶季允发表《谔谔谈：论广东举总统之非计》，针对 1912 年 4 月南方取消军政府，建立正式政府，国会非常会议选举孙中山为中华民国大总统这件事发表议论。作者认为选举总统非但无益，不更其药，对于实际毫无裨益，另一方面南方建立政府，选举总统，与北方政府对峙，是为一国分为二国，而列强只承认北廷，决不承认南方政府。这样一来，只会造成各种交涉之困难，种种贸易之阻碍，因此改总裁为总统，

① 吴庆棠. 新加坡华文报业与中国. 上海：上海社会科学院出版社，1997. 21

欲速偏迟，求工反拙，不唯无益，所损实多，大大失计。”①

“《新国民日报》推出何畅秀的《与谔谔者辩》，首先提问窃国大盗徐世昌之当选为总统是否合法，如答案为否定，则孙中山之任总统是理所当然，为义理与法律所容。至于悍噩生（叶季允）说的中国与列强之交往，只承认北方政府，而不承认孙中山的南方政府，何氏驳斥，‘历来中外交涉，列强均以强权姿态出现，与中国密订不平等条约，使中国丧权辱国，奴役中国人民，我们只问交涉之是否合理，怎样才能对我们有利，列强之不承认孙先生为总统有何所害？’”②

“嗣后，悍噩生又陆续撰文声明。他对孙中山个人无非议，且素知他一心爱国，改造中华，他向来都倾向南方政治，愤北廷之坏法，亟欲护法之成功，但认为在如此形势下，如此推举总统的方法，实为不当。开始的时候，双方一来一往，就法理事实来申辩，文字虽带讽刺，语气尚称平和，但过后不久，双方的过招便沦为人身攻击，极尽谩骂与诋毁之能事。什么‘无耻’、‘卑鄙’、‘龌龊’、‘不要脸’、‘妖报’等粗鄙的字眼都派上用场。《叻报》甚至通过律师致函《新国民日报》，倘若后者不‘立即谢罪’，将其以诽谤罪告上法庭。但《新国民日报》却声称‘亦乐于从事，唯是辩论事理，与起诉法律截然殊途，则辩论问题，依然存在，当无中止之理。’”③

“这次笔战前后延续了四个多月，直到9月9日叶季允染病逝世方才罢笔。笔战期间，两报几乎每天都有文章刊出，有时三几篇同时出笼，有长篇大论文义正词严的言论，也有嘻笑怒骂的短文。至于阵前的主将，主要是悍噩生（叶季允）。”④

历史证明，《振南日报》与《叻报》以保守的姿态看待中国的政治运动，结果证明是错误的，也逐渐被读者所抛弃。《振南日报》维持的时间很短，《叻报》在叶季允死后，不久也停刊。这些事实都说明了报纸如果跟不上时代发展的潮流，就会被历史所淘汰。

3. 拥蒋与拥共之争

在抗日战争期间，新马地区的华文报纸面对拥蒋还是拥共分成左、中、右三派。

抗日期间，中国处于水深火热之中，新马华侨更密切注意祖国的政治动态，报纸

---

① 崔贵强．新加坡华文报刊与报人．新加坡：海天文化企业私人有限公司，1993. 22
② 崔贵强．新加坡华文报刊与报人．新加坡：海天文化企业私人有限公司，1993. 22
③ 崔贵强．新加坡华文报刊与报人．新加坡：海天文化企业私人有限公司，1993. 23
④ 崔贵强．新加坡华文报刊与报人．新加坡：海天文化企业私人有限公司，1993. 24

不再单纯地报道消息，而是支持不同派系，有自己明确的政治立场。抗日期间，拥蒋与拥共之争主要在《现代日报》、《南洋商报》、《星洲日报》和《总汇新报》之间展开；而日本投降后，拥蒋与拥共之争却在《南洋商报》与《总汇新报》、《中兴日报》与《南侨日报》之间展开，马来亚（1963 年前，马来西亚称作马来亚）则是在《民生报》与《中国报》、《现代日报》与《光华日报》之间对垒（见表 1－7）。

表 1－7　拥蒋与拥共报纸

<table>
<tr><th rowspan="2">论战地点</th><th colspan="2">拥蒋</th><th colspan="2">拥共</th></tr>
<tr><th>报名</th><th>创刊、停刊时间</th><th>报名</th><th>创刊、停刊时间</th></tr>
<tr><td rowspan="4">新加坡</td><td>星洲日报</td><td>1929 年至今</td><td rowspan="2">南洋商报</td><td rowspan="2">1923 年至今</td></tr>
<tr><td>总汇新报</td><td>前身是 1906 年创刊的《总汇报》，1929 年改名为《总汇新报》，1940 年卖给胡文虎，1945 年停刊</td></tr>
<tr><td>南洋商报</td><td>1923 年至今</td><td>总汇新报</td><td>前身是 1906 年创刊的《总汇报》，1929 年改名为《总汇新报》，1939 年卖给胡文虎，1945 年停刊</td></tr>
<tr><td>中兴日报</td><td>1907 年 7 月 12 日—1910 年</td><td>南侨日报</td><td>1946 年—1950 年</td></tr>
<tr><td>马来西亚吉隆坡</td><td>中国报</td><td>1946 年至今</td><td>民生报</td><td>1945 年创刊，两个月后</td></tr>
<tr><td>马来西亚槟城</td><td>光华日报</td><td>1910 年至今</td><td>现代日报</td><td>1936—1941 年，1945—1949 年</td></tr>
</table>

《星洲日报》和《总汇新报》被胡文虎控制，立场倾向国民党，而胡愈之主政下的《南洋商报》却支持陈嘉庚和共产党。1940 年 3 月，陈嘉庚率领中国慰劳视察团访问中国，先到重庆视察，会见了多名国民政要及将领，对战时的陪都印象不好。嗣后，他不顾国民政府的阻挠，前往延安访问，印象颇佳。迨至福建故乡，目睹闽省主席陈仪的苛政，贪污盛行，物价高涨，民不聊生，陈氏大感悲愤，对国民党的腐败行为相当不满，对国民党压制舆论的行为更是相当反感。陈嘉庚说："据诸记者言政府统制严厉所致，果尔则又与新加坡大异。新加坡西报，不但社会事自由论载，即使是

政府政治事项，或公务员、市政局，稍有差误，立可批评，甚至攻击无遗。若有被诬失实，可以法律控告，不能任意检查干涉。若华字报，则转译西报而登载。抗战后如香港华文报，闻有二三十字不许对敌方使用，如‘寇字贼字’等，盖为敌领事官，向港府交涉，故禁用。若新加坡虽敌领如何交涉亦无效。”①

离国之后，归新途中，陈氏在仰光马来亚各国欢迎会上，历数闽首之劣政，痛陈闽人陷于水深火热之中，直到1940年12月31日才返抵新加坡，此次归国慰劳历时9个多月。1940年12月31日，《南洋商报》发表了题为《陈嘉庚先生从祖国回来》的社论，显然出于胡愈之的手笔，他除礼赞陈嘉庚不辞劳苦、跋涉万里到前线慰问英勇的战士与后方的同胞外，更描绘了陈氏坚韧的性格。

1941年1月20日，中华总商会召开新加坡闽侨大会。会中陈嘉庚再次痛陈陈仪祸闽事项，并宣称除非打倒陈仪、徐学禹，否则决无法挽救陷于水深火热的乡民。他的言论，受到《光华日报》与新加坡的《总汇新报》和《星洲日报》的讥讽，骂他口是心非，诋毁政府。

1941年3月29日，南侨总会召开大会，陈嘉庚历数国民党领事高凌百罪状，并将其拒之门外，引起华侨两派的争议。胡文虎拥有的《星洲日报》与《总汇新报》支持高凌百，谴责陈嘉庚。3月31日，《星洲日报》刊登社论《论陈嘉庚昨日的失态》，谴责陈嘉庚的失态行为，认为其无权利用会员大会来发泄个人的牢骚，指责陈嘉庚以侨领身份攻击蒋介石，有因公报私之嫌。胡氏支持陈仪的“做法”，并于1月15日发表社论《对于改善闽政运动的具体建议》。当时拥共报纸很少，只有《南洋商报》等少数报纸刊登陈嘉庚的言论。由此可见，当时拥蒋报纸占了上风。

陈嘉庚与胡文虎之间的政治歧见，其实也在某种程度上反映了早期新马华人社团与宗派之间的争斗。他们是新马华人当中的领袖，从华文报纸的对抗、华人社团领袖的选战，到华文教育的态度与名利之争，都反映了早期华人社团和宗派众多，各自坐拥山头相互对峙的历史。

日本投降后，当时《南洋商报》已经不是陈嘉庚的产业。李光前和李玉荣的办报态度也有所改变，而英殖民当局对拥共言论也加以管制，因此国共内战期间，《南洋商报》的立场转向国民党。面对共产党军队节节胜利、国民党大势已去的现实，胡文

① 吴庆棠. 新加坡华文报业与中国. 上海：上海社会科学院出版社，1997. 221

虎逐渐从倾向国民党转向拥护共产党，其名下的《星洲日报》、《总汇新报》的态度也跟着转变。

《南洋商报》认为，国民党是正统政府，共产党要听从国民党的指挥。该报拥护南京政府，忽视了国民党的腐败无能。它认为人民要一个统一的中国，所以一切反南京政府的势力都不能接受。“尤其是武装叛乱，破坏交通，残杀人民，我们将坚决地反对。”甚至在中华人民共和国成立后，《南洋商报》的反共立场依然如故：“……新中国政权树立之一年多来表现的一切，令人大失所望。对内，是采取苏联革命的肃清异党政策，大事屠杀非同党的所谓‘反革命分子’；对外则以苏联马首是瞻，甘心沦为苏联的附庸……同时介入了韩国战争，使远东局势益形动荡，世界危机加深。”《总汇新报》却认为南京政府的当权者只顾私利，不能安抚内乱、抵抗外敌。它鼓动人民以流血革命打倒南京政府。但这样一来，《总汇新报》却被指煽动人民革命，是共产党的同伙。论战成为骂战，使《总汇新报》不耻再谈，论战也就停止了。

接着《中兴日报》、《南洋商报》与《南侨日报》发生论战。张楚琨有这样的评述：“作为全南洋华侨活动枢纽的新加坡，两家最有势力的大报——《星洲日报》为一向反对陈嘉庚的胡文虎所创办，不必说了；连陈嘉庚先生1923年创办的、胡愈之同志1940年任总编辑的《南洋商报》，由于股权的变化和反动文化控制了编辑部，也加入反民主叫嚣的行列。”①

1947年5月16日，《中南日报》被卖给国民党后，国民党改其名为《中兴日报》，使之成为国民党在南洋的党报，传播国民党的消息。该报“坚持拥护国民党政府，宣扬三民主义，极力揭发共产主义的阴谋，因此对支持中共的中国民主同盟与陈嘉庚的抨击不遗余力，它责骂民主同盟是中共的‘尾巴’与‘帮凶’，也斥责陈嘉庚是‘叛徒’。”② 此外，“《中兴日报》也誓言拥护英殖民政府，协助政府剿灭马来亚共产党。亲英和反马共的言论，遭致马共的报复。反共报人接获恐吓信，1950年3月7日，马共向报社投掷了手榴弹，幸而没有爆炸”③。这种反共立场，也遭致亲共报纸如《南侨日报》的反击。

“1948年5月，国民大会根据宪法规定，选举蒋介石为中华民国总统，这更掀起

① 古玉梁．528南洋报变大揭密——我在南洋133天．马来西亚：大众科技出版有限公司，2006.47
② 崔贵强．新加坡华文报刊与报人．新加坡：海天文化企业私人有限公司，1993.168
③ 崔贵强．新加坡华文报刊与报人．新加坡：海天文化企业私人有限公司，1993.167

了《南侨日报》反蒋运动的高潮。它发动了否认'伪选举'、'伪总统'运动，展开爱国反蒋宣传周，出版了特刊，通过打油诗、讽刺短文、宣言、电文与告同胞书等，斥责行宪的非法，历数蒋氏的独裁与罪行。其过激言论，甚至遭到了殖民官员的警告。"①

"《南侨日报》由陈嘉庚 1947 年创办，胡愈之主政，阵容鼎盛，虽标榜不属任何党派，但它无疑是中国民主同盟的喉舌报。民主同盟的宗旨是反蒋反美，拥护中共，积极推动解放中国的事业，树立民主自由的中国。亲中国立场，与殖民当局的政策背道而驰。它对青年的影响力，也引起了当局的注意。1950 年 9 月 21 日，当局采取断然行动，派出大批警探围搜《南侨日报》，检去若干文件，《南侨日报》印行 3 年 10 个月后停刊。"②

日本投降后，吉隆坡左派亲共报纸纷纷创刊，其中尤以《民生报》、《现代日报》的言论最为激烈。《现代日报》于 1936 年创刊，日占新马后停刊，"二战"后复刊，1949 年停刊。《民生报》于 1945 年创刊，不断猛烈抨击殖民政府，刊登共产党革命的文章，仅出版了两个月，负责人李少中、林芳声等人便被殖民政府扣押问话。由于言论过于激烈，为殖民政府所不容，1948 年 6 月 16 日，英殖民政府查封报馆。社长刘一帆也被扣押了 9 个月。

《光华日报》原本是在孙中山的支持下创办的，该报拥护国民党，在槟城与《现代日报》相互论战。而另一份报纸——《中国报》于 1946 年 2 月 1 日创刊，创办人李孝式鉴于"左"派报纸纷纷创刊，言论激烈，为平衡言论，特创办了该报，希望以立场公正，不偏不倚，维护正义，鼓吹民主，来平衡当时"左"派言论。实际上，《中国报》并未实现这样的办报宗旨，在新闻和言论的处理上都偏向国民党，以致受到马共的敌视。1950 年 5 月 23 日，《中国报》被马共袭击，印刷厂被投掷手榴弹，还受到射击，造成一名守卫殉职。这个事件充分反映了"左"派报纸与《中国报》亲英殖民政府和国民党之间存在着相互敌视的政治状况。

从辛亥革命与抗日期间的二次论战中，我们不难发现新马华文报业也承袭了中国文人论政、文人办报的风气，对时事予以评论，并形成舆论，以争取读者，从而形成

① 崔贵强. 新加坡华文报刊与报人. 新加坡：海天文化企业私人有限公司，1993. 199

② 崔贵强. 新加坡华文报刊与报人. 新加坡：海天文化企业私人有限公司，1993. 167

界线明显的阵线。事实上，拥共和拥蒋的报纸之争，一直延续到20世纪70年代末，随着新中国的成立，中国日益强大，拥护台湾政府的报纸逐渐减少，最终全部转向拥护中国政府。

三、一致抗日

在民族、国家存亡之际，新马华人华侨为挽救民族和国家命运作出了巨大的贡献。虽然华人之间因为政治立场不同、帮派不同产生过很多争执，但是在民族存亡之际能团结一致，共同抗日，这说明华人在当时还是很有大局和民族意识的。

“1930年至1941年，虽然有多份报纸停刊，如《叻报》于1932年3月31日停刊，《民国日报》于1935年1月5日停刊，《新国民日报》于1940年12月停刊，《星中日报》于1941年停刊，但是这段时间也是新马华文报业抗日救亡运动逐步高涨的时期。新加坡华文报业不仅在数量上有所发展，而且在报道上也更加成熟。根据统计资料显示，这一阶段新创办的华文报刊共18家，它们是：1930年创刊的《民国日报》（1935年停刊），1930年创办的《一笑报》（小报），1931年创办的《星洲小报》、《新世界小报》、《民众周报》（小报）、《大世界》（小报），1932年创办的《南侨》（小报），1934年创办的《星期报》（小报），胡文虎于1935年创办的《星中日报》，1936年创办的《大众周报》（小报）、《新南洋》（小报）、《国货导报》（小报），1937年创办的《现代新闻》、《星岛周报》、《商业指导周报》，1938年创办的《天光日报》（小报）、《南星导报》（小报），1941年创办的《大华周报》。”[①] 这些华文报刊与原有的《南洋商报》、《星洲日报》、《总汇报》等，一起为中国的抗日战争事业摇旗呐喊，尽鼓动、宣传之能，建立捐款信箱，设立捐款热线，组建医疗队，训练义勇军等。

虽然此时，华人社会存在拥共和拥蒋的歧见，但是共同抵抗日本侵略、援救和慰问中国军民，鼓动华人华侨回国参战，却几乎是所有华文报纸的共识。在这一方面，《南洋商报》、《星洲日报》的行动，尤其值得肯定。

《星洲日报》的发刊词，从其“华侨”的身份视角出发，阐述了报纸的使命，那就是以繁荣祖国、推动祖国社会发展为己任。“祖国”指的当然是中国。在发刊词中，“以党为立场、发扬三民主义”等字眼也透露出当时中国的政治动向对南洋华人的影

---

① 郑文辉. 新加坡华文报业史. 新加坡：新马出版印刷公司，1973. 112

响。日本侵略中国后，胡文虎在不同场合反复强调："星系报业目前最高旨意是为国家服务，为抗战努力。"他不断利用《星洲日报》呼吁社会捐赠财物，开设捐款栏目，以支持在中国的抗日活动。对于捐赠财物者，《星洲日报》特辟一版，登载捐赠者的芳名。"仅经《星洲日报》代汇回国的捐款数额，即达100余万元。据华侨总汇统计，从1938年10月到1941年12月，该会筹交给国民政府的捐款就达4亿国币。"[①] 胡文虎还频频发表文章，号召华侨团结一心，共赴国难，"有钱者出钱，有力者出力"。胡文虎在一次给新加坡中国银行经理的信中写道："……强邻压境，国势险危……责不敢忽，除前已认购国公债20万元外，兹愿再认购30万元，聊尽国民天职。"[②] 这封信后来在《星洲日报》刊发出来，引起海内外轰动。胡文虎的言行无疑是最具感召力和鼓舞性的抗战宣传。

胡文虎的抗日态度十分坚决。1938年，胡文虎迎聘郁达夫。郁达夫遵循《星洲日报》的抗战宗旨，把当时的星洲日报文艺副刊办成了在南洋文化界一份最出色的"抗战副刊"。当时郁达夫还亲自撰写文章在《星洲日报》、《总汇新报》、《星槟日报》等报刊上发表，更加坚定了海外全体华人华侨抗战必胜的信心。1939年秋，为了抗日救国这个大局，胡文虎还从香港聘请共产党人乔冠华到新加坡担任《总汇新报》的主笔。当时在新加坡的郁达夫特邀集《星洲日报》和《总汇新报》两报的爱国同仁，在南天酒楼为乔冠华设宴接风，情绪十分高昂。

抗日期间，由于军备上的巨大差距，中国军队伤亡惨重，不但军备奇缺，而且医疗药品也相当紧张。许多伤员就是因为没有药品救治而牺牲的。《星洲日报》特地通过照片向南洋华人报道了中国抗日军队医疗器械严重匮乏、药品紧张造成的伤亡事实，呼吁他们捐赠有关医疗器械和药品，结果引起一股捐赠热，极大地缓解了战地医疗器械、药品奇缺的紧张局面。由此可见，包括《星洲日报》在内的华文报纸，为中国抗日战争的胜利作出了重大的贡献。如果没有他们的帮助和捐赠，中国的抗日战争就有陷入更加困难的境地的可能，日军也有可能在更短的时间内占领中国，从而腾出兵力与美国对峙。因此，《星洲日报》所作出的贡献，不仅极大地帮助了中国抗日，而且间接地帮助了美国。

---

① 转引自程曼丽．海外华文传媒研究．北京：新华出版社，2001. 111

② 黄贤强．新马华人社会与文化．新加坡：新加坡国立大学中文系，2004. 43

正因为在《星洲日报》的鼓动下，南洋华人捐赠大量财物给中国军队，形成了一股令日军不敢忽视的力量，使得日军在短时间内占领中国的计划不得不一再拖延，令日军相当恼火，《星洲日报》也因此成为日军的眼中钉，欲除之而后快。

果然，日军入侵马来亚后，便在第一时间占领了《南洋商报》、《星洲日报》报馆，取缔该报，并征用其设备，强迫报人为日伪华文报《昭南日报》服务，且对《星洲日报》工作人员进行迫害，如限制胡文虎的自由，甚至威胁其生命等。1941 年初，年轻作家王君实受聘到新加坡《星洲日报》任外勤记者，热情报道马来亚各族人民及新加坡华人社团的抗日运动。新加坡保卫战开始后，他积极参加招募义军的宣传工作，慷慨激昂，抱着与危城共存亡的决心，始终坚守岗位。新加坡沦陷时，王君实已经无法离开狮城，只得隐藏于闹市。在一次日本宪兵的围捕中，他高扬民族坚贞不屈的气节，视死如归，纵身跳楼，以身殉国。

抗日期间，出于对中国命运的关心，也出于对日军企图灭亡中国的义愤，新马华人华侨以各种方式表达对中国抗日的支持，并以实际行动投身到抗日活动中去，如捐款、参战等。除此之外，许多华人还创办各种报刊，刊登各种文章，表达对中国抗击日本侵略的强烈支持态度。此时，华文报刊空前繁荣，各种报刊不断涌现，刊登了大量讴歌中国军民抗击日军英勇行为的文章。

今天，中国人民在享受日益提高的物质生活水平，每年庆祝国庆节的时候，不应忘记当时那些给予中国人无私帮助和巨额捐赠的南洋华人，不应忘记那些为中国抗战鼓动和宣传的南洋报人。中国能战胜日本并取得改革开放的巨大成就，有海外华人和海外华文报纸的一份功劳。

第二节　日军侵占新马期间

日军攻占新加坡后，几乎所有的新马华文报纸停刊，报人纷纷逃难。日军为了传布政令，稳定局势，出版了三份不同语言的报纸，以利于日军粉饰其侵略亚洲各国的事实，宣传日本“大东亚共荣圈”的精神，掩饰其掠夺亚洲各国财富的真实目的。日本入侵中国后，受到中国军民的强烈抵抗，打乱了日军速战速决的侵略计划，牵制了大量的日本军力。日军检讨入侵中国的战略部署，发现除了中国军民誓死抵抗，不做亡国奴外，海外华人的巨额资助和源源不断的援助也是中国军民获得除美国外的大量援助的重要原因，因此，日军对南洋华人深恶痛绝。侵占新马后，日军大肆搜捕援助中国的华人，逮捕之后，立即枪杀，造成大量华人无辜死亡。仅在新加坡，就有将近5万华人遇害。

然而，在大肆杀害华人的同时，日本一些冷静的人士也发现，镇压、杀害华人带来了严重的经济和社会问题，使日军侵略南洋、掠夺各种物资的计划落空，无法为日军侵略和镇守南洋提供巨额军费，于是，日军又改变策略，要求新马华人交出5 000万献金，以赎其援助中国抵抗日军的“罪行”。这就是著名的新马五千万献金案的由来。之后，为稳定人心，为日军侵略东南亚歌功颂德，日军利用《南洋商报》的印刷设备，出版了华文报《昭南日报》，使之充当日军的舆论喉舌。

一、《昭南日报》创刊

日军于1941年12月19日登陆槟榔屿（槟城）之后，就立刻利用《星槟日报》的设备出版《彼南新闻》，强行没收了《新国民日报》的设备以出版《兴亚日报》。1941年12月25日，日军侵占东马后，又在古晋出版《久镇日报》，以利于日军宣传“大东亚共荣圈”，美化其形象，粉饰其侵略目的。

日军侵入新加坡后，1942年2月11日，《星洲日报》与《总汇新报》停刊。为了及时、准确地传达军政部的命令，并且有效地进行宣传与指导舆论工作，日军在占领新加坡之后，立即利用原有的宣传工具，恢复宣传媒介的机能，尤以报纸的出版工作最为迅速。

1942年2月16日，日军接收新加坡的所有官公署与报馆后，便设法召集各报馆的旧职员，利用报馆的原有设备开始出版报纸。2月17日，日军宣传班在《海峡时报》的旧址出版了马来文报 *Warta Malai*，2月20日又在原址出版了英文报 *Shonan Times*，2月21日在《南洋商报》旧址发刊华文报《昭南日报》，2月23日出版罗马化的马来文报 *Utusan Malai*，随后发刊淡米尔文报 *Azad Hindustan*。

1942年2月21日，《昭南日报》创刊，社长由日本人担任，主编是著名报人傅无闷。傅无闷在日军威逼之下，不得已负责《昭南日报》的出版。“该报虽然是华文报，也是战时唯一的一份华文报，但是却是日本办的，它主要是刊登日军的通令、战绩及一些恐吓性的文字，如‘杀一儆百’这类血腥东西。”[①] 例如，创刊号刊登了许多日军战绩的消息，其中有一条新闻说：本岛英军投降后，被俘共约7万人，其中被俘英官约28人，军用用品车辆船只等甚多。有时候，日军要发布有关紧急的通令时还出版“号外”。

《昭南日报》自1942年2月21日的创刊号开始出版一大张（共四版）。第一、二版是国际电讯，其中第一版侧重于报道日本“大东亚战争”的战讯，以及新加坡的主要新闻。自2月24日开始出现社论，最初是不定期的，自3月13日以后社论每日见报，而自5月22日开始，社论的版位固定在第一版的中下位置。第二版着重于日军占领地的新闻，同时也经常强调报道被日军列为“大东亚共荣圈”的范围内尚未被占领的地区，如缅甸、印度和澳洲等地人民与各殖民地政府之间的矛盾和冲突。第三版是新加坡新闻，有时也报道马来半岛的新闻。第四版自3月31日开始上半版辟为副刊栏，下半版是广告，至4月20日副刊扩大成占3/4版。

日军占领新加坡后最初四个月间的宣传工作，几乎都借助于报纸这一传播媒介，从当时新加坡人口结构来看，《昭南日报》是销路最广的报纸，它的发行量大约是12 000份。而英文报 *Shonan Times* 则是一份以受过英文教育者为对象的报纸，发行量在10 000份左右。两者的发行量都远远超过当地其他语言的报纸，以及马来亚其他各州的报纸。此外，在传统上，由于咖啡店都购买华文报供顾客茶余阅读，所以华文报纸的实际读者人数通常多于销售数目。

二、美化侵略

《昭南日报》创刊第一期，为加强对华人的笼络，除了发布精心策划的发刊词，大谈“大东亚共荣圈”，为日军侵略中国、南洋辩护外，还说日军侵略是因为受到中国的挑衅不得不反抗，侵略南洋则是为了帮助南洋脱离西方国家的殖民统治，并警告新马华人要忠于日军，要帮助日本成为亚洲的盟主。《昭南日报》创刊号的社告强调提出：“今后吾等必须掬诚协助东亚盟主之日本军，以忠诚之言论，传布日本军之正义，昭南日报之出版，宗旨即在于此。”

为美化形象，为日军侵略中国、南洋辩护，日军还叫汪精卫撰写文章，企图利用

---

① 郑文辉. 新加坡华文报业史. 新加坡：新马出版印刷公司，1973. 61

汪精卫的身份掩饰其侵略目的。汪精卫在首版撰写了题为《中国与东亚》的文章，洋洋数千言，为日军侵略中国、南洋辩护。由于许多华人对汪精卫卖国行径已有耳闻，对汪精卫的言论自然没有好感。

攻击英国的殖民统治，以及其掠夺马来亚民众财富是日军美化形象的主要手段。创刊号有一篇社告，刊登了如下内容：

英国军在过去百年之间，吸吾马来亚民众之血，以建筑新加坡要塞，此要塞已于本月十五日午后十时被大日本军攻破矣。日军为拯救在英国军暴政及榨取下之苦难人民，越过万里波涛，完成此项正义之拯救工作。在此期间，东洋盟主之日本仅以短短之六十九日时间，逼使暴虐之英军低首投降，至十六日，英方之要塞，军事设施，正厅，官衙，及经济机构，乃全部移让日军。翌日（十七日）新加坡岛则由日军改称昭南岛，从此，东亚诸民族从事积极互相协力在东亚新秩序之旗下继续繁荣，而市内之秩序亦已急速进步，言论机构亦从此活泼开展，显露生气。同日（十七日），此间马来亚人著名之报纸，即发刊更生之第一号。此外，英文报 *Shonan times* 亦同时以新姿态发出创刊号，至于华字日报之《昭南日报》亦相继创刊第一号。上述各报相继改版后，尚有印度报亦在筹备中，不日即可出版，于此可证中印巫民族已由东亚之英美魔手中夺回自由，共享华福，今后吾等必须掬诚协助东亚盟主之日本军，以忠诚之言论，传布日本军之正义，昭南日报之出版，宗旨即在于此。本报今后当在中日合作之下，本此主旨，努力迈进，并为同侨造福，希望本岛民众各尽职份，服从日本军之指导，协力合作，日本素有“减私奉公”之古语，吾人之尤应引为效力之南针，共发挥此种精神。最后，吾人之能得自由与幸福，应向日本军致最大之感谢。①

在这篇社告中，日本以东亚领袖自居，把驱赶英军在马来亚的统治当做自己的功劳，全然不谈自己取代英殖民当局的地位、奴役马来亚民众、侵略马来亚的事实，反而对日本侵占马来亚歌功颂德。在创刊号的第四版，全版刊载《昭南日报》的“祝词”，虽只有21个字，外加花框但却美化侵略。该祝词是这样的：“祝新加坡岛陷落，

① 郑文辉. 新加坡华文报业史. 新加坡：新马出版印刷公司，1973. 58 ~ 60

欢迎日本军入城，万岁昭南岛诞生。昭南日报社。”① 迄今，日本国内一些人士还以解放者自居，声称如果中国、南洋没有经过日本的解放，就不可能脱离殖民统治，不可能独立。这种罔顾掠夺他人财富、杀害无数中国人和新马华人的事实，美化侵略历史，甚至为侵略历史翻案的言论自然遭到中国及亚洲各国的强烈反击。

总体来说，日军出版《昭南日报》，目的就是对新马华人进行洗脑，恩威并施，企图让华人忠诚于日本，放弃对日本的抵抗，并为日军侵略中国、南洋提供巨额军费。

三、控制舆论

除了社长以外，《昭南日报》主编以下的人员多数是战前三家华文报纸（《南洋商报》、《星洲新报》与《总汇新报》）的旧职员。由于报馆自记者至排字工人都必须由具有特殊技能的人员担任，所以日军在组织报社时，竭尽所能搜索报馆原有职员，以应付《昭南日报》的出版，其所搜罗的人数至 4 月下旬已约为 120 人。

报馆人员的职务方面，总揽营业与编辑大权的日军代表——社长亲自检阅与督促报纸的日常出版工作，同时控制与制造舆论，并亲自撰写社论。主编协助社长处理编辑工作，有时还根据社长所批示的题目与内容代写社论。其他编辑部与营业部的职员在社长的直接监督下，进行报纸的编采、印刷与发行工作。

在新领导与新组织下，报馆的各级职员都被令绝对遵照日军的指示执行工作，同时，还被迫成为军政部宣传政策的急先锋。

根据华文报纸的传统，社论评述国内外大事，代表报馆的立场，同时有引导社会舆论的作用，对读者具有一定的影响力。在日军的直接控制下，《昭南日报》的社论成为军政部制造及指导舆论的主要阵地。《昭南日报》社论至停刊为止未曾中断，其原因即在于此。

在内容方面，自创刊至 1945 年 5 月 1 日为止，《昭南日报》社论的内容主要集中于下列两点：

（1）指导昭南岛市民在军政部统治下应具有的“新精神”及应采取的态度；

（2）宣传日本的“大东亚战争”的理论，以及论述它在政治与经济上的意义。

① 郑文辉. 新加坡华文报业史. 新加坡：新马出版印刷公司，1973. 61

“日军占领新加坡的三年半期间，上述三大军政目标始终是军政的主要指导方针。恢复治安，可以说是实现其他两大目标的基本条件。因此，恢复治安所要求的并不仅限于恢复表面的社会秩序，而在于迫使新加坡市民承认日本的国益优先政策，以及忍受这个政策所带来的政治与经济压力，同时付出一定的牺牲。故此，占领新加坡后，日军立即通过御用宣传工具积极地开展工作。它一方面以高压与恫吓的手段，迫使市民屈服与听从日军的命令，另一方面则进行思想改造工作，企图使市民接受日军所规定的价值观，最终成为日军忠诚的殖民地臣民。”①

日军规定一种语文只出版一份报纸，这是日军在东南亚地区所采取的统一报纸出版政策，其目的在于加强军政部对报纸的监视与控制。在一种语文一份报纸的政策下，任何形式的私营报纸都不准出版，同时，所有报纸的经营与出版工作都由军政部直接控制。至于报纸的内容方面，军政部明文指示，报纸的任务在于传达日军命令，宣传大日本帝国的“大东亚共荣圈”。例如，《昭南日报》在其纪念出版一周月的社论中，便传达日军的出版政策，表明该报的宗旨。

第三节　日军投降至新马脱离殖民统治

日本投降后，国共两党因政治意识形态不同，虽有美国的调和，但国共两党仍然无法通过谈判解决分歧。国共两党各自在新马的支持者也因此争吵起来，并同时利用各自的报纸相互攻击。与此同时，新马重新被英国接管，但是要求民族独立自治的呼声日益高涨，多种势力集结下的新马，成为各种政治势力角逐的战场。

一、党争继续

新马被英国蒙巴顿将军接管后，重新被英国殖民统治，但是抗日期间的党派之争仍然没有结束，此时共产党的势力逐渐壮大，在新马地区建立了党支部，并发动群众，建立了社会主义政权。此时，拥共和拥蒋的势力随着中国共产党军队在战场上的节节胜利发生了逆转，拥共势力逐渐占据上风。这种情形也逐渐体现在华文报纸的态

① 蔡史君. 日军占领新加坡初期的宣传政策. 亚洲文化（新加坡），1987（9）

度改变上。

1946 年 6 月，国民党发动全面内战，大举进攻解放区。美国积极支持国民党进行内战，甚至派遣海军陆战队直接进占上海、青岛、天津、北平（今北京）、秦皇岛等地。美国支持国民党发动内战的做法激起了南洋华侨的愤慨。1946 年 9 月 7 日，陈嘉庚以南侨总会主席的名义，致电美国总统杜鲁门和众、参两院议长，提出严正抗议，要求美军撤出中国，停止对国民党当局的一切援助。国民党非常愤怒，遂在南洋发动“反陈”运动。胡愈之和支持国民党的势力针锋相对，采取群众大会形式表示支持陈嘉庚，还发动数十万人掀起签名运动，要求美军撤出中国。

鉴于舆论宣传对发动群众的重要性，胡愈之力劝陈嘉庚创办报纸，以开拓反对国民党的舆论阵地。陈嘉庚虽然觉得办报是一项投资甚大的活动，但是为了澄清事实，便接受了胡愈之等人的劝告，决定创办报纸，以反击国民党《中兴日报》的攻击。

1946 年 11 月 21 日，《南侨日报》正式问世。胡愈之任社长，负责言论方针和编辑事务。《南侨日报》实际上是中共领导的报纸，陈嘉庚在创刊号的《告读者》中阐明了其宗旨：“目的在团结华侨，促进祖国之和平民主，俾内战早日停止，政治早日修明，国民幸福早日实现，以达到孙国父建国之旨。”该报着重宣传中国新民主主义革命，促进华侨爱国、团结，积极支持国内革命，同时也对马来亚问题发表言论，但避免直接抨击英国殖民当局，而只是比较客气地提出警告。该报大量报道国内战局和国际形势，引导华侨响应中国共产党的号召，积极支持人民革命，以推翻国民党专制的独裁统治和迎接新中国的成立。

“第二年，《南侨晚报》的出版进一步扩大了《南侨日报》在南洋华侨社会中的影响力。1947 年 4 月，胡愈之等又利用《风下》周刊组织了自学辅导社，进一步团结更多的有志青年。”①

国民党的喉舌则是《中兴日报》。它的前身是 1946 年 10 月 1 日由傅无闷创刊的《中南日报》，该报出版不到三个月，便遇上财源问题，遂被转手卖给国民党。国民党改其名为《中兴日报》，把它当做新马地区及南洋地区的宣传喉舌。这份报纸对陈嘉庚及其所代表的拥共派进行攻击，甚至诬蔑陈嘉庚。从现存的 45 篇《中南日报》社论中可以大致反映其态度。“在这些社论中，有 25 篇探讨中国问题，当中以国共的争

---

① 周南京．华侨华人问题概论．香港：香港社会科学出版社有限公司，2003. 287

战与和谈问题为主；8 篇讨论新加坡问题，其余 12 篇讨论其他亚洲地区及欧美地区的问题。在 25 篇讨论中国政局的社论中，有多篇是直接讨论和谈问题的，如《从改组到和谈》（1947 年 1 月 15 日）、《中共拒绝政府和谈代表》（1947 年 1 月 19 日）。《中南日报》认为，国共和谈是国民政府通过政治方式解决国共矛盾的一贯方针，也是一种明智的抉择，而且表示了国民政府对解决国共问题的真诚意愿。"①

至于其他报纸，则是在不同时期呈现左右摇摆的现象。《南洋商报》从早期反对陈嘉庚，转到中立立场，随后又稍为偏向国民党。而另一份大报《星洲日报》则是早期倾向共产党，但总编辑换人后，报纸立场旋即发生改变，转而支持国民党，当国民党在战场上的败象已定时，该报又保持中立立场。

因此，新马地区的华文报纸，除了《中兴日报》外，其拥共还是拥蒋，在很大程度上受制于总编辑和主笔。如《星洲日报》复刊后头一年，在胡伟夫主持下该报表现了中间偏共产党的倾向。胡伟夫是民盟的一员主将，离开《星洲日报》后，曾在《南侨日报》服务，负责撰写社论。嗣后因故返国，在华侨事务委员会工作。倘若我们翻阅复刊后初年的《星洲日报》，不难发现其略为倾向共产党的立场。该报很重视民盟活动的报道。如 1946 年初，该报便在显著的版位刊载了 5 篇“今日的中国民主同盟”的特稿和 3 篇中共代表团提出的“和平建国纲领草案”。政治协商会议结束后，该报公然声称：“中共已决心实现团结、和平、统一之主张。”

然而，自胡浪漫接任总编辑后，《星洲日报》却转向倾向国民党的立场。例如，1946 年 11 月 15 日，国民党召开国民大会。共产党指责国民党操纵该次大会。《星洲日报》却不以为然。对中共指控国民政府操纵国民大会，《星洲日报》却声辩“国大是在民意支持拥护下召开的”。对中共企图抵制国民大会，该报“期期以为不可”。迨至内战加剧，和平濒于幻灭，该报对中共的不满溢于言表，埋怨“中共过去对和平解决国事之无诚意，且更充分反映出其恃武力以夺取政权之倔强态度”。在检讨为什么中国不能达致名实相符的统一与政治民主化时，该报更激昂地说：“这全是由于共党不顾中止其大规模的、有秩序的以武装夺取政权的行动所致。国民党一年以来，对共党的军事行动已不惜再三忍让，以求用政治方法和调解途径来解决。而共党的答复，则是不断扩军，不断扩大其武力割据的区域，断然拒绝恢复和谈和否认国大及其通过

① 王慷鼎.《中南日报》研究. 新加坡国立大学中文系学术论文（新加坡国家图书馆，索引号：057.5957）

的宪法，因而促成政治调解绝望，和平濒于全面破裂，内争局势一天天扩大……"

随着国共内战形势越来越明朗，共产党在战场上节节胜利，《星洲日报》的论调逐渐转向，最后变成拥戴共产党。例如，《星洲日报》于1947年11月初刊登文章，指出国民政府政治的腐败，"行政效率低落，贪污之风炽盛，政府的措施不能保障大众的利益，只益及豪门权贵"。因此要实施"总动员令"，"应先自刷新政治做起，以争取人民的支持与拥护——而民心的争取，非刷新政治不为功"。

进入1949年后，国共的军事冲突强弱分明，胜负已定，在这一面倒的情势下，《星洲日报》赞誉中共的胜利，是"人民力量决定一切，人民解放军是全国人民意志所集成的力量。而国民党的失败，是历史的必然，正符合'得民者昌，失民者亡'的古训"。它也否定了中国将是苏联附庸的说法，深信以中国的物力，有足够资格建成独立自主的新中国。这期间，《星洲日报》对中国政治的报道与评论，其兴趣远胜过对当地的政治。

《星洲日报》从早期比较偏向国民党，到中期中庸，再到后期拥护中国共产党的态度转变过程也可以从其新闻标题及内容反映出来（见表1-8）。

表1-8 《星洲日报》在新中国成立前后的新闻报道

时间	标题	内容
1947年6月7日	共匪节节进逼 国军屡战屡败	报道国民党被解放军击败的消息
1949年4月6日	北京和谈在扮演中，穗主战派的新动向	批评了国民党假和平的态度
1949年4月2日	天津办事处职员谈共军纪律礼貌与军纪令外侨惊奇	赞扬了解放军军纪严明
1949年10月20日	广州撤军纪（记）祥：军政人员慌忙逃走 大学教授危城讲学	讽刺国民党自顾逃命
1949年10月20日	共军所向无敌 粤残兵望风归顺 三水蒋军一遇投降 广州战役斩获甚多	客观报道解放军所向披靡
1949年10月21日	侨胞升新国旗 系爱国表现 爱华社举行职员会议 主席吴盛育再作解释	反映拥蒋派与拥毛派的矛盾

（续上表）

时间	标题	内容
1949 年 11 月 4 日	英国与新中国希望抛弃前嫌共创美好未来	希望英国与新中国共创美好未来
1950 年 3 月 3 日	李宗仁在美告洋状，大骂蒋介石独裁，吁请美国拒绝承认蒋府	报道国民党内讧
1950 年 3 月 6 日	新中国建设前途光明，农民矿业均发展可期 军纪良好，政治廉明，全国气象蓬勃，陈嘉庚在总商会侨团欢迎会报告	赞扬新中国各种新气象
1950 年 3 月 6 日	首都军民热烈欢迎毛周返京	报道北京军民迎接毛周从苏联回来的场景

此外，《星洲日报》态度的转变还从其各种细节中反映出来。例如，1950 年 3 月 3 日之后，《星洲日报》报头去掉了蒋中正题名。原来报纸出版时间以“中华民国”纪年标称，但是新中国成立后，出版时间也不再以“中华民国”纪年标称，改以公元标称。这些小的改动，从一个侧面反映了《星洲日报》态度的改变，顺应形势的发展。

然而，这场论战不像辛亥革命前夕保皇与革命两派的论战，革命派很快以胜利而告终。拥共和拥蒋的报纸开始把国民党作为正统政府，随着局势发生变化，转而把共产党当做中国合法的代表政府，这经历了一个漫长的阶段。报纸从拥蒋转为保持中立，在一定程度上说明当时的华文报纸对共产党仍然存有诸多的疑虑。

二、报纸重现繁荣

日本投降后，华文报人犹如久旱逢甘霖，重新焕发热情，积极投身到华文报业的复刊中去。华文报业犹如雨后春笋般不断涌现。许多停刊的报纸纷纷复刊，同时也出现了一批新创办的报纸。如战后的第一份报纸是《中国报》，由新加坡一些文化人发起，由邵氏兄弟公司出资，于 1945 年 9 月初创刊，但只出版两天便被日军禁止出版。随后英军蒙巴登将军在新加坡登陆将其接收。虽然《中国报》曾经复刊，但也只出版了 5 天便停刊了。

战后 15 年，根据新加坡学者王慷鼎的统计，仅从 1945 年 9 月 5 日新加坡光复至 1959 年 12 月 31 日，新加坡先后出现过 414 种华文报刊，日报 19 种，期刊 259 种。战后 15 年间出现的华文报刊，是战前一百多年（1837—1941 年）来华文报刊数（163 种）的 2 倍多。而这 15 年间，以 1945 年至 1948 年最为兴旺，有 140 种。就日报而言，以 1945 年至 1947 年间最多，共有 14 家（见表 1－9、图 1－1）。

表 1－9　1945—1959 年新加坡华文报刊统计

报刊种类	报刊（二日刊、三日刊、周报）	日报	期刊
数量（种）	96	19	259

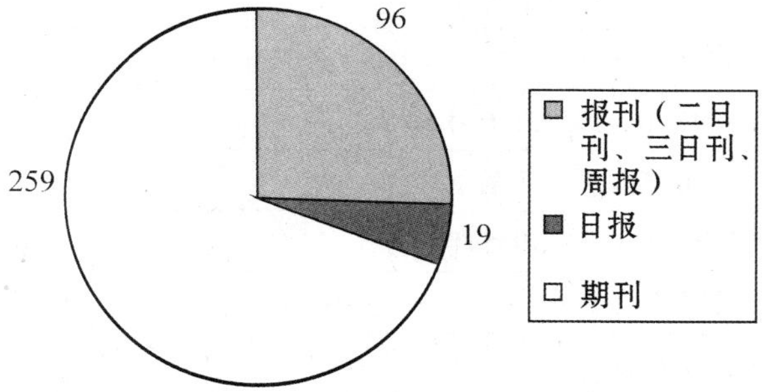

图 1－1　1945—1959 年新加坡华文报刊统计

在这些新创办和复刊的报纸当中，比较有代表性的报纸是《南洋商报》、《星洲日报》、《南侨日报》、《中兴日报》、《新报》、《中南日报》（后改名为《中兴日报》）等。新创刊的主要新马华文报纸见表 1－10。战后，这么多的报纸创刊或复刊，反映了当时华文报业盛极一时，但是这些报纸生命短的仅有 7 天，长的不过 3～4 年，反映了当时报业竞争激烈的情况。

表 1－10　新创刊的主要华文报纸

地区	报名	创刊、停刊时间
新加坡	南方晚报	1950 年 10 月 16 日—1963 年 12 月 25 日，1963 年 6 月 1 日后改名为《南洋晚报》
	中国报	1945 年 9 月，仅出版 7 天停刊
	华侨日报	1945 年 9 月—1946 年
	新民主报	1945 年 9 月 22 日—1946 年
	公报晚报	1946 年 3 月 1 日—1947 年 11 月
	中南日报	1946 年 10 月 1 日—1946 年 12 月底，被出让给国民党
	中兴日报	1947 年 5 月 16 日—1957 年 8 月 31 日
	星洲晚报	1947 年—1948 年
	益世报	1951 年 6 月 7 日—1951 年 10 月 12 日
马来西亚	民生报	1945 年—1948 年 6 月 16 日
	中国报	1946 年 2 月 1 日至今
	联邦日报	1952 年 8 月—1955 年 6 月
	北斗报	1946 年 2 月 9 日—1946 年 6 月 28 日
	商业日报	1946 年 8 月—1947 年 3 月 31 日

《南洋商报》1945 年 9 月复刊初期，只出版一小张共 2 版，内容单薄。到 1950 年 3 月，每日出版两大张共 8 版，内容日益充实，吸引了愈来愈多读者，销量日增。1946 年日销 44 000 份，1951 年日销约 5 万份，星期刊近 6 万份。销售范围从新加坡发展至马来西亚各埠，甚至印尼和泰国城镇。

1945 年 9 月 8 日《星洲日报》与《总汇新报》联合印行，称为《星洲日报总汇报》联合版。复刊初期，由于人手缺乏，纸张短绌，两报原有器材设备又均损坏不堪，资料荡然无存，每日仅出八开纸或四开纸一张。1945 年 12 月 10 日，星系报业董事长胡文虎由港返新。甫下飞机，便巡视星洲与总汇两报社。眼见数十同事，或埋头灯下，或忙碌于字粒架前，一个个精神抖擞，干劲十足，并不因设备残缺而影响工作，胡氏因此十分兴奋，表示“虽面对两报重大损失，亦为之深感喜慰，盖星系报业精神犹在，物质损失，恢复易也”。

1946 年初，各项新的器械设备陆续运到。《星洲日报》于是在 6 月 1 日与总汇新报各在原址出版，分别印行。1947 年，《星洲日报》另行出版《星洲晚报》，不久停刊。次年，《星洲日报总汇报》联合版取消，以《星洲日报》原名继续出版，《总汇新报》结束历史。《星洲日报》初期只出一张 2 版，1949 年日销量约 15 000 份，到 1950 年，每日出版两大张共 8 版，1954 年，每日出版三大张共 12 版，内容更加丰富充实，六七十年代，稳健发展，1960 年日销量达 55 000 份。

当时，西方国家围堵中国，英国对中国也持负面态度，但是英国人统治下的新加坡却有一份亲华报刊——《新报》，这不能不说是一件奇事。《新报》是由著名报人傅无闷一手创办的，发刊于 1952 年 9 月 9 日。那时，朝鲜战争还没结束，由美国带头掀起、英国紧跟的国际反华浪潮还相当高涨，在新加坡办一份亲华报刊得冒很大风险，需有一定的胆量。

《新报》创刊之初是三日刊，由于销量激增，很快就改为双日刊。1957 年 10 月，当雄心万丈的傅无闷准备将《新报》改为日报时，却被英殖民政府逮捕。《新报》也因此停刊。从诞生到“死亡”，《新报》只活了短短 5 年，就像划过夜空的流星。然而，这却是相当耀眼的 5 年，《新报》用浓重的笔墨为那个风云激荡的年代留下了记录。

“《新报》对新中国的报道相当大胆。《新报》版面的一大特色是：封面上端 1/3 版通常是画页，主要刊登新中国的经济建设成就与文化、教育、科技新动向。封面与内页都有不少报道中国动向的新闻与特写，最受瞩目的是《新报》在 1957 年全文刊登中国国家主席毛泽东的长篇讲话《关于正确处理人民内部矛盾的问题》，以及中国总理周恩来的《政府工作报告》。在中国大陆政治书刊禁止在新加坡发行的年代，《新报》的做法相当大胆。《新报》作为一份‘左’倾报纸，对于当时‘左’派工会、农会、校友会及政党的活动，也给予充分报道，令英国殖民政府很不高兴，终于导致社长傅无闷被逮捕。”①

值得一提的是，20 世纪 40 至 50 年代新加坡黄色小报相当繁荣，它们对各种稀奇古怪的事情大肆渲染，尽力报道名人的隐私，特别是明星的私生活经常成为这些黄色小报的猎物，令众多明星对小报记者避之三尺。1959 年，新加坡政府吊销了 8 份黄色小报的执照，以此警告其他黄色小报。在这种情况下，黄色小报才有所收敛。再加上财力不足，这些黄色小报无一幸免停刊的命运。

---

① 韩山元.《新报》在新加坡报业史留下短暂记录. 联合早报，2001－07－30

在马来亚，也不断有华文报纸复刊，如《星槟日报》、《光华日报》等。1945—1957 年，日报有 10 种。现在马来西亚 15 家华文报纸大多数是在战后复刊和创办的。1948 年 6 月，英国殖民政府出台"紧急条例"，宣布马来西亚共产党为非法组织，加强对进步力量的镇压。支持马共的报纸，如《民生报》、《战友报》、《现代日报》、《中华公报》（古晋）等都被查封。华文报纸的办报势头逐渐减弱。

1946 年 2 月 1 日，《中国报》在吉隆坡创刊，是"二战"后该市创刊最早的华文报纸。该报立场保守，反共色彩浓郁。1963 年随着新马及沙捞越、沙巴合并，政局发生改变，《中国报》的立场也跟着转向，冲淡了中国、台湾意识，转而重视马来西亚的前途，强调新闻报道要采取公平独立、不偏不倚的态度。该报申明："在支持政府各项政策的前提下，愿为弘扬包括华族在内的各族文化，增进各民族之间的团结，建立统一、独立的马来西亚而努力。"

1969 年，马来西亚举行自独立以来的第二次大选，《中国报》于 5 月 13 日在第 3 版头条刊登了一则揣测新内阁名单的报道。同一天，马来西亚发生了轰动国内外的种族暴乱事件。6 月 4 日，《中国报》被内政部勒令停刊 1 个月，后来经董事主席李孝式求情，停刊 10 天后才复刊。1982 年在庆祝创刊 36 周年时，社长李孝式重申："支持政府政策，塑造一个统一、独立的马来西亚，促进各民族文化，加强各民族的亲善关系，以便维持一个强盛的国家。"1984 年底，马来西亚经济开始不景气，到 1985 年，更进入经济大萧条时间，当时的物价上涨，不仅削弱了读者的购买力，而且大大增加了报纸的经营成本。由于无法解决财务危机，《中国报》遂于 1985 年 11 月 23 日宣布停刊。1986 年 4 月，《通报》老板周宝振买下《中国报》。《中国报》于 1986 年 7 月 25 日复刊，由于其锐意改革，销量很快上升。"1990 年销数已达到 97 974 份，读者人数高达 296 000，仅次于《星洲日报》、《南洋商报》，成为马来西亚第三华文日报。"① 1993 年 3 月，丰隆集团董事长郭令灿以 5 700 万令吉的价格，成功地收购了周瑞标家族属下的中国报有限公司及生活出版有限公司，将其置于南洋报社集团麾下。1999 年，《中国报》早报版和晚报版两者发行量之和已经超过《南洋商报》，跃升为马来西亚华文第二大报纸。

总结光复后的新马华文报业，它们之所以能在短时间内得到恢复，主要是因为人民经过艰苦卓绝的斗争，打败了德、日、意帝国主义，赢得了世界反法西斯战争的最

① 叶观仕. 马新新闻史. 韩江新闻传播学院新闻传播系，1996. 229 ~ 230

后胜利，人们需要通过报刊表达获得自由的心声，同时，广大华侨迫切需要从报刊上了解新加坡、中国以至世界局势的现状和动向。战后，中国和新马社会都处于一个风云激荡的年代。中国的国共斗争变幻莫测，新马的民族主义浪潮汹涌澎湃，于是有各种政治倾向的文化人士纷纷创办报刊，表达自己的观点和倾向。当时英殖民政府对言论采取较宽容的政策，使报刊有较好的生存环境；当然也不排除一些商人希望像《南洋商报》、《星洲日报》那样通过办报来获取利润。

三、办报方向转变

战后新加坡的社会环境发生了很大变化。1947 年华人人口为 730 133，至 1957 年增加到 1 090 596，突破百万大关。不少华人离开新加坡返回中国，出现华人出境多入境少的情况（见表 1－11）。

表 1－11　战后三年华人出入境统计表

年份	出境人数	入境人数
1947	102 256	100 818
1948	103 922	82 829
1949	88 627	6 470

战后新加坡华人的增加，主要原因不是新移民的大量移入，而是当地出生人口即土生华人的增加，其所占的比例越来越大（见图 1－2）。土生华人占多数的情况，使得新加坡华人对中国的感情发生了很大的变化。

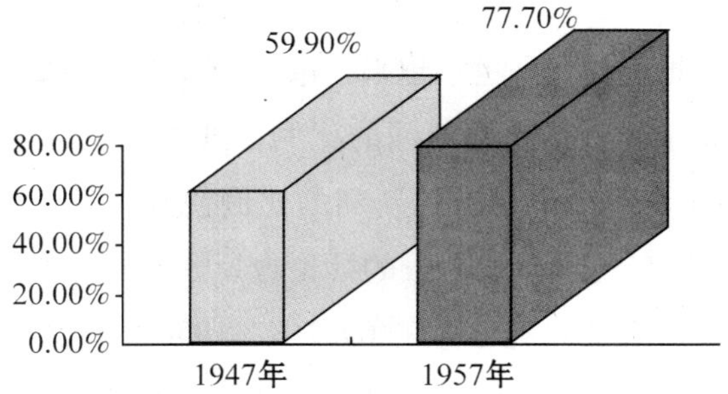

图 1－2　新加坡华人比例图

如果说第一代中国移民对故国有很深的感情的话，那么第二代华人由于出生在新加坡，对故国的感情淡漠许多。他们没有形成很深切的“生于斯，长于斯”的故乡情感，不似第一代移民那样念念不忘故乡的那一块土、一根草、一滴水。第一代移民对故乡永远是魂牵梦萦的，这种感情很难割舍。因此，当第二代华人已经疏远了父辈遥远的故乡时，他们自然会更关心自己身边的事，关注自己的生存与发展。他们把根留在了新马，而不是中国。

战后的新马华人社会发生了巨大的变化。经过对公民权的争取，1957 年、1958 年马来亚联邦、新加坡自治邦允许华人入籍，这使众多新马华人拥有在新马的合法权利，华人也已经习惯了当地生活，而且当地生活水平比新中国高。与此同时，新中国成立，对新马华人的资产收归国有，严重挫伤了他们对中国的感情。在这种环境下，他们已不太可能回到中国去过贫穷的生活了。

1949 年新中国成立后，为解决众多华侨身份的“历史问题”，中国政府于1955 年采取只承认一个国籍的做法，鼓励华侨根据自愿原则自由地选择自己的国籍。许多华侨无法割舍多年苦心经营的事业，因此选择了入籍当地国的做法，成了外籍华人，但又无法接受自己已不是中国人的事实，心中充满了痛苦和迷茫。入籍当地国后，他们所创办的华文报纸自然也就成为当地国的华文报纸，便要受到当地国文化出版法律的制约，以当地国的利益为依归，于是内容和办报的宗旨便有了极大的改变，但是华文报纸还是从华人华侨的心理出发，大量报道华人社区的新闻。从以中国利益为立足点到以维护当地国利益为办报宗旨的改变，是新马华文报纸一个重要的历史嬗变。

国籍和公民身份的改变，促使华人思考报纸及个人的未来。新中国成立了，战乱结束了，人们都希望建设家园，南来的文人明显减少，这使得新马华文报业的记者和编辑都以本土的华人为主。这些在新马出生的华人自然更关心新马的华人社会。在种种因素的作用下，华文报业的新马色彩越来越浓。1931 年以前，《南洋商报》报道中国的新闻的比例远远高于新马本土的新闻的比例，到了 1935 年左右，两者的新闻数量开始接近，到了 1941 年，关于中国的新闻的比例便远远低于新马本土的新闻的比例（见图1 –3）。两份具有代表性的大报的社论也反映出这种现象。《南洋商报》关于中国问题的社论，1946 年占社论总数的 69.7%，1950 年仅为 22.5%，1953 年降至 20.4%；相反，有关新马的社论则逐渐增加，1946 年只占 19%，1959 年则高达 84.3%。新马新闻与中国新闻内容所占的比例也呈现出明显的差异。《星洲日报》讨论新马问题的社论，1949 年仅占 10.2%，1957 年，则高达 93%；而关于中国的社论，则从 1949 年的 71.4% 下降至 1959 年的 0.3%。

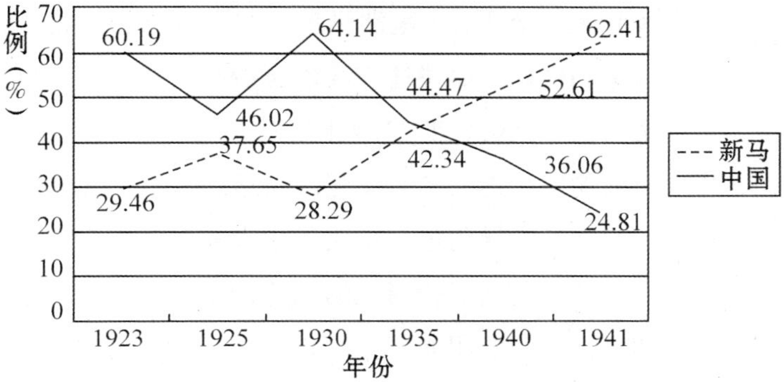

图 1－3 《南洋商报》有关中国与新马的报道统计①

关于如何在新马求生存、求发展，《南洋商报》1951 年 3 月 5 日发表社论《怎样决定马来亚的命运》："我们在此居住了数百年，马来亚已成为我们的故乡……我们愿作马来亚公民，与马来亚其他民族继续和平相处，为马来亚的和平与繁荣而努力。"接着，它在 1951 年 1 月 24 日和 1951 年 5 月 28 日连续发表文章《确立马来亚公民权》、《展开星（新）马选民登记运动》，文中明确地说，绝大多数华人已有意终老新马，政府应早日确立制度，以解决华人的公民权问题。华人一旦取得公民权后，必然会效忠当地政府，并与其他各族和谐共处。报人在社论中指出，南洋千万华侨应视南洋为第一故乡，华人应随时参与此时此地的政治运动，青年也不应逃避人力动员法令，因为身为第一故乡的子民，服兵役是应尽的天职。这些言论，反映了《南洋商报》报人与报纸国家认同的转变。

办报人政治身份的转变，自然影响到办报宗旨的转变，他们把更多的视角投放到当地华人身上，用更多的笔触描写华人社会的动态，思考新马华人的发展，并为此积极呼吁华人融入社区，教育华人落地生根。因此，他们把更多的版面留给当地的华人，大量报道本国新闻。

① 陈爱玲.《南洋商报》新闻内容分析（1923—1941）. 新加坡国立大学中文系名誉学位毕业论文（新加坡国立大学中文图书馆，索引号：PN5449 SIN . NY）

新马华文报纸也积极倡导华人融入当地社会。1957—1958 年，大量华人加入新加坡自治邦、马来亚联邦，这时他们便面临着政治身份和文化认同的问题。当时，许多华人都在这种抉择中经受政治身份改变的阵痛，许多华人甚至因此感到迷茫。

在这样的政治氛围和华人心态下，《星洲日报》从各个角度探讨了身份认同和意识转换的方式、方法，讨论和强调了尽快适应政治身份改变的现实，以新的面貌投入当地的社会建设当中，融入当地社会，变“落叶归根”为“落地生根”。在当时缺乏其他的传播途径，华人对前途感到迷茫，对文化认同感到困惑的情况下，《星洲日报》利用众多的新闻和评论，担当了向导角色，指明了华人的发展方向，对消除华人的消极思想、扭转华人政治身份认同起到了相当大的调适作用，履行了华文报纸既反映当地民情又发挥舆论中心和旗帜指向的职能。

对于华人与华文报纸政治认同的改变，有识之士都持肯定态度。如胡愈之鼓励华人发展南洋文学，赞同新马华人的独立发展。他说：“到战前为止，华侨中间的文化运动，还只限于中国新文化的制成品的输入。无论是文艺、诗歌、小说、戏剧、歌咏、哲学、社会科学理论，都刻上 Made in China 的印记。由于此，过去南洋新文化运动的影响，只限于受中国教育的一部分青年知识分子，此外占华侨中大多数的‘侨生’，很少有机会接受新文化的熏陶。至于华侨以外的一切兄弟民族更没有机缘和新文化接触。战后南洋的情势是完全不同了。战后争取民主自由，建立新民主主义的政治经济文化已不单是少数中国人的责任，而应当是由所有南洋各民族共同负担起来的责任。由于此，战后南洋的新民主主义文化，一定应当是属于南洋各民族而带有南洋民族的特性的。”①

总体来说，在这一阶段，日本投降后，新马华人有很强的中国心，但是随着新中国的成立，取消双重国籍后，新马华人面对是留在新马还是返回中国的矛盾。随着他们获得公民权，他们逐渐把根留在新马，特别是在新马出生的新一代华人，他们对中国的感情已经相当淡薄，他们已经很彻底地认同自己是新马华人，而不是中国人了。

四、争取公民权和自治权

1945 年，日本投降后，华人便与马来人、印裔一起为推翻英国殖民统治、实现新

---

① 周南京. 华侨华人问题概论. 香港：香港社会科学出版社有限公司，2003. 299

马的自治作出了巨大贡献。华文报纸与其他语文报纸一起，为结束英国殖民统治，形成和引导舆论，发挥了媒体强大的社会舆论作用。实际上，许多华人已经意识到回到中国已经不太可能，便把原先对祖国的眷恋逐渐转移到当地社会的建设上。这种理性思维也逐渐在越来越多的华人中扩散。在传播这种理性思维的过程中，《星洲日报》、《南洋商报》都作出了相当大的贡献。

新马是英国殖民地，早期华人多属侨民身份，华文报纸自然也就被视为侨民的舆论机关。战后，新马人民独立运动风起云涌，华文报纸也汇入时代的洪流，侨民色彩已经淡化，华文报纸的侨报色彩也随着淡化。

在争取新加坡与马来西亚的公民权的过程中，早在 1947 年，《南洋商报》就强调华人对当地的开发与繁荣作出了巨大的贡献，华人应以居留地作为第一故乡，因此理应成为新加坡与马来亚的公民。这一立场后来又重复出现在《南洋商报》的言论中，如说："……其实今日华侨所希望的，只是根据我们华侨在马来亚悠久的历史以及对于马来亚的伟大贡献，提出我们合理的要求，那就是说，我们在此居住了数百年，马来亚已变成我们的故乡……我们愿作马来亚公民，与马来亚其他民族继续和平相处，为马亚的和平与繁荣而努力。"又说："如英国欲实现马来亚为英联邦成员之一，当先基本地赋予马来亚人民以合理的民主的公民权利，而所谓马来亚人民，华人即居其半数。你承认他们具有普及公民权的资格，你就可以得到他们的效忠。"

1956 年 4 月 18 日，《南洋商报》又发表社论，称"华人很早就移植到新马来，因此绝不是外侨，而实为当地的主人。在新加坡迈向独立的当儿，华人在争取公民权这一问题上，绝不可再畏葸不前，必要力争到底，总商会应负起领导之重大责任。否则，华人将来会被他人逐出本邦"①。

"这种国家认同的转向也在战后 15 年间社论主题的数量中反映出来，根据统计，社论谈及中国问题的，1946 年占 69.7%，显示了报人对中国命运的关注，表现了浓烈的中国意识。但从 50 年代开始，有关中国社论的篇数便每况愈下，1950 年仅及 22.5%，1953 年更降至 20.4%。相反，有关新马的社论却逐渐增加，1946 年只有 19%，1959 年竟高达 84.3%。这显示在报人心目中，居留地的地位已经超越故国了。"②

---

① 南洋商报，1956－04－18，转引自崔贵强．新马华人国家认同的转向：1945—1959．新加坡：南洋学会，1990. 317

② 崔贵强．新加坡华文报刊与报人．新加坡：海天文化企业私人有限公司，1993. 160～161

另一份影响很大的报纸——《星洲日报》也加强了引导华人把新马作为居留和发展之地的新闻报道和评论。《星洲日报》于1948年2月25日刊登评论："华侨已逐渐认定马来亚为故乡，有长久居住并老死于是邦的意念；面临新宪制的危机，倘若华侨不紧握时机，放大眼光，热心当地政治与福利，那么到头来便要'一失足成千古恨'。"① "以《星洲日报》的社论为例，讨论新马问题的，1949年仅占10.2%，1957年却高达93%；以中国为主题的社论却相应地递减，1949年高居71.4%，但进入50年代以后，所占比率却直线下降，到1959年，只有0.3%，竟成为可有可无的内容。这反映了报人的政治意识已逐渐从故国转移至居留地了。"②

1957年，马来亚推翻英国殖民统治，获得独立；1958年，新加坡实施公民权法令，使数十万久居此地的华人通过登记手续成为本地公民，华文报纸正式作为本地公民的舆论机构的条件乃告成熟。1959年，新加坡实行新宪制，举行第一次大选，成立自治邦，组织了民选政府，华人成为大多数族群。

华侨入籍马来亚和新加坡，虽然他们对失去华侨身份及中国国籍相当痛苦，但是面对生活了几十年的环境，以及数代打拼下来的基业，他们只能接受现实，改变自己的政治身份。入籍后，他们在当地生活和居住的身份的合法性得到了确认，同时马来亚和新加坡政府也要求入籍后的华人履行公民义务和承担国家责任。新马华人的国家意识和公民身份从此完成了根本性的转变。

1957年，马来亚实现独立后，允许大量华人入籍马来亚。1959年，新加坡也脱离了英国殖民统治，成立自治邦，1963年加入马来西亚联邦，于是当地华人成为马来西亚联邦的公民。新马华文报纸所有者的政治身份从此发生变化，他们改变效忠中国的政治观，修正办报宗旨，教育华人要为马来西亚联邦服务，传播华文的目的也仅限于族群的维系，在刊登华文时，不再称"我国"的文化历史如何悠久，而只是谈中国文化如何博大精深，鼓励华人学习华文。1965年新加坡脱离马来西亚联邦独立建国后，《南洋商报》、《星洲日报》的总部虽然设在新加坡，却在此前后在吉隆坡开设了分版，各自报道新马两地的新闻。

1982年，马来西亚规定非马国公民不能办报，于是《星洲日报》、《南洋商报》

---

① 释李光前之谈话．星洲日报，1948－02－25，转引自崔贵强．新马华人国家认同的转向：1945—1959．新加坡：南洋学会，1990.314

② 崔贵强．新加坡华文报刊与报人．新加坡：海天文化企业私人有限公司，1993.163

在吉隆坡的股权被马国公民收购，变成了马来西亚华文报，新马两地的华文报纸彻底分开，各自独立发展。1983 年，新加坡政府依照法律规定，合并《星洲日报》、《南洋商报》为一份报纸《联合早报》，于是《星洲日报》与《南洋商报》结束了在新加坡的历史，而马来西亚的《南洋商报》、《星洲日报》则继续谱写两报的历史。

2007 年 12 月，已经拥有星洲媒体集团的张晓卿，又通过子公司收购了南洋报业集团，并通过香港明报的倒置收购，于 2008 年 4 月 30 日实现三家报业集团的合并，组建世界华文媒体集团，向世界华文市场进军。

第四节　新马脱离殖民统治后

新马脱离英国殖民统治后，又经历了合并、分离的阶段。因为治国理念及种族政策的意见不一致，再加上其他一系列问题的影响，如税收、人民行动党参加马来西亚的竞选等，终使新加坡被迫独立，但两地一衣带水的关系仍然存在。新马分离后，两国的华文报纸从此走上了截然不同的道路。

一、新马合并

1963 年，鉴于新加坡资源匮乏，急需发展腹地，李光耀总理举行全民公决，以决定是否加入马来西亚联邦，结果有接近 70% 的新加坡人愿意加入马来西亚联邦。于是，李光耀于 9 月 16 日宣布加入马来西亚联邦。

加入联邦后，1964 年新加坡发生华族和马来族之间的种族骚乱。李光耀指责马来西亚联邦政府试图推行“种族沙文主义”，鼓动马来人在联邦内享有特殊待遇，并煽动新加坡的马来人反对当地华人政府。此外，加入联邦后，新加坡便遇到税收和自治权萎缩的问题。马来西亚中央政府提高了对新加坡抽税的幅度，并经常干预新加坡自治范围内的事务，尤其令李光耀总理不满的是，当时的联邦首相东姑·阿都拉曼希望建立以马来人为主导的马来西亚，这样就把华人排斥在马来西亚的主导权之外。这当然会引起以华人为主导的新加坡的不满。

李光耀认为，国阵既然可以在新加坡拉选票，新加坡人民行动党也可以在马来西亚夺取议会席位。人民行动党参加 1964 年马来亚半岛的选举，但除了蒂凡那一人入选外，另外八名国会候选人皆失败，但此举并未阻止李光耀继续在西马的政治活动。人民行动党虽然避免与巫统（马来人最大的政党）形成直接的对抗，但两者之间的关系越来越冷淡。

为阐述自己的政治主张，李光耀在新加坡电台以《马来西亚人在马来西亚的命运》为题，阐述“马来西亚人的马来西亚”的理论和政治思想。1965 年 5 月 9 日，在人民行动党的推动下，“马来西亚团结机构”（简称团总，Malaysian Solidarity Convention）在吉隆坡宣告成立。宣言强调“马来西亚人的马来西亚”，并称“全体签署者，意识到来自国外的对马来西亚的威胁，同时也深切关注到国内外因意见不和所造成的日益显著的分裂迹象，所以觉得应该组织马来西亚人民团结机构，以便号召我们的人民来面对双重威胁”。

团总成立后，巫统更是认为人民行动党把矛头指向中央政府，直接挑战联盟的执政权。人民行动党在马来西亚的政治竞选活动，使国阵感受到巨大的威胁。东姑·阿都拉曼坚持以马来人为主导，无法接受李光耀提出的建设“马来西亚人的马来西亚”，便决心让新加坡脱离马来西亚联邦。在无法继续留在马来西亚联邦的现实环境下，李光耀带领人民行动党于 1965 年 8 月 9 日宣布独立建国。从合并到分离，仅两年时间，从中我们不难发现新加坡与马来西亚领导人政治理念的巨大差异，从中我们也可以发现新马种族关系的复杂性。可以说，新加坡独立，是被迫的而不是自愿的。这就为以后两国时好时坏的关系埋下相互纠缠的种子。

在合并期间，新马华文报纸仍然继续发展。早在新马合并之前，1962 年《南洋商报》就在吉隆坡设立分版，以继续实现对新马地区的市场高占有率。

在此期间，各华文报继续教育华人要改变心态，接受现实，树立新马公民思想，履行公民的义务。据笔者统计，在 1957 年到 1965 年的 9 年中，《星洲日报》大约有 1 400 条，60% 以上的言论都是教育当地华人要树立新加坡和马来亚联邦公民的政治意识，把自己当做新加坡人和马来亚联邦人，尽自己的能力去建设新加坡和马来亚联邦。新加坡独立后，《南洋商报》和《星洲日报》便呼吁新加坡华人要团结起来，共同维护和建设新加坡，并形成国家认同感。

二、新马分离后新加坡华文报历史

新马分离后，新加坡独立建国，作为总部设在新加坡的华文报纸《南洋商报》和

《星洲日报》自然要以新加坡的利益为依归。如1965年，新加坡独立后，《星洲日报》确定新的办报宗旨，“宣扬本邦国情，培养国家意识，促收国防基金，提供本地色彩的文学艺术”。

1962年至1964年，《星洲日报》先后在吉隆坡、槟城、怡保各地办事处装置中文稿件电传机，把中、北马一带的新闻电传到新加坡总社。它是当时第一家采用电传机的华文日报。电传机每5分钟可传送约600字的稿件，比通过国际航空公司递送更为快捷，这大大提高了新闻的时效性。

为了节省运输与派报的时间，《星洲日报》于1966年耗资200万元在八打灵再也设立厂房，出版《星洲日报·吉隆坡版》，为日后马来西亚《星洲日报》的发展奠定了基础。同年7月7日，《星洲日报·吉隆坡版》改由八打灵新厂印刷出版，解决了过去在新加坡印刷后，通过空运或车辆运输造成新闻时效性降低的问题。

八打灵再也新厂装置的报纸电传机，比以前的装置更加进步，只需10分钟便可以将整页报纸由新加坡总社电传到八打灵，使每日的出版时间大大提前。使用报纸电传机是《星洲日报》的一大创举，据说《星洲日报》是世界上第一家采用这种整版电传设备的华文日报。

1967年，八打灵新厂成立了本身的编辑部、校对组、排字部等，建立起报社完整的出版系统。1970年，《星洲日报·吉隆坡版》正式在八打灵新厂编排和出版，不过，报纸仍由新加坡总社编辑部编排，然后通过先进设备整版电传至八打灵再也制版后印刷。

1975年，《星洲日报》增辟霹雳及北马地方版。1978年3月，耗资数百万元添购柯氏卷筒彩印机，同时扩建八打灵厂房。1978年，为集中行政，方便统一管理，便将设在吉隆坡印度回教堂街的行政部门及总社采访部迁入八打灵总厂，这里便是现在的星洲日报总社。

从1975年开始，报社逐渐添置电脑设备，逐渐采用照排排版和印刷。1982年，报社全面采用打字排版，大大提高了版面的清晰度，也借此提高了报业运作的规范化和科学化。1979年6月27日，为了配合新加坡政府推行两种语文政策，星洲日报将所有新闻版一律改为横排，报页也改向左翻，与西方报纸几乎一致。这一编排方式的改革，既方便了英文源流的读者阅读华文报纸，也为将来星洲日报排印工作的电脑化打下基础。

除了改竖排为横排外，报纸的字体也改用简体字。为协助新加坡政府有效地推行两种语文政策、响应教育部采用简体汉字的号召，1970 年 1 月起，报社开始逐渐改用简体字排印。第一批有 502 字，之后逐渐增加，到“茅草行动”前，除了标题外，新闻正文基本采用简体字。为解决老读者认字和辨字问题，报社在版面一角刊登简繁字体对照表，以供读者随时查阅，从而解决了相当一部分老读者不懂简体字的问题。

另一大报《南洋商报》，它所经历的道路基本与《星洲日报》一样。1965 年，新加坡脱离马来西亚联邦后，言论更加转向内政，争取华文教育的发展。1971 年，报社负责人李茂成、仝道章、李星可及郭隆生被指控违反安全法，被政府下令扣押，史称“五月风暴”。在 20 世纪 60 至 70 年代，《南洋商报》得到长足的发展。1960 年日销量达 6 万份，1979 年日销量达 9 万份，星期刊更达 117 000 份，这在当时是相当不错的业绩。

1974 年和 1978 年，根据《新加坡报章法令》，该报结束了家族企业的经营模式，于 1975 年上市。1975 年 2 月 15 日，南洋报业新加坡有限公司成立，1977 年 9 月公开发售 498 万普通股，公众反应踊跃，认购额超过 11 倍。此后，《南洋商报》稳步发展，1978 年销数每日达 9 万份，星期刊更增至 111 000 多份，报社的盈利丰厚，1978 年扣税前盈利 2 587 000 元，1979 年增至 3 097 630 元。

1970 年 1 月 5 日，《南洋商报》改用简体字，首先在副刊改版，然后逐步扩大到整张报纸，最后全面采用简体字。1979 年 6 月 16 日，第一版及部分新闻版开始改竖排为横排，直至 9 月 3 日整张报纸全部横排。改版之后的《南洋商报》版面清新、活泼，也适合年轻一代阅读。根据政府的法令，1983 年 3 月 15 日，《南洋商报》与《星洲日报》合并成《联合早报》。《南洋商报》在新加坡的历史从此告一段落。

新加坡还有一份华文报纸《新明日报》，它也在独立后不久创办。1967 年 3 月 18 日，《新明日报》创刊。这份日报是由金庸（查良镛）与梁润之联合投资经营的。金庸是香港武侠小说作家，人称金大侠，而梁润之是新加坡斧标驱风油的企业家。由于报纸内容多姿多彩，版面轻松活泼，颇受读者欢迎，销量节节上升，广告来源也越来越多。迈入第三个年头，便开始赚钱。到创刊后的第五年，在新马地区的销量就突破了 15 万份，与《南洋商报》、《星洲日报》形成三足鼎立之势。

事实上，除了《星洲日报》、《南洋商报》、《新明日报》外，新马两地的华文报纸一直都独立发展，虽然三家报纸的总部都设在新加坡，但是它们的分版却以当地新闻和内容为主，已经与新加坡版有很大的区别。笔者在这里才论述新马的华文报纸独立发展，就是因为上述三家报纸仍然可以在新马发行，报业市场仍可联成一块，直到1982年，马来西亚政府不允许非马国公民创办和负责报纸，于是上述三家报纸在吉隆坡的股权均被马国公民或机构所购买，从此两者没有任何从属关系。

为确保传媒不会导致新加坡社会的崩溃，以及鉴于市场有限的事实，政府于1982年4月20日出台新的文告，表示将对全国报业进行调整，其中一项重要的决定就是把《南洋商报》与《星洲日报》合并成一份报纸。在政府的干预下，《南洋商报》与《星洲日报》于1983年3月15日合并为《联合早报》，同时推出《联合晚报》。1984年7月，政府又宣布将当时国内三家报社（新加坡新闻与出版有限公司、海峡时报有限公司及时报出版有限公司）合并成一家，名为"新加坡报业控股有限公司"。

从新加坡政府于1972年至1984年13年间对国内传媒的整顿与合并过程来看，显然新加坡采取的是一种较为平稳、有步骤地把传媒收归国有的做法，这是相当有针对性且比较稳妥的做法。与那些急于把传媒收归国有的国家的做法相比，这种做法更加可行，既避免了西方国家对新加坡政府限制新闻自由的指责，又可以根据法治的形式收购国内传媒，让这些传媒公开发售股票，使报社避免经济损失，从而避免让外界产生新加坡政府独断专行、剥夺企业利益的印象。新加坡政府管理报业的做法，充分反映了新加坡政府高超的管治手段，值得中国有关部门学习和借鉴。

1983年3月15日，《南洋商报》、《星洲日报》在新加坡彻底消失，随之而来的就是《联合早报》。《联合早报》以崭新的面貌出现在读者面前，大幅进行机构改革，更新版面，购买印刷精美的柯式印刷机，大量增加新加坡本地新闻，并开辟四到五个版面报道两岸事务。它在中国大陆、香港、台湾派驻记者，以便及时准确地报道两岸事务。但是，这些外派的记者发回联合早报的新闻，不少是来自当地报纸的新闻，独家新闻比较少。

《联合早报》比较关注中下层群众的生活，标榜"接近中下层人民，积极反映民生民情"。开辟"交流"版块让群众发表意见。《联合早报》走的是一条比较庄重、严肃的路线，与《联合晚报》、《新明日报》的娱乐路线形成明显的差别。

"1982年8月7日，海峡时报集团以1 125 000元购买了《新明日报》45%的股份。1983年12月，海峡时报集团增购《新明日报》14%的股份，共拥有接近60%的股份，使《新明日报》成为海峡时报有限公司的子公司。1987年8月，海峡时报集团进一步购买《新明日报》剩余的股份，于是《新明日报》成了时报集团独资拥有的公司。1990 年 3 月 19 日，新加坡报业控股进行结构改组，属下的《联合早报》、《联合晚报》、《新明日报》都归入华文报集团管理。”①

新加坡报业控股接手管理《新明日报》之后，重申该报采取“独立的”言论立场，既“不鼓吹任何思想体系或理论，也不做任何集团的传声筒”，而“以国家利益以及新加坡各民族和谐共处为最高原则”。

1993 年，《新明日报》的风格有了显著的改变，开始走小报的路线，竭力渲染男女间情欲，不但夸张诲淫诲盗的内容，而且标题的遣词用句也教人摇头叹息，如“蹂躏 500 女人，红舞男悔恨”、“色狼用树枝，弄少女下身”及“利用小女友，诱干爹上床”等，此后，这种风格一直持续到今天。

三、新马分离后马来西亚华文报现状

1965 年 8 月 9 日，新加坡宣布退出马来西亚联邦。马来西亚由西马和东马组成。吉隆坡是华人人口最多的地方，三家最大的华文报社（《星洲日报》、《南洋商报》与《中国报》）总部都设在这里。另一个华人密集的城市是北部的槟城，这里工商业繁荣，人民富庶，两家华文报（《光华日报》和《里槟日报》）也在此设立大本营。

1957 年 8 月 31 日独立前，马来亚只有几家报纸，槟城的《光华日报》与《星槟日报》，吉隆坡的《中国报》，以及怡保的《建国日报》。这些地方性的报纸，有着共同的特征：资金薄弱、设备落后、规模小、读者少。那时《南洋商报》与《星洲日报》是主要的两份报纸。

70 年代以来，马来西亚政府加强了对传媒的限制，立法限制外国人对本国报业的操纵。1974 年 1 月 24 日，国会通过了《1974 印刷（修正）法案》，规定外资在本国报纸的拥有权不得超过 1/3，其他股权归本地人所有。这样一来，股权便向马来西亚国民转移，外地编务人才渐渐离去，慢慢由本地华人取代。到 80 年代初期，华文报业资金及人才的马来西亚化宣告完成。

马来西亚的华文报业在 70 年代相当蓬勃，同时并存的华文日报共有八家，它们

① 崔贵强．东南亚华文日报现状之研究．新加坡：南洋学会，2002. 46

是《中国报》、《南洋商报》、《星洲日报》、《马来亚通报》[1]、《建国日报》（1940年创刊于怡保）、《光华日报》、《星槟日报》（1939年创刊于槟城）与《新明日报》（1967年于新加坡创刊，1971年在马来西亚成立报社）。但自80年代以来，华文报纸竞争趋于白热化，再加上纸张升价，销量停滞不前，又遇上经济不景气，广告来源少，《建国日报》与《星槟日报》先后倒闭。90年代中期，《马来亚通报》与《新明日报》也相继宣告关门结业。其他华文报纸如《南洋商报》、《星洲日报》等因得到财团的收购和资助，才逃离停刊的厄运。

在马来西亚，从80年代后期开始，华文报纸呈现快速发展势头。据1989年统计，全马各语文报纸日销售总量为265万份，其中华文报纸为61万（比1987年增加6万），马来文报纸为120万，英文报纸为84万，华文报纸占总销售量的23%。而1990年各语文报纸读者人数分别为：华文报纸227万（比1987年增加4万），英文报纸151万，马来文报纸305万，华文报纸读者占报纸读者总数683万的33%，约占华人总人口的一半。

华文报纸在走向繁荣的同时，不断兼并其他的报纸，朝集团化方向发展。如南洋报业集团拥有《南洋商报》、《中国报》、《新生活报》和其他多份杂志，而星洲媒体集团则拥有《星洲日报》、《光明日报》等。

在马来西亚，实力最强的两家报业集团是南洋报业集团与星洲媒体集团。两者又以主报《南洋商报》和《星洲日报》的竞争最为激烈。数十年来，《星洲日报》与《南洋商报》一直都在较劲，希冀坐上发行量第一的交椅。自1992年起，《南洋商报》在竞争中落败，发行量屈居《星洲日报》之后。1992年10月15日，《南洋商报》完成收购马来西亚境内的中国报有限公司与生活出版有限公司，成为马来西亚数一数二的华文报业集团。

沙捞越州人口只有210多万，其中华人大约有60万，而当地有《国际时报》、《沙捞越晚报》、《诗华日报》和《中华日报》等多家华文报纸。华文报业发达，历史悠久，从一个侧面反映了当地华人社会重视中华文化传播和华文教育。这些华文报纸都是以弘扬和传承中华文化，为华社服务，担当政府和侨社的沟通桥梁，促进华人与

---

① 1957年7月1日在吉隆坡创刊，是由三日刊的《达报》与《通报》合并组成，由闽籍出版商周瑞标创办。1968年1月1日改为日报，1981年8月马华公会通过华仁控股公司收购该报，但经营不善，亏损严重。1992年下半年，又转让给新协利集团，但该集团回天乏力，于1994年8月3日停刊。

其他族群的团结为宗旨。《国际时报》和《沙捞越晚报》由黄文彬集团创办，该报业集团还发行《汶莱国际时报》、《少年周报》和《国际周报》，读者覆盖了文莱和沙捞越。《诗华日报》由启德行集团创办，该报除了发行面向华人读者的中文版《诗华日报》外，还面向其他族群读者发行英文版 *The Borneo Post* 和马来文版 *Utusan Borneo*。

从目前的趋势来看，《星洲日报》成为马来西亚的龙头报纸，但它的发展过程充满坎坷。1982 年槟城建筑商林庆金买下《星洲日报》和《星槟日报》，雄心勃勃，准备大展拳脚，把《星洲日报》办成马来西亚第一大报，不料在 1986 年因为涉及“华文教育”等敏感问题，于 1987 年 10 月 28 日被政府采取“茅草行动”，吊销出版准证半年，报社有 105 人被拘留。在此期间，由于林庆金投资其他行业失败，《星洲日报》资产被银行接手。总编辑刘鉴铨为挽救《星洲日报》四处奔走，请求其他华商接手，早日使《星洲日报》复刊，但是鉴于政府的高压手段，许多华商都不敢问津。

木材大王张晓卿后以 2 100 万令吉购得《星洲日报》的全部股权，从此，《星洲日报》便成为“常青集团”属下的“朝日报业有限公司”的子公司。

1988 年 4 月 8 日，《星洲日报》复刊。张晓卿宣布立场：“报道时考虑到多元民族社会，时刻自我克制和约束，扮演上情下达、下情上达角色。”“为读者提供互通信息和表达心声之便利，推广教育、发扬文化和促进各族间文化交流，在党派政治中严守中立。”[①]“长久以来，本报一贯的办报方针是：1. 考虑到多元民族社会的特征，为顾全大局，时刻自我克制和约束，适当地行使新闻自由权利。2. 在沟通官民合作方面，扮演上情下达，下情上达的角色。3. 为广大读者提供互通讯息，表达心声的便利。4. 启迪民智，推广教育，发扬文化。5. 在党派政治中，明辨是非、不亢不卑，严守中立。6. 促进文化交流，以达致国民相互谅解及和睦相处的目标。”[②] 这个立场为《星洲日报》的发展定下了基调，也为《星洲日报》的发展设立了方向。从此，《星洲日报》在张晓卿的苦心经营下，秉持文化传播理念，大胆开拓，改革业务，聘请有才华的报人，报纸销量不断上升，终于在 1992 年超越《南洋商报》成为马来西亚第一大报。之后该报越办越成功，销量猛增，市场占有率急升，在马来西亚各界的影响越来越大。

---

① 王士谷. 华侨华人百科全书 · 新闻出版卷. 北京：中国华侨出版社，1999. 455

② 张晓卿. 我们开始新的长征——星洲日报复刊有感. 星洲日报，1988－04－08

2000 年 11 月 8 日，《星洲日报》在柬埔寨金边创办《柬埔寨星洲日报》。2006 年 12 月 1 日，《星洲日报》开始进军印度尼西亚华文报业市场，入主印度尼西亚有四十多年历史的华文报《印度尼西亚日报》，并将其改名为《印度尼西亚星洲日报》。

2006 年 10 月 17 日，张晓卿收购南洋报业集团的股份，因此坐拥马来西亚影响力最大的四份报纸——《星洲日报》、《光明日报》、《南洋商报》、《中国报》。这四家华文报纸的销量占据了 80% 以上的马来西亚华文报业市场份额。

《星洲日报》向国际化发展的趋势于 2000 年后非常明显，先后在柬埔寨和印度尼西亚创办了《星洲日报》分版。此外，星洲媒体集团、南洋报业集团、香港明报集团宣布于 2008 年 4 月 30 日合并。马来西亚《星洲日报》、《光明日报》、《南洋商报》、《中国报》、香港《明报》、巴布亚新几内亚的《国民日报》（英文报），以及星洲媒体集团、南洋报业集团、香港明报集团属下多份期刊与《亚洲周刊》所建立起来的世界华文媒体网络，一起构建全球性的华文出版印刷业。

目前，全世界每天有 250 多万海外华人通过报纸或网络，阅读星洲媒体集团和明报报业集团属下各个子报纸的新闻。2003 年 8 月 7 日，《远东经济评论》刊发封面文章，介绍说，被称为东南亚“报业大王”的张晓卿（Tiong Hiew King）在过去 10 年悄然成为中国大陆和台湾以外地区最大的华文出版商，他的报纸和杂志遍及香港、纽约、温哥华、多伦多及东南亚，他名下的集团有星洲媒体集团、南洋报业集团、香港明报集团等。出版物的全球发行量约 100 万份，读者超过 250 万人，收入在 3 亿美元以上，逐步向大型世界华文出版媒体集团迈步。

《星洲日报》在马来西亚已经获得了读者的信任，在柬埔寨，《星洲日报》同样受到读者的欢迎。它中立和专业的态度，赢得了各方的肯定，不论是侨居柬埔寨的本土华人还是旅居该国的华裔，对它都给予一定的肯定与赞扬。《星洲日报》成为柬埔寨华社与全球华人联系的桥梁。目前，《星洲日报》在印度尼西亚发行，虽然面临当地华人读者数量少的问题，但是印度尼西亚有数量众多的华人，华文教育也在如火如荼地开展，相信再过几年，《印度尼西亚星洲日报》的读者群数量将会有一个大的飞跃。

第五节　新马华文报前景比较研究

新马华人无论是血缘、地缘，还是人缘，都有很多相似性。新马本来就存在一衣带水的关系，华文报纸也绝大部分面向华人，而且走市场化道路。因此，面对新媒体的挑战，两者有许多共同的特性。然而，新马两国华文报纸虽然有很多共同的东西，但是由于政治的关系，两国华人被迫分开，生活在不同的政治环境中，再加上政府政策的差异，造成两国华文报纸形成不同的发展前景。

一、市场均处于饱和状态

由于华人人口有限，而且华文报纸的市场化程度已经达到了极致，通过竞争的市场手段再进行市场的开拓，几乎是不太可能的事情。即使有上升，上升的幅度也非常小，甚至有可能出现一份报纸的销量上升，而另一份报纸的销量下降的现象。也就是说，整体而言，新马两地的华文报业市场已缺乏开拓的空间。

1. 马来西亚华文报纸市场饱和

马来西亚总人口约 2 626 万（截至 2005 年底），其中马来人占 61.5%，华人占 23.6%，印度人占 7.1%，其中大部分华人居住在西马。由于西马的华人教育普及，华文的识字率相对比较高，对华文报纸的需求量较大，所以，在西马竞争虽然激烈，但是各报的读者群仍然比较多，日销量最少的也有 7 万份以上，各报仍然有一席生存之地。而在东马，情况却比较严峻（见表 1－12）。“据统计，2000 年西马五家华文报日销量约 74 万份，读者高达 260 万人，但在东马，华人人口约 70 万人（沙捞越约 48 万，沙巴则只有 22 万），华文报日销量 10 万余份，读者只有 30 余万人。”[①] 这样计算，每份报纸平均只发行 8 000 份。这样的销量仅可维持生存，很难谈及滚动发展。“销量最高的是《星洲日报》，发行量在 30 000 份左右，其次是历史悠久的《诗华日报》与《华侨日报》，各销 25 000 至 30 000 份，接下来是《美里日报》、《亚洲时报》，各销 12 000 至 15 000 份，《国际时报》发行量为 3 000 至 5 000 份，《中华日报》、《晨报》、《沙巴日报》每日发行仅有 1 000 至 2 000 份。”[②] 但随着竞争的继续进行和报纸的日渐成熟，一些报纸的销量已经达到了极点，市场也接近饱和，开始转向挖彼此的墙脚。

① 崔贵强．东南亚华文日报之研究．新加坡：南洋学会，2002. 278

② 崔贵强．东南亚华文日报之研究．新加坡：南洋学会，2002. 115

表 1-12 马来西亚主要报纸发行量及读者群一览表

时间	星洲日报		南洋商报		中国报		光华日报		光明日报		东方日报		总发行量	
	读者群（人）	销量（份）	读者群（人）	销量（份）	读者群（人）	销量（份）	读者群（人）	销量（份）	读者群（人）	销量（份）	读者群（人）	销量（份）	读者群（人）	销量（份）
1991.7—1992.6	680 000	187 039	649 000	185 429	327 000	100 108	300 000	65 763	64 000	18 286			2 020 000	556 625
1992.7—1993.6	730 000	203 000	714 000	204 000	378 000	108 000	219 000	62 571						
1993.7—1994.6	787 000	214 000	716 000	189 255	408 000	116 571	308 000	88 000						
1994.7—1995.6	779 000	222 571	691 000	197 429										
1995.7—1996.6	761 000	217 429	617 000	176 286	445 000	127 143	244 000	69 714	195 000	55 714			2 262 000	646 286
1997.7—1998.6	862 000	246 286	614 000	175 429	582 000	166 286	272 000	77 714	254 000	72 571			2 584 000	738 286
1998.7—1999.6	891 000	254 571	522 000	149 143	553 000	158 000			231 000	66 000				
1999.7—2000.6	966 836	298 921	618 793	187 458	443 086	202 066	269 000	72 058	315 115	90 033			2 612 830	850 536
2001.7—2002.6	1 171 685	334 767	512 204	146 344	692 370	197 820	244 948	69 985	406 991	116 283			3 028 198	865 199
2002.7—2003.6	1 198 488	342 425	534 510	152 717	717 154	204 901	241 892	69 112	363 815	103 947			3 055 859	873 102
2005.7—2006.6	1 124 000	321 143	241 000	68 857	757 000	216 286	289 000	82 571	389 000	111 143	300 000	85 714	3 100 000	885 714
2006.7—2007.6	1 250 071	357 163	399 172	114 049	810 388	231 539	241 882	69 109	446 089	127 454	358 750	102 500	3 506 352	1 001 814

注：报纸销量与读者群的比例大约为1∶3.5，即一份报纸通常有三个半读者阅读。表中《中国报》1999年后的发行量为日报和晚报之和。空格表示数据缺漏。

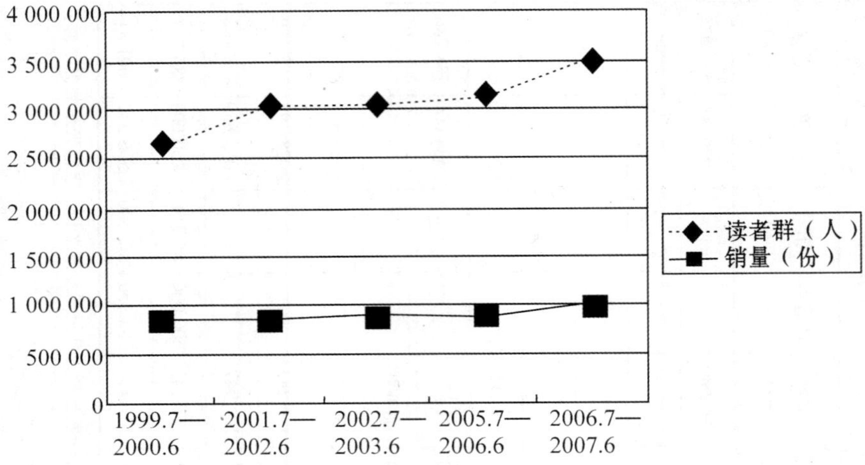

图 1－4　马来西亚主要华文报纸读者人数及销量五年趋势图

从表 1－12 和图 1－4 来看，从 1999 年开始到 2007 年，西马的报纸销量总量基本呈现一条直线，说明西马的报纸市场已经趋于饱和。也就是说，如果一份报纸的销量上升，那么另一份报纸的销量就会下降。笔者于 2006 年 7 月访问星洲媒体集团时，董事经理刘鉴铨也认为，马来西亚的华文报业市场已经饱和，很难有大的突破。他说，《星洲日报》销量每年还会增加 3%～10%，但是这个增幅一方面来自本地市场的微小增长，另一方面来自其他华文报纸失去的市场，后者才是《星洲日报》销量增长的主要原因。他说，外面的人看到星洲媒体集团现在利润可观，人多业大，但没有看到当时集团从业者是如何艰苦奋斗和不懈努力的，没有看到当时张晓卿每年亏损 3 000 多万令吉仍咬牙坚持的场景，没有看到星洲媒体集团从业者通过努力，硬是从其他华文报纸的市场抢夺到份额，并通过对报纸的改革成就今天星洲媒体集团的业绩。他认为，华人人口有限，市场也有限，星洲媒体集团发展到今天，已处于守江山的状态。打天下易，守江山难。面对新媒体的冲击和报业间激烈的竞争，星洲媒体集团将面临更多的危机。从数据的统计来看，六份报纸的读者总人数已经达到 350 万，超过了马来西亚华人总人口的一半，一方面说明华人华文教育水准较高，另一方面也说明报业市场已经处于饱和的状态。

马来西亚华文报纸如此发达，市场化和规范化程度如此之高，除了读者拥护华文报纸外，另外一个非常大的原因就是境内华语电视和广播无法满足华人的需要。马来西亚国家电视台虽然有华语电视频道，也播报华语新闻，但是无论是新闻的深度还是广度，都非常有限，不像华文报纸那么丰富和有深度，更重要的是，国内缺乏高水平的华语电视节目。在这样的情况下，华文报纸一方面报道全国性和华人社会新闻，另一方面通过副刊传承华族文化，因而得到华人的钟爱。然而，网络的迅速发展，为华人提供了另一个浏览大量信息的来源。网络使用三种符号（文字、声音、画面）进行传播信息，信息丰富，来源广泛，这将使华文报纸面对更加严峻的挑战。

2. **新加坡华文报市场饱和**

新加坡国土面积狭小，总共仅有约800平方公里，人口也不多。截至2007年，新加坡人口有500万左右（包括新加坡公民及永久居民），其中77%是华人，13%是马来人，8%是印度裔人，2%是其他种族的人。

由于面积小，人口少，华文教育衰败，华文报纸面对市场高度饱和，且有所下滑的趋势。20世纪60年代，《南洋商报》、《星洲日报》、《光明日报》三份报纸竞争激烈。当时《南洋商报》和《星洲日报》都是东南亚最具影响力的华文报纸，但同时它们之间的竞争也很激烈。随着新加坡走向独立和国际化，英文成为新加坡的强势语言，两家华文报共同面临着发行量和读者人数下降的困境。两报因此展开恶性竞争，出现了不少问题。1983年，为使新闻资源得到有效利用，避免恶性竞争使这两份报纸陷入亏损倒闭的旋涡，在政府的推动下，这两家历史悠久的报纸合并，共同出版了《联合早报》，从而垄断了新加坡的华文新闻出版业。然而，即使《联合早报》以高端的品位、严肃的办报风格垄断了新加坡的华文报业市场，但是仍然面临销量不断下滑的危险，从1983年的23万份下滑到2007年的18.3万份。

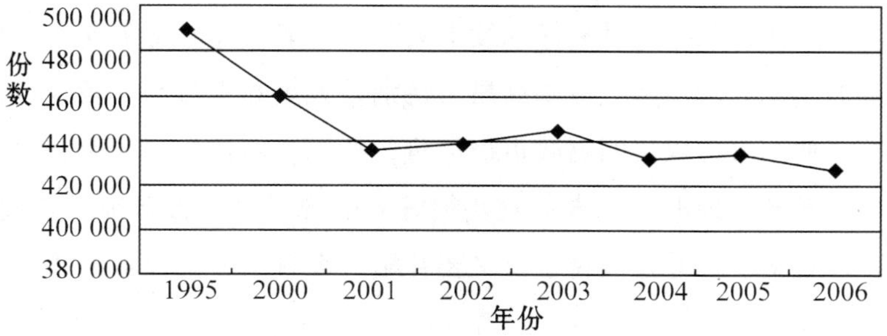

图1－5　新加坡华文报纸日销量历年趋势图

从图 1 -5 中可以看出，很显然，新加坡华文报业市场在不断萎缩。为扩展市场，《联合早报》曾经想在印度尼西亚创刊，但是当时印度尼西亚会讲华语的华人很少，《联合早报》要承担巨额亏损的风险。对于一家以商业利益为目的的华文报纸来说，权衡利弊之下，该报只好放弃创刊念头，每天空送 300 份报纸至印尼，成本很高，最后只得放弃。

目前，《联合早报》、《联合晚报》、《光明日报》三报都被新加坡报业控股所管理，并且走不同的路线，希望减少竞争，实现华文报纸的差异化运作。由于市场太小，《联合晚报》和《光明日报》又展开激烈竞争，都走庸俗化道路，不仅带来乌烟瘴气，而且严重影响了报纸的盈利。鉴于两者激烈竞争所造成的盈利下降，以及市场有限的客观原因，新加坡报业控股又调整了两报的办报方向。因此，新加坡的华文报纸各司其职，面向不同的对象。这种局面的存在，在某种程度上反映了新加坡华文报纸狭小的市场，也说明在政府控制舆论和商业目标的左右下，华文报纸只能在缺乏激烈竞争的情况下生存。

实际上，传媒垄断市场是政府不愿意看到的现象。2000 年，新加坡政府曾经放开传媒垄断政策，希望通过传媒竞争来提高传媒的运作水平。然而，由于面积和人口都过少，这种政策使得参与方蒙受了重大损失。

新加坡报业控股利用《联合早报》的人才优势，开辟华语电视频道——“优频道”与新传媒集团争夺电视广告。新传媒则开辟报业市场，考虑到华文报业市场已经有所萎缩，而且无论是人力还是物力，都无法与《联合早报》匹敌，因此新传媒集团首先创办英文报《今日报》，并花费了不少金钱去开拓市场、挖对方的墙脚，结果出现严重亏损。李光耀指出：“竞争能促进传媒的发展，但是本地市场太小，无法容纳两个大型的新闻集团，如果这种局面继续下去，两个集团肯定还在流血。”[1]

由于市场太小、人才不足、成本高昂，特别是人员薪水过高，投资巨大，而本地广告不增反减，使两家传媒集团财政负担严重，特别是新传媒集团的损失相当大。以前，新传媒集团垄断本地电视广告，效益很好，但现在，广告费被广告商大幅减少，同时部分电视广告又被报业控股拉走，又要补贴《今日报》的巨额亏损，结果使财政非常紧张。

---

① 李资政：努力尝试“止血”. 联合早报，2003 -11 -13

联合报业控股作为一个新进入电视市场的传媒集团，虽然无法与经营电视节目多年的新传媒集团平起平坐，但是依靠自己多年在报业的垄断，采取报业和电视捆绑式销售，从新传媒手中拉走不少电视广告，但即便这样，仍然入不敷出，亏损额惊人。

市场饱和，业务竞争区域重叠，传媒的全面性过度竞争，是造成报业控股和新传媒集团巨额亏损的重要原因。资讯越发达，获取信息的渠道越多，就越会分散本地受众，这样就使传媒面临受众流失的危险。当时在电视业展开竞争的是报业控股的“优频道”和新传媒的“第 8 频道”。优频道作为后起之秀，依托优秀的从业者和良好的办报背景，迅速构成对新传媒集团的挑战。2002 年 5 月 7 日，“优频道”正式开播，《联合早报》的采访记者和摄影记者承担起电视新闻的采访和报道工作。仅过一年，优频道的收视率便超越了原来居第二位的英语台（隶属新传媒集团），而且逐渐逼近居首位的华语台“第 8 频道”（也属于新传媒集团）。优频道异军突起，分流“第 8 频道”的观众，使新传媒集团感受到前所未有的压力。

传媒不与政府作对，较少报道政府的负面新闻，这是新加坡传媒的传统，也是新加坡政府控制传媒的目的。新加坡政府开放本地传媒业的初衷，原本是想通过竞争提升传媒水平，确保本地传媒在面对外来媒体的激烈竞争时，仍能保住受众群，使政治领袖能继续通过传媒，特别是在发生危机的时候，向新加坡人解释政策和传达信息，稳定局面。然而，事与愿违，政府没有达到通过传媒竞争提高传媒运作水平的目的。

面对巨额亏损，为避免在一个面积狭窄、人口较少的区域内展开竞争，报业控股与新传媒集团于 2004 年在政府的建设下，达成了停止竞争的协议，结果报业控股得以保留华语频道——优频道。

经过将近四年的媒体竞争，两大媒体集团都深切地感受到新加坡的市场的确太小了。前国会议员吴俊刚表示，在新加坡这个市场的局限下，可能大家经过 4 年之后，已经得出一个答案——新加坡的市场太小了，容纳不下两大媒体集团，与其继续恶性竞争下去，不如整合。他说：“本地的媒体，下一步要考虑的就是，要怎么去向外发展。现在比方说，电视节目就面对来自有线电视的竞争。”①

这个面积很小、人口不多又置身于复杂国际环境之中的国家，非常希望利用传媒来传递政府的声音，稳定局势，并创造和谐的多元种族社会，然而，竞争的结果却是

① 新加坡政府对两大传媒集团整合表示欢迎. 联合早报，2004－09－17

造成国有控股企业严重亏损，这说明新加坡无论是华文报纸市场，还是英文报纸市场都处于极度饱和的状态，经不起激烈竞争。目前，无论是华文报纸的单份报纸销量，还是各语言报纸的总销量均不及英文报纸，但是我们却看到另一种奇怪的现象，就是华语电视的收视率却远远超越英语电视频道。

笔者于2007年在新加坡做访问学者期间，对华语电视进行过研究，发现华语电视很受观众欢迎。2007年3月，中央电视台制作的《大国崛起》每周三在新加坡第8频道播出。播出之前，第8频道大做广告，在黄金时段几乎每隔20分钟就有一次《大国崛起》播映的广告，引发观看热潮。优频道则播出《张骞通西域》，与第8频道对垒，收视率也很高。近几年，新加坡电视媒体大量从中央电视台购买节目，特别是电视纪录片，观众反应都相当不错。电视剧则大多来自香港、台湾，用普通话重新配音，代替粤语、闽南语。从笔者的观察和统计来看，新加坡各个华语电视频道80%以上的节目来自中国（包括大陆、台湾和香港）。这对于新加坡延续华语、推广华族文化作出了相当大的贡献。

华文报纸销量不及英文报纸，但是华语电视收视率却超越英语电视，这是因为新加坡使用英语作为教学媒介语言，对华语掌握的程度比较低，相当多的华人只识简单的华语，却无法使用华语写作，因此阅读华文报纸对于他们来说是一件难事，但是电视声画并茂，语言通俗易懂，剧情比较接近新加坡华人的生活，因此来自中国内地、香港、台湾的电视节目在新加坡大受欢迎，造成华文报销量不及英文报，但是华语电视节目收视率却超越英语频道的现象。

由于新加坡有非常发达的电视业，而且华语电视为华人提供了相当丰富的资讯，所以，新加坡华人不像马来西亚华人那样只能从华文报纸获取大量有关全国性和华人社会的信息，这就促成了马来西亚华文报纸在华人当中占有重要地位。新加坡华人有很多渠道了解华人社会的信息，而且电视声画并茂、传播迅速，对华文报纸的生存产生了相当大的冲击。华文教育萎缩，华语电视却非常发达，直接造成了华文报纸的发展空间面临日益缩小的困境。

二、两者均面临新媒体冲击

随着新技术的不断创新与发展，以网络为代表的新媒体对传统的报业形成了严重的冲击。作为非主流的华文报纸，在新媒体的冲击下，其萎缩和生存危机更加严重。

它今后的发展与出路引起我们的关注。马来西亚马华公会前会长黄家定在接受笔者访问时说，就马来西亚华人社会而言，由于90%的华人小孩都选择接受华文教育，而且养成了阅读华文报的习惯，因此华文报仍有足够的空间，但是网络已对年轻一代阅读华文报构成了严峻挑战。

1. **新媒体对传统华文报纸构成了严重的冲击**

在新媒体的强劲挑战和网络传播强势介入的情况下，报纸的销量出现了下滑的趋势，电视收视率出现了下滑的现象。或许，它们下滑的趋势还不是很明显，但是已经使传媒从业者产生了焦虑。

广告收入是传统媒体赖以运营的重要手段，也是它们的生命线。传统媒体的广告收入随着马来西亚经济的增长还会继续增长，但是其增长速度不及新媒体，这从一个侧面反映了传媒产业面临转型，要寻找新的生长点。

网民、网站数量迅速增加，功能不断完善，传播更加快捷和自由，因此大大拓展了网络发展的空间，也对社会舆论的形成和引导产生了重要作用，一旦网络及其他新媒体确立了影响力，那么它的价值就会上升，就会得到商家的青睐，广告自然接踵而来。从受众的成长速度来看，电视媒体用了八十多年，而网络媒体只用了几年便达到了相当的水平。受众成长的背后就是注意力，注意力会直接带来效益。对任何一个传播媒介来说，注意力资源都是维系其生存、发展的生命线。诺贝尔经济学奖的获得者赫伯特·西蒙说："随着信息的发展，有价值的不是信息，而是注意力。"因此，信息只有在获得了注意力的状态下，才是真正具有价值的信息。在传统媒介中，电视的注意力是收视观众，而报纸等纸媒体的注意力则是读者。目前，日益在人们生活中发挥重大影响的网络及其他新兴媒体已经在分流传统媒体广告，对传统媒体产业产生了冲击，也对传媒产业的发展产生了深远的影响。

网络的自由性、互动性与跨媒体传播对单向传播的传统媒体造成重大冲击。网络传播受众的年轻化、知识化，为网络传播带来了发展的动力，预示着网络传播美好的未来，挑战传统媒体的广告格局。新兴媒体的出现，如移动电视、3G手机，对单一的传媒产业格局构成了新的冲击和挑战，并分流越来越大的广告份额。在报纸市场竞争白热化、读者市场极度饱和的情况下，要想再提高市场的占有率就要付出极大的成本，事实上，即使付出极大的成本，也无法再开拓新的市场和提高市场占有率，这样，报纸的发展就将面对发展的困局，甚至不得不面对市场萎缩的危险。一方面，因为网络的竞争不断流失受众，带走了越来越多的广告；另一方面，报纸的广告单一收入为其生存带来经营管理上的危机，一旦出现纸价上升、油价上涨等经济波动，报业集团将面对巨大的生存压力。如 1997 年爆发的亚洲金融危机，使以《联合早报》、《星洲日报》为代表的新马华文报业感受到了单一资金来源的高风险性。

2. 网络对马来西亚华文报业构成挑战

1995 年，前任首相马哈蒂尔在设立多媒体超级走廊，发展马来西亚的多媒体技术时曾许下 10 大保证，其中第 7 项“马来西亚政府绝对不审查或过滤网际网络上的内容与资讯”赢得了全球投资者的赞赏①，刺激了数字多媒体工业的发展。随后的政府，为吸引信息数字技术和软件公司来马来西亚发展，致力于信息工业的发展，这样就直接刺激了网络的进步。虽然在资费、技术的稳定性等方面存在一定的问题，但是马来西亚的网络发展还是非常惊人的。“根据马来西亚通讯及多媒体委员会（Malaysian Communications and Multimedia Commission，简称 MCMC）所公布的统计资料，从 2000 年至今，马来西亚网络用户人口每年不断增长。2005 年马来西亚网络服务使用者的覆盖面已达 14%，若以一项网络服务由两至三人使用推算，互联网使用人口已达 1 100 万，约占马来西亚总人口的一半。”②

“马来西亚通讯及多媒体委员会在 2005 年公布的《家庭互联网应用状况调查结果 2005》报告显示，目前马来西亚网络最大用户群体年龄介于 15 至 34 岁，且这群体中的大多数的教育水平在高中以上。”③

由于有多媒体超级走廊“不审查制度”的保护，网络媒体不受印刷机与出版法令管制，无须申请出版准证，因此新闻采编的空间与自主性相当大。其中“当今大马”（Malaysiakini. com）是影响力相当大的网站。每天的游览次数在 30 万次以上。“当今

---

① Malaysia Multimedia Corridor，Multimedia Development Corporation - Cyber Laws and Intellectual Property Laws，ACT 588 COMMUNICATIONS AND MULTIMEDIA ACT 1998 - Sections 3 - Objects，1998. 10. 15，http：//www. msc. com. my/cyberlaws/act_ communications. asp. 转引自郭倚幸. 马来西亚网络中文新闻媒体突破政府管制之研究. 暨南大学学士毕业论文，2006

② 马来西亚通讯与多媒体委员会. 家庭互联网应用状况调查结果 2005. 亚太区互联网研究联盟（Asia Pacific Research Alliance），http：//www. apira. org/html/report/report_ 12. htm，2006 - 10 - 05，转引自郭倚幸. 马来西亚网络中文新闻媒体突破政府管制之研究. 暨南大学学士毕业论文，2006

③ 马来西亚通讯与多媒体委员会统计小组. 主要统计：使用者教育水平统计.（Main Findings：Educations Level of Users）家庭互联网应用状况调查结果 2005. 吉隆坡：马来西亚通讯与多媒体委员会，2005，转引自郭倚幸. 马来西亚网络中文新闻媒体突破政府管制之研究. 暨南大学学士毕业论文，2006

大马”是付费网站，如果每次收0.1马币，一天便有3万马币，一个月有90万马币，一年有1 080万马币。从这个数字可以反映网络充满了机遇，也对传统媒体构成了严重的挑战。

1995年10月18日，《星洲日报》首开马来西亚华文报先河，成为马来西亚第一家上网的华文报。短短数月过后，深受海内外华文网民的欢迎和赞许。《星洲日报》充分利用信息资源丰富的优势，即时播报新闻，加强内容服务和其他的信息功能服务，浏览量大幅上升，每天有超过30万人次浏览该报纸。如果《星洲日报》实行内容收费制度，按照不同的页面收费，或是要求读者交纳月信息资源使用费，那么这项费用会有多大？答案不言而喻。

网络的迅速发展，导致了新的传播方式的出现，特别是博客（Bloger）的出现，对由精英把关控制的话语权形成了挑战。每个人都是记者，每个人都可以通过网络发表言论，每个人都有权利探讨民生问题。博客利用网络互动、亲近性和个人性对社会重大事件的全程参与，从根本上改变人们参与社会生活的模式。例如，在2004年总统选举中，美国博客全程报道了总统选举过程。在共和、民主两党的全国党代会上，组织者不仅邀请了传统媒体参与，还邀请数位网络博客与会，显示博客已经与传统媒体平起平坐。

在马来西亚，当今大马网站BBS相当火爆，每天发帖者数以万计，内容应有尽有，涉及政治、文化、经济等各领域的课题，特别是当它开设了华文版后，吸引了许多华人青年的积极参与，他们积极发言，畅谈国事，批腐倡廉，成为继华文报纸之后具有重大舆论话语权的媒体。

由此可见，网络的迅速发展对华文报纸的传播方式、话语权、舆论权、销量都构成了挑战，甚至抢走了华文报纸的一部分话语权力。目前，华文报纸每天总销量超过100万份，很多人都对其发展充满了信心。然而，笔者认为，鉴于华人人口出生率偏低，华文教育有待进一步发展，特别是面对网络的强烈冲击，华文报纸的总销量已经不能再有很大的增长，华文报纸市场已经处于饱和状态，一份报纸的销量上升必然会引起其他报纸销量的下降，因此，华文报纸很难挖掘新的读者群。在这样的情况下，华文报纸唯有寻找新的发展空间，才能得到长足的发展，不至于被动地面临市场萎缩的危险。

3. **网络对新加坡华文报纸构成挑战**

为了使新加坡的经济在数字科技时代得到长足的发展，并利用新科技推动社会的进步，增强竞争力，政府极其重视数字技术的推广。1998 年 6 月，政府启动遍及全岛的新加坡综合网，以光纤电缆连接因特网和多媒体互动服务。1999 年 9 月，新加坡政府推行电子业务计划，鼓励各个行业设立网上机构。现在新加坡已经推出世界上首个全国性的宽带网络——新加坡综合网，提供了 200 个互动式应用程序。全岛 99% 以上已经联网，一半家庭拥有个人电脑，58% 的互联网用户曾在网上购物。新加坡还建设了 3 个国际数码电话网、3 个地面卫星转播站和海底管道电缆网络，与 80 多个国家建立了高速电信网络联系。近年来，政府花巨资铺设贯穿新加坡的光纤网络，建设完善的网络系统，鼓励人们使用网络获取各种资讯，并在此基础上发展创新型工业。如果说马来西亚的网络建设还处于建设期，那么新加坡的网络已经处于成熟期。人们已经对网络产生了严重的依赖心理，这自然会对传统媒体构成冲击。

2006 年，新加坡首个因特网电视服务公司于 7 月份正式投入运营，一个月内就吸引了 2 000 个订户，公司称这样的市场反应“快得超过预期”。M2B World 公司总裁 Colin Binny 告诉《海峡时报》，公司不得不订购更多的机顶盒以满足需求。同时，该公司正式开展因特网电视服务，用户可以通过宽带接受各种电视节目，如韩剧《冬季恋歌》和好莱坞电影《佐罗传奇》。每月收费 29. 90 新元的这项服务，可为用户提供 55 个随选电视频道，用户可以在任何时候收看自己想看的节目。任何订户都可通过因特网及公司提供的电视机机顶盒收看节目。

2006 年 11 月 11 日的《联合早报》报道，新加坡媒体发展管理局为了解本地网络使用者的心态及使用率，在 2006 年 7、8 月向大约 1 000 名新加坡人展开调查。调查显示，新加坡的公民记者已经成形，有 33% 的网民在因特网上自己创作内容，而使用博客的网民数更高达半数。新加坡媒体发展局针对 15 ~ 49 岁的新加坡人的调查发现，33% 的新加坡人“适度参与”制作和发表网上内容，如博客和影音作品。这些内容的创作者中，大约一半来自新加坡“积极的因特网用户”。根据媒发局的调查，调查样本中 65% 的新加坡人属于“中等用户”。

调查显示，受访者中有半数网民能辨别信息的真伪。在因特网普及的程度上，新加坡在区域居领先位置。而新加坡人也想积极参与网上创作。调查显示，1/4 的新加坡网民参与网上论坛，这个数字当时在亚太区是较高的比例。调查显示，新加坡人使用博客比例较高，反映新加坡的公民记者群落已经悄然成形。

在网站的浏览量统计方面，《海峡时报》和《联合早报》拥有大量的读者。2006年9月，《海峡时报》对外宣布，网站的订户超过了1万人，按照这个趋势，现在《海峡时报》网站的付费订户应该已经超过了3万人。按照每一位订户每年支付120新元计算，《海峡时报》网站的收入将达360万新元。2007年2月根据AC尼尔森媒体进行的一项调查，在针对15岁以上的新加坡人中，有4%的新加坡人阅读《海峡时报》网络版。

《联合早报》网站的浏览量也相当惊人。从图1-6我们可以看到，2006年1至10月的浏览量节节上升，10月的页面浏览量达到了86 936 206次，平均每天浏览量达到289万多次，其中87%来自中国。早报网读者平均年龄在32岁，这正是个人事业的黄金年龄。早报网读者绝大多数受过良好的教育，本科以上学历读者占88%。这些数据既反映了网络对传统报业的冲击，也反映了华文报业如果能够充分发挥网络的特点和优势，那么它就不仅能够避免萎缩的危险，还可以利用新媒体来创造新的盈利和发展模式。

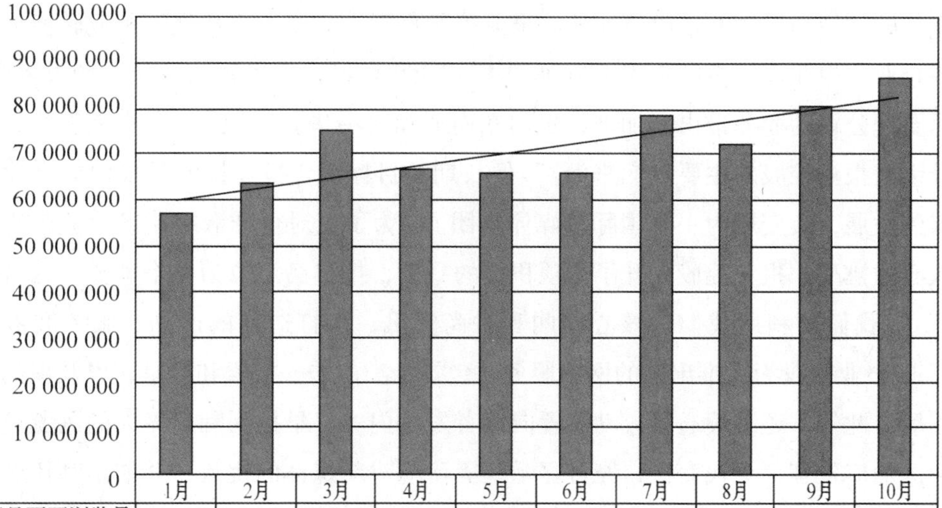

	1月	2月	3月	4月	5月	6月	7月	8月	9月	10月
每月页面浏览量	56 667 124	63 345 176	75 323 540	67 050 006	66 136 255	65 792 247	78 513 589	72 086 932	80 552 582	86 936 206

图1-6 早报网的网民数量及浏览量（2006年1至10月）

网络的迅速发展使华文报纸面对强劲的挑战，然而，也为华文报业带来新的机遇。一方面，虽然传统报业有可能因为网上读者的增加而使读者群流失，但另一方面也有可能为传统报业创造新的发展机会。事实上，《联合早报》网上读者迅速增加，不仅提高了其在全球华人特别是中国读者中的影响度，而且为其增加了无形资产，为以后的跨媒体发展创造了新的机会。

鉴于新马华文报市场处于饱和状态、网络迅速发展的现实，华文报业要想寻找新的发展空间，一要寻找新的报业市场，如经济正在起飞而且华人众多的新兴国家，如中国、印度尼西亚等，二要利用新媒体的优势，拓展生存空间，获取更多的利润。

无论是从现实层面，还是从理论层面分析，在开拓市场、提高市场占有率需要付出极高成本的现实背景下，传媒产业要想打破困局并实现集约化和规模化的目标，唯有走跨媒体化发展的道路，一方面实现信息传播的多元化，充分利用新闻的价值，另一方面，可以为传媒产业提供新的财源，减少经营管理的风险，在未来的媒体竞争和传媒市场中占得先机，如与移动媒体合作，使信息得到充分利用，也可开拓新的生财之道。

以出版报纸、杂志为主的新加坡报业控股负责人表示，集团正在向传统的印刷媒体以外的领域拓展，并走出新加坡。报业控股负责人誓言，要从报纸企业转变成为多媒体企业。报业控股主席陈庆炎2006年以“走出印刷，走出新加坡”为题发表演讲，表示要把公司的业务带出新加坡，走向东南亚和大中华区。他说：“未来五年，报纸将继续是报业控股的主要利润来源。”但长期的目标下，报业控股是要向数字化和互动媒体发展，转变成为一个国际多媒体集团。“为了应对全球数字化给报业带来的激动人心的挑战，报业控股展开了多项积极的举动，把自己定位为一个重要的因特网业者。”“我们要利用我们的核心新闻和时尚资讯，来打造新的产品、服务和商业门户。”① 报业控股为此推出新的网上服务，包括分类广告、搜索和目录，以及新的网上应用等。此外，还继续通过流动装置向读者发送内容。早报网利用庞大的浏览量不断向中国的广告客户寻找商机，充分显示其勇于应对新媒体的挑战，并作出利用新媒体发展新业务的策略调整的决心，不仅有助于缓解华文报业的危机，还将极大地促进它的发展。

---

① 新加坡报纸编辑人员应接受新知识. 联合早报，2006－12－06

在马来西亚，几乎所有的华文报纸都上网。其中影响力最大的星洲媒体集团是这一方面的佼佼者。作为媒体集团的负责人，总编辑萧依钊每天都关心世界新兴科技的发展，寻找媒体发展的方向。她跟笔者说，她感到肩上的责任很重，很怕因为看不准发展方向而使集团丧失发展动力，以致在她的手上垮掉。在这种责任心的驱使下，她非常关注信息产业的发展，并筹划与新兴媒体的联姻，实现媒体集团的多元化。

2000 年 4 月 21 日，《星洲日报》本着精益求精的办报精神，推广星洲互动网站，标志着马来西亚的华文网页资讯进入新的高度。从此之后，星洲互动网站成为集商业与信息传播为一体的网站。星洲媒体集团有人才优势，有丰富的资源，完全可以实现信息的第二次、第三次开发，为人们提供综合性、更加个人化的信息服务，提供更多的信息渠道，使媒体与信息消费者的需求相吻合。目前，它利用新媒体的优势开辟了咨询、短讯、信息服务、电子商务等服务项目，并取得了相当大的进展。

新马两国均受到新媒体的强烈挑战，而且都加快了信息产业化的速度，加强信息的增值服务。如建立文字、声音与画面三维化的网站，提供短信服务，已经收到了很好的效果。据星洲媒体集团总编辑萧依钊透露，星洲互动网业已实现了财政平衡，而且集团将在未来一段时间加大星洲互动网的投资。早报网虽然仍不能做到财政收支平衡，却在海外华人社会当中形成了强大的影响力，特别是在中国，已经成为人们了解海外华人世界，特别是两岸局势的重要窗口，这增加了《联合早报》的无形资产。面对新媒体的挑战，新马华文报纸必须在变革中求生存和发展，只有不断引进新观念、新技术，加大投入力度，加速发展，才能增加新的活力。

三、两者发展前景迥异

虽然新马华文报业市场几近饱和，几乎没有空间可以拓展，但是从新马影响华文报业市场的因素的比较来看，两地的发展前景呈现出比较大的差别。从发展前景及两地拓展的地域来看，很显然，马来西亚仍有诱人的前景，新加坡则面临萎缩的危险。

1. 马来西亚华文报前景

虽然马来西亚华文报业市场竞争激烈，几近饱和，但是从读者群每年稳中有升的状况来看，马来西亚华文报纸在面对网络挑战的同时，由于广播、电视无法为华人提供非常丰富的本地信息，华文报纸仍可以为华人提供非常详尽的信息服务，同时副刊又能承担一部分华文教育的功能，以及发挥传承华族文化的作用，因此还能在一段较长的时间内保持稳中有升的局面。

由于华人社会经济相对于其他族群发达，而且自成系统，随着经济的持续发展，华文报纸的广告收入仍会得到比较可观的增长。2004 年，马来西亚报纸广告总收入为马币 3 702 400 000 令吉，其中华文报纸占 35%，约 1 303 505 000 令吉。除了《南洋商报》外，各报纸的广告收入历年都有所增长。从华文报纸历年的广告收入来看，它也呈上升态势，这说明马来西亚华文报业仍有利可图（见表 1－13，表 1－14，图 1－7）。

表 1－13　2004 年各语文报纸收入

报纸类型	收入市场比例
英文报	41%
华文报	35%
马来文报	24%

资料来源：Adex Report/Press Guide

表 1－14　马来西亚主要报纸广告收入一览表

单位：万元

	1996 年	1999 年	2002 年	2005 年
南洋商报	11 745	6 981	9 096	7 803. 3
星洲日报*	13 741	15 124	27 606	37 331. 4
中国报	7 634	8 286	12 115	17 256. 3
光明日报	1 067	2 427	3 001	6 192. 7
光华日报	4 202	4 256	5 852	6 440. 4
东方日报**				5 012. 4
总广告量	38 389	37 074	57 670	82 041. 5

注：*《星洲日报》广告收入尚不包括东马部分。

**《东方日报》于 2003 年 1 月 1 日发行，目前尚无相关资料。

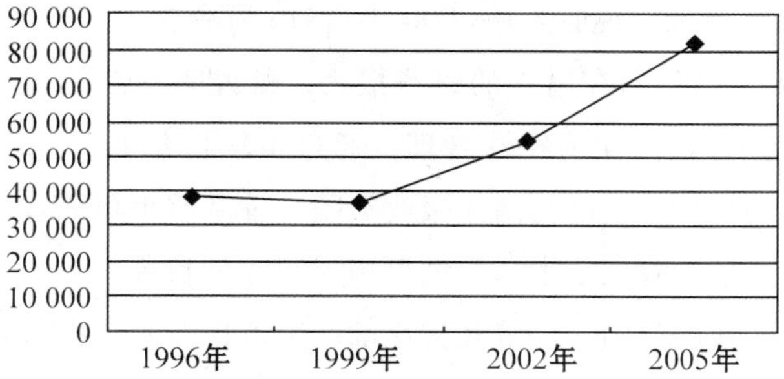

图 1－7　马来西亚（西马）广告收入趋势图（单位：千令吉）

在一个只有 625 万人口的华人社会，华文报纸属于少数族群传媒，既非主流报纸，又不属于官方语言（马来语、英语）报纸，却能超越马来文报纸，且广告收入与英文报纸只差 6 个百分点。一方面说明华文报纸有市场，另一方面说明华文报业市场规模相当大，仍是一个有利可图的经济领域，虽然已经处于饱和状态，依然颇具吸引力。许多财团看到华文报纸蕴涵的巨大获利空间，纷纷投资报业，造成华文报业市场竞争激烈。

虽然马来文报是主流媒体，而且得到国家的支持，但是由于读者以马来人为主，而且报纸要么被执政的巫统控制，要么被回教党控制，因此，报纸有非常明显的政党色彩，在舆论方面也有所偏颇，导致一些中立的马来人选择阅读英文报纸，而这些马来人受教育程度较高，经济条件较好，这样马来文报就失去了很大一部分的广告来源。此外，阅读马来文报的马来人集中在乡村地区，其经济与教育仍然处于不理想的水平，也导致马来文报的收入受到影响。然而，绝大部分的华人注重教育，而教育投资又可以转化为资本，导致他们的教育水平和经济水平相对马来人来说都较高，这使华文报的收入超越马来文报，再加上华人阅读华文报的风气已经很普遍，华文报在华人社会的普及化和认知程度亦相当高，因此形成了华文报与华人社会相互依赖的良性关系。

特别值得一提的是，最大的华文报——《星洲日报》得益于管理层的励精图治和有效管理，再加上经济的增长，每年的利润都在增长。从 2003 年开始，该报每年纯收入的增长均超过 10%。“《星洲日报》与《光明日报》在马来西亚华文报广告市场中占有超过60%的广告额，纯收入从2000年2 416万令吉上升到2006年65 460万令吉。"[1]（见图1－8）每年均在增长的财务报表，既说明马来西亚华文报市场前景良好，也反映了《星洲日报》注重经营管理，通过市场份额的扩大获取更大的经济利润，实现滚动发展的目标。它已与南洋报业集团、香港明报集团合并成为世界华文媒体集团，实现资源共享、降低成本、为世界华人服务的目标。它不仅在华人社会影响甚广，而且对马来西亚的政治、经济和文化都产生了相当大的影响。

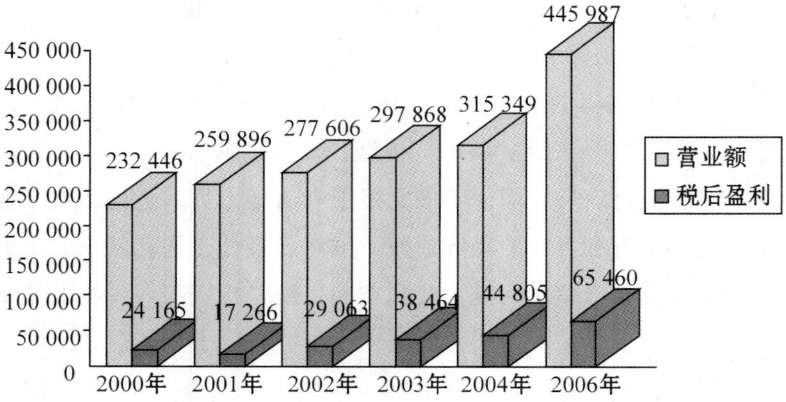

图1－8　2000—2006年《星洲日报》财务趋势图（单位：千令吉）

2008年8月23日，马来人阿末依斯迈在槟城发表了"华人只是寄居在这里，所以不可能平等对待各族"的言论（媒体后来称之为"寄居论"）。其发表言论的时候，好几位记者，包括《马来前锋报》（马来文报）、《新海峡时报》、《星洲日报》等报的记者均在场，但只有《星洲日报》记者陈云清报道了。报道引起了华人社会的强烈反应，华人社团和政党纷纷对阿末依斯迈进行抨击，种族矛盾一触即发。2008年9月12日，马来西亚警方依据"内安法令"拘捕了陈云清。在马来西亚历史上，她是第一个因报道新闻而在内安法令下被拘捕的记者。消息传出后，举国震惊，也引起了世界的关注。马来西亚各地记者组织起来穿黑衣戴黄丝带表示抗议。华人政党向政府领袖"摊牌"，要求"说者无罪"。在强大的压力之下，陈云清在18小时后获释。

① 星洲媒体集团招股书．马来西亚：星洲日报出版社，2004.112

这一事件充分反映了《星洲日报》在马来西亚的强大影响力，也说明海外华文报纸虽然在当地不是主流媒体，但是，作为少数族群传媒，如果站在维护族群利益的角度反映华人的诉求，其舆论影响力并不只局限于华人社会。

在所有维护族群感的文化机构和工具中，华文报纸是最有影响力的一种大众传播工具，因此受到华人的高度重视。华文报纸是直接反映华人社会动态的承载体，是文化传承的渠道和桥梁，是凝聚族群力量的手段，也是维护华人利益的重要工具。因此，它的一举一动都受到华人的关注。

作为马来西亚最大的华文报纸，《星洲日报》得益于该国华人社会近两百年对华文教育的坚守与耕耘，从中获得庞大的受众群，并成为华人社会的一面旗帜。在满足马来西亚华人社会的基础上，《星洲日报》把视角转向世界，以文化传播为理念，以维护华人权益为己任，不仅继续在马来西亚增强影响力，而且在海外华人中开拓新的发展空间，如该报已在柬埔寨、印度尼西亚等国创办了《星洲日报》分版。

越来越多的中国移民定居海外，而且华文教育日益在世界各国得到开办，以《星洲日报》为基础成立的世界华文媒体集团，把视野放到全球华人社会上，特别关注中国移民的动向，并把他们作为新的传播对象。基于《星洲日报》的新发展视角，以及该报突出的业绩，笔者认为，《星洲日报》不仅有厚实的土壤，还能获得更加广阔的发展机会。《星洲日报》今天的辉煌与成功，说明海外华文媒体仍然有生存和发展的空间，值得开拓与耕耘。《星洲日报》凝聚了无数报人的心血。他们的坚韧与毅力，开阔的视野，博大的文化胸襟，以及卓越的报业管理，值得中国报业学习。

对于华文报纸在马来西亚的前景，星洲媒体集团董事经理刘鉴铨于2008年5月27日接受笔者采访时表示谨慎乐观，并提出了自己的看法。他说，华文报纸市场已经饱和，但是仍有上升的空间，如果注重整合，加强管理，抓住科技发展的机会，特别是网络发展的机会，实现报纸的变革，再加上华文报纸在马来西亚的特殊地位和作用，华文报业市场仍会繁荣下去。他认为，马来西亚面对网络和种族关系的挑战，必须走合并的道路，因为市场、读者群有限。人口不会增加，因此合并后有助于提升品质，成本也会下降，机构也合理化，可以专注于内容素质的提升，礼聘更多的专才，并且可以进军其他行业。他指出，面对外来报纸的挑战，以及人口流动、资讯发达等不利因素，如果内容不能达到一个新的高度，读者群就会流失，因此只能走合并的道路，而且只能从深度和广度方面发展。恶性竞争削弱了华文报纸的竞争力。合并有助于打开世界市场。

面对新媒体的冲击，刘鉴铨指出，作为华人社会的重要信息载体，平面媒体不会消失，媒体的内容和形式要发生革命性变革，只有做到这一点，它们才有可能继续生存下去、继续运作。如果不适合时代的发展，就会消失。他认为，好的报纸是一个艺术品，如摄影、电影、绘画，它们不会消失，因为它们都是艺术品。换句话说，报纸可能会走小众化的道路。刘鉴铨说，《星洲日报》在保持大众化服务的同时，已经开始努力提供小众化服务了。

除了报业自身的改革外，马来西亚华文报纸，特别是《星洲日报》，积极迎接全球化挑战，不断在世界各地开拓市场，取得了非常好的成绩。如在柬埔寨，《星洲日报》已经基本实现了财政收支平衡；在印度尼西亚，也在朝着好的方面发展。

总体而言，由于华文报纸在华人社会中的重要地位与作用，以及完善的华文教育基础，它们仍然有强大的生命力，上述数据已经充分地反映出来了。虽然市场几近饱和，但是由于经济增长和华人经济的自足性与系统性，华文报业仍然有发展的空间，仍然是一块值得开垦且获利甚丰的园地。在走向全球化的过程中，它们不仅扩大了影响，而且开拓了报业的生存空间，前景相当亮丽。

2. 新加坡华文报前景

新加坡是一个城市国家，是东南亚的信息、物流和金融中心，但是种族构成相当复杂。新加坡华人占多数，但也生活着其他种族。这种人口比例，决定了新加坡是一个由华人占主导的社会。然而，新加坡被马来西亚、印度尼西亚所围绕，国土面积约800平方公里（大约有一半是经填海而来），人口500万左右，而马来西亚人口有4 000多万，印度尼西亚有3亿多人，他们都信奉伊斯兰教，同属马来人种。因此，新加坡是一个被马来人包围的小岛。

与香港不同，香港有中国内地的腹地和市场，未回归前也得到中国政府的支持，而新加坡缺乏依靠，唯有依靠自己的力量建设自己的国家，于是他们把世界作为市场，同时为建立各种族的沟通渠道，把英语作为主要的媒介交流语言。这就直接造成了英文报纸盛行、华文报纸低迷的局面。

复杂的种族和地理环境及历史渊源迫使建国者采用把英语作为官方语言的政策，然而，这种语言政策却受到华人的强烈反对。当时华人认为，华人主导了新加坡，为何不能采取华文作为国家语言。华人当时普遍产生了“当家不做主”的感觉。政府不为所动，强力推广英语，不仅使之成为官方语言，而且把它当做教育媒介语言，华文教育因此受到极大的制约。20 世纪 80 年代，华文教育基本上在社会消亡，新加坡已经没有真正意义上的华文学校。目前，新加坡社会媒介语言英文化的程度相当高，社会也越来越西化。在这样的语言环境下，英文报纸成为主流和精英报纸。政府和社会精英均在《海峡时报》上刊登文章，影响新加坡的政治、经济、文化等政策，而华文报纸逐渐被边缘化。

在特殊的种族关系背景下，新加坡政府一直认为，社会整体利益重于个人的价值，有序的社会比追求个人自由更重要。因此，为求社会稳定，塑造有序社会，避免出现种族问题，在政府看来，政府对传媒的法律控制也就显得合情合理。李光耀在回击西方记者对新加坡缺乏新闻自由时说，如果新加坡采用美国式的新闻自由标准，新加坡就不可能达到今天经济繁荣、社会稳定的目标。

在这样的治理理念下，政府首先通过法律——《报章与印刷出版法令》，把报纸公共化，接着国有化。新加坡目前有八家日报，其中两家英文报纸（《海峡时报》和《商业时报》），三家华文报纸（《联合早报》、《联合晚报》和《新明日报》），一家马来文报（*Berita Harian*）、一家淡米尔文报（*Tamil Murasu*）和一家双语免费报纸（《我报》）。所有报纸均属于政府控股的新加坡报业控股有限公司。

与此同时，政府还不断修订法令来管理传媒，如 1972 年政府再一次对《不良出版物法令》进行修改，变成《新印刷出版法令》；1974 年颁布管理报纸等出版物的重要法令——《报章与印刷出版法》，1977、1986、1988 和 1990 年又对此法令进行四度修改；2002 年，再次修订《报纸和印刷出版法》和《新加坡广播管理法》，以根据因特网的发展，对网络信息传播进行监管。

在政府的严格管理下，报纸无论在内容还是在新闻报道的角度、方法上，都要考虑政府的立场和观点，与政府保持一致，带有明显的政府喉舌的性质，内容侧重社会新闻。

虽然华文报纸在马来西亚属于少数族群传媒，而且长期以来一直受华人控制，政府也非常关注华文报纸的言论，但是总体来说，华文报纸享有较为宽松的言论空间，竞争也高度市场化。与马来西亚相比，新加坡华文报纸的言论空间稍显狭窄。与同受过英国殖民统治的香港相比，差距更大。新加坡虽然是一个城市国家，但是无论人口还是地域，与香港都有很多相似性。它们都受过英国殖民统治，都实行比较自由的经济制度，但是在传媒业方面，却出现截然不同的管理，也由此造成竞争程度差别很大的传媒业。与香港传媒业激烈的自由竞争不同，由于新加坡政府控制了传媒，传媒竞争要符合社会和政府的目的。政府除了把传媒作为传达政府信息的媒介外，还要求它们追求商业利益，不希望看到传媒自由竞争而造成两者利润下降，甚至亏损的情况，因此，新加坡传媒业是在政府主导的环境下展开适度竞争的。

新加坡政府深知垄断和缺乏竞争会严重制约传媒的发展，不希望传媒在死水一潭的环境中运作，2000 年政府决定给报业控股和新传媒集团各颁发一个电视和报纸出版执照，希望他们提高报纸和电视节目的品质。然而，执照颁发后，两者之间的竞争非但没有出现政府希望看到的良性竞争，反而出现广告相互削价、集团利润大幅下滑的现象，结果造成两个集团严重亏损。报业控股和新传媒集团均在文告中表示出现亏损现象。面对严重的亏损，政府当然不愿意接受这样的事实，只好于 2004 年要求两家传媒结束竞争。由此可见，新加坡传媒市场极为有限。

与马来西亚华文报纸的运作环境不同，新加坡既缺乏华文教育的基础，又受到华语广播、电视、网络的冲击，因此，华文报纸内部缺乏竞争，但是与其他媒体却形成激烈竞争，因为华人不仅会看英文报纸，也会看华文报纸。因此，如果华文报纸漏报一条重大新闻，而英文报纸或者广播、电视报道了该条新闻，华文报纸可能就会因此失去影响力。而在马来西亚，华语广播、华语电视欠发达，又是由政府主导，而政府又是由马来人主导，因此在新闻报道方面，有关政府、马来人的新闻居多，不可能专门对华人社会进行详尽报道，这为华文报纸提供了生存空间。例如，2008 年四川汶川发生地震，华文报纸无一例外地进行大篇幅、高密度的报道，并派出记者亲赴现场采访。而华语广播、电视的报道，无论是量还是质，都无法与华文报纸相提并论。故此，马来西亚华文报纸之间存在着激烈竞争，但是与华语广播、电视之间的竞争很少，倒是新兴的媒体对其构成了严峻的挑战。

新加坡华文报纸得到了政府的支持，因此，它开拓市场能够得到政府的财政支持。如它一直希望撬开中国报业市场的大门，也花了不少钱进行公关，并在中国境内产生了相当大的影响，但是由于传媒属于高度敏感的意识形态宣传工具，中国政府一直对境外传媒紧闭大门，所以，即使新加坡华文报纸经过多年努力开拓中国市场，仍然只能在有限的空间发行。然而，作为高度商业化的媒体，它不愿意在一个面临严重亏损的地方办报，如在印度尼西亚、柬埔寨等地开拓市场，这样，它就只能在一个有限的空间运作。由此看来，鉴于华文教育衰落、新媒体的强烈冲击、其他媒体的竞争及市场规模很小的情况，新加坡华文报纸虽然借中国迅速发展的势头，生存压力有所缓解，办报也有所起色，但是从长远来看，其面临严峻挑战，前景仍不容乐观。

第二章

华文报在社会中的角色与地位

THE COMPARATIVE STUDY ON CULTURAL, ETHNIC AND NATIONAL IDENTITY OF CHINESE LANGUAGE NEWSPAPER IN SINGAPORE AND MALAYSIA

华文报在新马两国处于不同的地位，担当不同的角色。马来西亚华人在人口数量上处于劣势，只占全国总人口的24%。华人相对于马来人来说是少数族群，但是华人勤奋耐劳，在经济上颇有建树，因此在经济领域能够与马来人抗衡，由此造成了华文报非常特殊的角色与地位。从表面上来看，华文报是少数族群传媒，是非主流报纸，但是它们承担了与马来文报、英文报同样的社会责任，有着非常重大的社会影响。与马来西亚相比，由于新加坡华人人口占77%，因此新加坡的华文报并没有受到其他族群的歧视，因为华人本来就是社会主流，从某种角度上说，族群利益就是国家利益。然而，由于社会越来越通行英语，造成社会越来越西方化，在这样的语言背景下，从表面上来看，华文报是主流报纸，但实际上，主流报纸却是英文报《海峡时报》（*The Straits Times*），因此华文报处于相当尴尬的地位。

第一节　新加坡华文报的社会角色与地位

华人是新加坡社会的主要构成人口，新加坡也是世界除中国之外唯一以华人为主导的国家。历史上，由于华人众多，经济较为发达，再加上地理位置重要，因此新加坡出版、发行了大量的华文报纸，华文报曾经盛极一时，如《叻报》、《南洋商报》、《星洲日报》等，它们对传承中华文化、传播华人社会信息起到了相当大的作用。然而，随着新马分家，新加坡独立朝自己的方向发展，为融入国际社会，也为消除当时马来族和印度族的疑虑，开国总理李光耀选择了以英语作为社会媒介语言的道路。从此之后，华文教育在新加坡日见萎缩，越来越多的新加坡人不懂华语。华文报的角色和地位也因此不断下降，社会影响不及英文报。

一、从主流到亚主流

新加坡是由华人主导的国家，按道理说，华文报纸应属主流报纸，但是由于建国之后，政府大力推广英语，造成华文教育逐渐消亡，华文报纸的基础也被蚕食。虽然华文报纸仍然有比较高的发行量，但是与英文报纸相比，它的销量不断下跌，甚至需要得到外来移民的支持，由此造成其社会地位逐渐下降，角色被边缘化。这可以从华文报纸销量逐年下降，英文报纸销量逐年上升中看出。

随着媒介语言不断英语化，越来越多的读者转向英文报纸或者上网阅读英文资料。分析两份最具影响、最具代表性的《海峡时报》（英文报）与《联合早报》（华文报）每年的日销量及增长趋势，就可以很清楚地发现这一点（见图2－1）。

2000—2006年，《海峡时报》的日销量是《联合早报》的两倍多，《联合早报》2006年销量有所回升，但是也仅增加了1 124份，总的趋势是不断下滑，与马来西亚《星洲日报》每日发行36万份相比已经相差甚远，甚至比不上另一份马来西亚华文报《中国报》（2007年12月底该报销量已经突破了20万份）。由此可见，新马两地的华文报已经出现了相当大的差距。

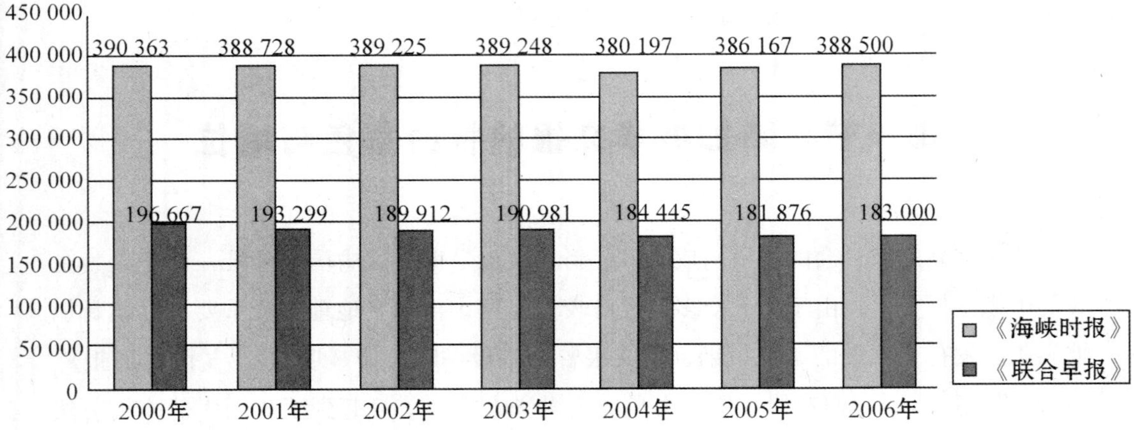

图2－1　英文报纸与华文报纸日销量比较（单位：份）①

我们再来比较各报的销量，《海峡时报》每日发行量几乎相当于三份华文日报（《联合早报》、《联合晚报》、《新明日报》）发行量的总和（见表2－1）。发行量高于华文报，社会媒介语言英语化的程度又很高，造成英文报的影响力也超越华文报。《海峡时报》话语权不断强化，直接造成华文报话语权被削弱。

① Singapore Press Holdings Annual, Singapore Press Holdings, 2000（p. 14）, 2001（p. 16）, 2002（p. 25）, 2003（p. 24）, 2004（p. 45）, 2005（p. 27）, 2006（p. 49）

表 2－1　新加坡各语文报纸日销售统计表①

单位：份

	2000 年	2001 年	2002 年	2003 年	2004 年	2005 年	2006 年
The Straits Times	390 363	388 728	389 225	389 248	380 197	386 167	388 500
联合早报	196 667	193 299	189 912	190 981	184 445	181 876	183 000
联合晚报	137 511	127 402	131 179	127 021	124 134	128 626	123 900
新明日报	126 061	114 653	117 222	126 541	123 639	123 526	120 800
我报							120 000
星期五（周报）	57 468	57 767	62 092	65 657	62 523	72 756	70 000
大拇指（周报）	63 315	46 525	38 501	37 088	29 944	33 577	38 400

注：《我报》是一份免费报纸，早期是华文报纸，现在改为华、英双语报纸。

再比较各语文报纸的发行总量，我们通过计算可知，从 1995 年至 2006 年，英文报纸在 12 年间增长了 43.65%，而华文报仅增加了 12.03%。英文报增长的幅度是华文报的 3.5 倍（见表 2－2）。这也从一个侧面反映出新加坡媒介语言英语化程度不断提高的事实。英语化程度提高，必然造成华文报纸读者群的萎缩，随之而来，华文报纸的话语权也必将被弱化。

表 2－2　新加坡各语文报纸日发行量统计表②

单位：份

	1995 年	2000 年	2001 年	2002 年	2003 年	2004 年	2005 年	2006 年
英文报	508 399	941 212	932 267	960 610	1 017 161	1 004 000	730 859	730 300
华文报	488 874	460 239	435 354	438 313	444 543	432 218	434 028	547 700
马来文报	60 237	63 789	63 156	63 376	61 177	58 503	55 658	62 500
淡米尔文报	5 795	15 216	15 525	15 325	15 119	1 532	15 852	17 600

① Singapore Press holdings Annual, Singapore Press Holdings, 2000 (p.14), 2001 (p.16), 2002 (p.25), 2003 (p.24), 2004 (p.45), 2005 (p.27), 2006 (p.49)

② Singapore Press holdings Annual, Singapore Press Holdings, 2000 (p.14), 2001 (p.16), 2002 (p.25), 2003 (p.24), 2004 (p.45), 2005 (p.27), 2006 (p.49)

上述数据清晰地向我们展示了华文报日见萎缩，社会影响日益衰落的事实。虽然政府仍然非常重视华文报的舆论，但是华文报变成族际传媒已经是不争的事实。英文报已经完全代替了原来华文报影响政府决策的传媒角色与地位。

二、面向中低层读者及外来移民

由于华文教育严重萎缩，仅在 11 家特选中学开设华文课程，造成许多华人学生会考之后，就放弃了对华文的学习，因此华文水平只能停留在简单的口语表达层面上，而无法熟练阅读和书写，造成华文报纸的发行面临相当大的问题。

众所周知，中华文化博大精深，没有良好的学习环境是不可能学好的。由于缺乏良好的学习环境，掌握之后又无法在新加坡学以致用，许多学生对华文望而生畏。他们宁愿选择马来文或者印度文，也不愿意选择华文作为母语（新加坡规定中小学生必须选择一种母语）。许多家长鉴于新加坡极其激烈的竞争环境，也希望政府减少华文学习的课程，特别是大量接受英文教育的家长，更是希望政府取消华文课程。政府鉴于实际情况，一再降低学习华文的要求，只要求学生能够达到口语表达流利的水平，这样一来，新加坡整体的华文水平不断下降。

新加坡华人华文水平不断下降，造成读者群不断萎缩。《海峡时报》1999 年在一篇报道中引述一次调查报告时指出，“新加坡受英语教育年龄在 25 岁以下的华族年轻人，有 11% 至 17% 阅读华文报，而有 80% 的学生没有阅读华文报”。目前，华文报纸的读者群局限于中年以上的中低层读者和外来移民。因为这些中年以上的中低层读者曾经接受过华文教育，未曾留学西方国家，因此，他们仍然喜欢传统文化，且因英文水平较低，只好选择阅读华文报纸来了解新加坡及国际情况。然而对于那些留学西方国家回来的华人，他们已成为社会精英，对华语已经相当陌生，且由于西方国家的经济、文化和政治超前于中国，故他们倾向于选择英文报纸来了解新加坡与国际形势。所以，华文报纸和英文报纸代表了新加坡华人的两个阶层。

近三十年来，随着新加坡社会竞争日趋激烈，成家立业面临相当大的困难，抚养孩子更是一大负担，许多华人要么选择晚婚晚育，要么组建家庭后不要孩子，造成新加坡华人人口出生率不断下滑。“新加坡人口生育率在 1976 年之后就一直下滑，降至 2004 年和 2005 年的 1.25%。近一两年，通过政府的各种努力，为生育小孩的家庭提供各种优惠，但是出生率也仅有微小的上升，如 2006 年出生的婴儿有 36 200 名，

2005 年有 35 500 名，2004 年则有 35 100 名，这些出生的婴儿远远无法替代死亡人口，这对新加坡来说是一大挑战。”① 然而，华人出生率不断下降，马来族和印度族的出生率却保持不变，甚至有所上升。由于伊斯兰教不提倡节育，信奉伊斯兰教的马来族家庭生育三个小孩以上的现象比比皆是，这对新加坡的人口构成造成了相当大的挑战，为保证新加坡的人口构成与比例，政府不断出台各种政策吸引马来西亚华人和中国人移民新加坡。

由于新加坡实行各族群平等的政策，马来人虽然享受一定的优惠政策，如升学等，但与在马来西亚享有的特权相比，新加坡马来人要靠个人的努力求得生存，因此，马来西亚的马来人不愿意移民新加坡。这样，移民新加坡的马来西亚人的组成大部分是华人，而他们经过系统、完整的华文教育，移民之前已经习惯阅读华文报纸，因此，他们是新加坡华文报纸读者群中的重要组成部分。

来自中国的读者当然受过浓郁的中华文化的熏陶，他们移民新加坡的头五年，为避免受到过多异文化的冲击，接受当地信息首选渠道是母语传媒，因此，他们也是新加坡华文报的读者。从表 2－3 可以看出，从 1970 年到 2000 年，每年移民新加坡的马来西亚华人与中国人的比例均在 10% 以上。以 2000 年为例，当时新加坡人口大约为 450 万，14.4% 的比例相当于有 67 万的马来西亚华人与中国人移民。这个数字在某种程度上有力地支撑着华文报的生存空间。

表 2－3　新加坡四次人口普查情况表②（十年一次）

	1970 年	1980 年	1990 年	2000 年
新加坡本土出生	74.4%	82.5%	84.8%	81.7%
马来西亚出生	9.4%	6.6%	7.2%	9.4%
中国出生	11.7%	8.0%	5.5%	5.0%

事实上，虽然新加坡越来越西化，但是政府很重视华文报纸对国家和社会的贡献。“李光耀宣布‘不论结果如何，基于国家利益，我们都应该保留至少一份高素质

① 国人利益永远优先考虑. 联合早报，2007－04－01

② 新加坡每十年进行一次人口普查，因此，2000 年的数据从今天的角度看可能比较陈旧，但却是笔者能够掌握到的最新数据。

的华文报纸。这份报纸就是《联合早报》。这是一项全国性的事业，全国上下必须各尽所能去推广它'。这是政府领导人首次这么明确地把《联合早报》当成'全国性的事业'看待，并呼吁全国上下全力推广它。他发现来自中国大陆、台湾和香港的商人和工人大都是读华文报纸的。此外，旅居新加坡的中国大陆、香港和台湾的移民人数也有增加的趋势，他们也是华文报的读者。他们成为永久居民后再成为新加坡居民，因此他认为这些新移民'最终必定成为我国具有高文化素养的一批核心华文读者'。《联合早报》2003 年的一项调查也证实，由中国移民组成的华源会的会员大多数是华文报纸的读者。"①

然而，新移民融入新加坡社会需要一段时间，对于马来西亚华人来说，由于地缘和人缘更加接近，融入新加坡社会只需要较短时间，但对于中国移民来说，要融入一个以英语为媒介语言的社会，就需要更长的时间。面对新移民的华文报纸由于要照顾移民利益，有时无法兼顾本土人士的利益，再加上日益被边缘化，造成对社会的影响及政府决策的影响都相对微小。

三、社会影响显著但趋向弱化

由于新加坡是华人社会，因此华人没有族群生存与发展的忧患感，虽然他们形成了很强的国家观念，但是族群感却出现了疲弱的现象。作为华人社会的重要象征符号——华文报纸当然也就失去了维系族群、为华人争取权益的强大作用，结果直接造成华文报纸缺乏号召力，华文报纸只能通过维护公众利益来增强影响力，但是言论又受到新加坡政府的严厉控制，无法起到监督政府的社会公器作用，从而无法在社会上形成更大的话语权。

事实上，新加坡独立前，会讲华语或双语的华人与只会讲英语的华人就产生了鸿沟，并在华族内部产生了分裂。建国时，一大批受英文教育的官员主导社会政策的制定，注重英语的发展。由于他们不懂华文，他们要传播自己的政治思想，必然要通过英文报纸，因此，与华文报纸相比，英文报纸对政府、国家、社会拥有更强大的影响力。2007 年 2 月，AC 尼尔森的一项调查显示，"在 15 岁以上的新加坡人中，大部分的新加坡人阅读《海峡时报》网络版。这也是新加坡所有本地网络报纸中，被本地读

① 吴元华．华语文在新加坡的现状与前景．新加坡：创意圈出版社，2004. 123

者阅读最多的报纸网站”[①]。《联合早报》网站（早报网）虽然是浏览量最大的报纸网站，但是2006年1至10月的统计显示，“87%却来自中国，新加坡本地的读者仅占5.74%”[②]。这说明英文报纸在新加坡更受到重视。

当前政府公务员、国会议员大部分是受英文教育的华人，是掌握社会资源的精英。他们缺乏华文教育，许多人不会写也不会说华语，因此他们只能通过《海峡时报》等英文报纸来了解华人动态，了解社情民意，并在英文报纸发表文章阐述施政思想。购买和阅读《海峡时报》的读者，又是接受英文教育比华文教育更多的人群，因此《海峡时报》的读者不具备充分的民意代表性。从这个方面说，政府官员只通过《海峡时报》了解华人的动态是不够的，如果按照《海峡时报》所反映出来的社情民意施政，就有可能忽视只阅读华文报纸的读者的利益。事实证明，政府出台的有关政策，有时恰恰忽视了低层人群（这部分人常常阅读《联合早报》）的利益。

李光耀也认为，受英文教育的部长没有阅读华文报纸，不了解受华文教育的广大民众的情绪。他指出“如果你想知道何以我觉得政府给予受英文教育者过度的关心，那是由于部长的阅报习惯……”他发现多数部长只阅读英文报纸，不读《联合早报》，所以不了解受华文教育者的处境和心声。因此，他告诉议员：“如果一名受英文教育的（华族）议员想担任部长，他必须阅读华文报纸。否则他将无法知道老百姓在想些什么，说些什么。那将会有很大的麻烦。”[③] 这个现实，一方面反映出受英文教育的官员缺乏对华人社会更深入的了解，另一方面也反映出《海峡时报》话语权更加强大的事实。如果有一天本土出生的新加坡人不讲华语了，那么华文报纸也就只能依靠马来西亚移民、中国移民来支持，这时华文报纸就真正沦为非主流媒体，话语权和影响力也就彻底被边缘化了。

第二节　马来西亚华文报的社会角色与地位

由于有完整和系统的华文教育为基础，马来西亚华文报相当繁荣，每天发行的报

① 新加坡人更多使用网站和有线电视．南洋视界，www.nanyangpost.com/Media/2006/1019/content_191.htm，2007-02-12

② 联合早报网年度报告（2006年）．新加坡：新加坡报业控股公司，2006.11

③ 吴元华．华语文在新加坡的现状与前景．新加坡：创意圈出版社，2004.36~37

纸数量高达100万份，而且报业相当规范，市场化程度也很高。华人已经养成了向华文报纸反映意见的习惯，因此，华文报纸虽然不是主流报纸，但是其作用却令政府不敢小视，事实上，政府经常把华文报纸当做主流媒体对待。

一、非主流报纸但承担主流报纸责任

马来西亚是一个以马来人为主导的国家。马来人享有政治特权，而且不容华人挑战。在这样的政治环境下，华人为争取自己的政治权利，不得不在各种场合起来抗争，而作为华人喉舌的华文报纸在其中发挥了相当大的作用。它们发展迅速，话语权也逐渐强大，不容政府忽视。

一直以来，马来西亚的华文报业都在持续发展，近二十年发展更加迅速。从1998—1999年每日发行的各语文报纸读者群的增长率来看（见表2－4），以《星洲日报》为代表的华文报纸的发展状况与其他语文报纸形成了很大的差别。虽然《南洋商报》和《中国报》的增长率出现负增长，下降的幅度却比其他语文报纸低。《星洲日报》在其他语文报纸日发行量都下降的情况下仍有所增长，一直到2007年，该报的增长都没有停止。“2007年12月底，该报的发行量已经上升到36万份，星期天的发行量达到了40万份。”①

表2－4　马国各语文报纸读者人群每日比较表②

单位：份

报名		1998年第2季度	1999年第2季度	增长率
华文报	星洲日报	862 000	891 000	+3.4%
	南洋商报	614 000	522 000	－15.0%
	中国报	582 000	553 000	－5.0%
英文报	新海峡时报	750 000	557 000	－25.7%
	星报	1 090 000	969 000	－11.1%
马来文报	每日新闻	1 993 000	1 560 000	－21.7%
	马来前锋报	1 946 000	1 538 000	－21.0%

① 该数字是星洲媒体集团萧依钊总编辑于2006年7月27日在马来西亚接受笔者采访时透露的。

② 各语文报读者人数纷下跌 星洲日报读者持续增加. 星洲日报，1998－09－18

2006年12月13日，马来西亚发行审计局发表了马来西亚2005年7月1日至2006年6月30日的日报发行量年度报告："所有日报每日发行量达到了250万份，创下了历史最高纪录，其中华文报纸发行量最高，增长了9%；英文报发行量第二，增长了4%；马来文报纸列第三，增长了3%。华文报纸每日发行100万份，英文报纸68万份。"①（见图2-2、图2-3）目前，"马国约有87%大约522万的华人通晓华文，其中77%（大约402万）的华人为华文报读者"②。由此可见，厚实的受众群为华文报纸提供了强大的基础，华文报业的未来令人感到乐观。

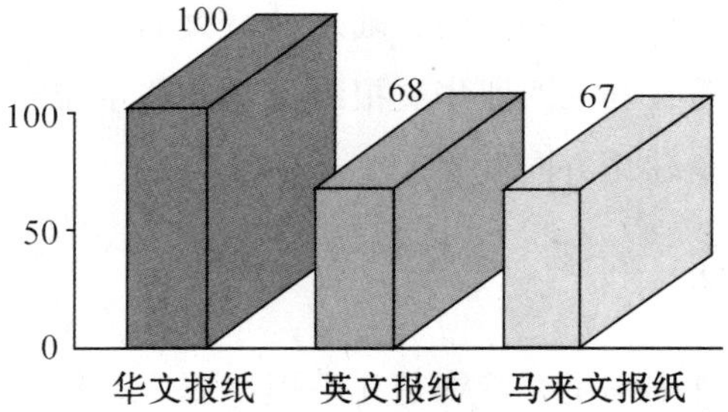

图2-2　马来西亚发行审计局对境内日报销量的统计（单位：万份）

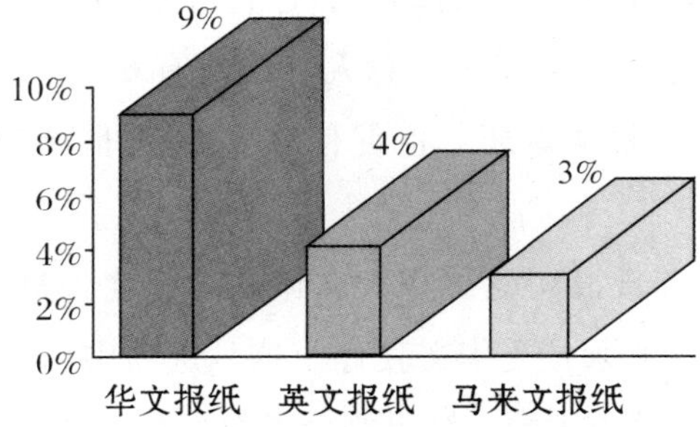

图2-3　各报销量年增长率

① 马来西亚报纸发行量破纪录. 南洋视界. http://www.nanyangpost.com/Media/2006/1213/content_459.htm，2006-12-13

② 马来西亚报纸发行量破纪录. 南洋视界. http://www.nanyangpost.com/Media/2006/1213/content_459.htm，2006-12-13

在广告额方面，根据2005年AC尼尔森的报告，“报纸与电视的广告总投入比2004年增长3%，其中英文报仅增0.9%，华文报增长7.7%，马来报增长7.8%”。[①]“马来西亚最大的华文媒体——星洲媒体集团估计在2008年的广告收入可成长9%至10%，即广告收入达4亿令吉左右。”[②] 从这些数据来看，华文报业前景显然充满希望。事实上，2007年底，星洲媒体集团的广告收入已经超过了5亿令吉（相当于11亿人民币）。

2008年4月30日，星洲媒体集团、南洋报业集团、香港明报集团合并，成立“世界华文媒体集团”。合并后的集团是拥有5份华文报纸，30份刊物，5 000名员工的大型华文媒体集团，一举成为除中国大陆之外最大的华文媒体集团，分支机构遍及全世界。从发展的速度看，马来西亚华文报纸虽然是非主流报纸，但是它的视野不局限于马来西亚，已经向全球化方向发展。

二、读者群数量庞大

马来西亚严格限制外来移民，特别是几乎拒绝非回教徒的中国移民，这样，与新加坡华文报纸面向中低层读者和外来移民不同，华文报纸只能依靠本土出生的华人。由于华人出生率低于马来人与印度人，造成华人人口比例不断萎缩，从1957年占全国总人口的40%左右下降到2007年的24%，还有可能继续下滑。虽然人口比例下滑，但华人总人口还是有所上升，目前华人总人口大约有625万。其中90%接受华文教育，这对华文报纸的生存非常重要，也促使华文报纸非常关注华族文化的认同与传承。

1999年12月，《星洲日报》就“华人文化认同程度”进行了问卷调查。结果发现，在“你是否同意华人必须接受华文教育”这一选项中，有70.1%的人非常同意，27.8%的人同意，不同意的占少数。结果符合了大马有超过90%的华人将孩子送进华小的事实。[③] 如果按当时马来西亚华人口500万计算，那就有450万人接受华文教育，这对于华文报纸来说，是一个非常庞大的读者基础。也正是有如此庞大的读者群，再加上华人不断力争接受华文教育的权利，使得华文教育在马来西亚开花结果，不仅传

---

① 星洲媒体集团招股书．马来西亚：星洲日报出版社，2004. 112
② 星洲媒体集团招股书．马来西亚：星洲日报出版社，2004. 112
③ “华人文化认同程度”问卷调查报告．马来西亚：星洲日报，2000－02－02

承了族群文化，而且为华文报纸提供了庞大的读者群。

《星洲日报》“华人文化认同程度”的调查还发现，受访者皆认为华人应该优先保留华文这一项文化特征。华人把华文排列在第一位，主要是受国家政策的影响。华人有一种忧患意识，认为华文是文化的根，所以受访者都下意识地把它排在第一位。与宗教、习俗和思想相比，华文属于比较具体的一种，因为它与教育有比较直接的关系，看起来是比较迫切的问题。华文是让华人认识和接触本族文化最直接的工具，华人所认同的思想和习俗都必须利用华文来传承。语文是民族的根和灵魂。华文教育就是华人的母语教育。语文问题对于华人而言是一个相当凸显的课题，这与母语教育两百年来所扮演的角色息息相关。这一道问题若是放在新加坡、中国台湾、中国香港甚至是中国大陆，抗争不会如此激烈，但在马来西亚，华文几乎成为华人争取权益的重要媒介，已经深入华人社会的内层。对国家教育的抗争，力争维护华文教育反映了华人争取权益的行动。这种行动，主要由华文报纸来展现。这说明，华文报纸已经成为华人抗争国家不利华人政策的象征符号，也反映了它们已成为所有华人的重要舆论工具。也正是扮演了如此重要的角色，华人才如此珍爱华文报纸，才会如此拥护它们。

三、社会影响力不断增强

华文报纸原本只是华人之间交流和传播信息的工具，但是华人众多，且经济较富裕，华文报纸的影响不逊色于其他语文报纸。这也可从 2005 年发生的中国女子在马来西亚受辱的事件中反映出来。

2005 年 11 月 3 日，警察滥用职权，强迫三名中国妇女脱衣检查。事件发生后，华文报纸不约而同地进行大篇幅报道，引起世界关注。

在报道中国女子受辱事件之前，华文报纸知道一旦揭发此事，必将给政府带来严重的负面影响，甚至影响中马两国的关系，打击中国游客赴马旅游的信心，令马来西亚国际形象受损，但是它们仍然敢于报道此事，体现了负责任的新闻专业精神。

“在此次事件中，除了在新闻中大幅报道中国女子受辱以及疑似华人女性被迫脱衣等事件外，马来西亚华文报纸还利用各种评论来体现自己的宗旨，比如说刊登社论、评论员文章、读者的来论，一方面为华人提供表达意见的空间，另一方面也使报纸增强影响力。特别是华文报纸连续发表社论，构成了强大的社会舆论，全面展现了华人喉舌形象。"①（见表2－5）在强大的舆论面前，政府不得不组成调查组，派出高级官员来华召开记者会，解释真相。

表2－5　华文报纸关于中国女子受辱事件的社论

报名	时间	社论
星洲日报	11月23日	妥善处理滞留境内中国游客
	11月24日	建立保护举报人制度
	11月26日	警队要往上提升，不能向下沉沦
	11月28日	尽速成立独立投诉委员会
	11月30日	以诚意互信处理好受辱事件
南洋商报	11月19日	正视警察羞辱游客事件
	11月24日	严查警方骚扰报案人事件
	11月25日	实际行动比解释更重要
	11月30日	设立投诉警队独立单位
中国报	11月18日	严打警队败类
	11月19日	问题不在警方身上？
	11月28日	揭警滥权或侵犯女权
	11月29日	整顿警队此正其时

事实上，在其他一些涉及华人切身利益的政治和经济问题上，华文报纸也敢于抗争，维护华族权益，坚持华人接受华文教育的权利。它们的新闻报道和评论都相当有深度。它们的报道视野也不局限于华族，而是把眼光转向全国（见图2－4）。笔者统计了《星洲日报》2007年3月份各新闻类别的数量，发现全国新闻占总数的73.3%，而个别华人、华人社团的新闻只占23.3%。在全国新闻中，反映政府机构事件和社会重大事件的比例最高，如政治选举、官员贪污腐败、巫统重大活动等。从统计的情况来看，华文报纸不仅是华人重要的舆论工具，也是监督政府的利器，在社会上形成了强大的舆论话语权。

① 彭伟步．从中国妇女受辱案看马来西亚华文报的历史责任．东南亚研究，2006（3）

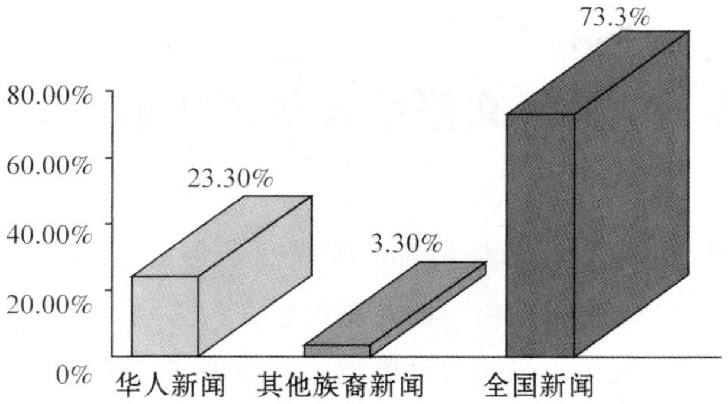

图 2－4　《星洲日报》全国性新闻分类统计（2007 年 3 月 1—31 日）①

由于有强大的话语权，华文报纸有关揭露政府腐败和弊端，反映民生问题的问题，都会得到政府的特别关注。政府部门的负责人会出面解释，并承诺尽快解决有关问题。从这个角度来说，华文报纸虽是非主流报纸，但影响力并不比马来文报、英文报纸小。相反，随着中国经济的迅速发展，中国成为马来西亚重要的贸易伙伴后，华人因为在语言和文化上的优势，成为中马经贸和文化交流的重要桥梁，再加上网络传播的全球化，华文报纸的影响也越来越大。

华语是族群语言，而马来语和英语是官方语言，因此，相对来说，马来文报、英文报应该比华文报的影响更大，然而，为保持社会稳定，政府对华文报纸所反映的华人诉求，有时也不得不采纳它们的意见。另外，华人也担任内阁部长。虽然他们任职的部门不是政府的核心机构，但是在内阁会议上，华人部长会根据华文报纸的言论和新闻，提出维护华人利益的意见。由此可见，华文报纸的言论方向和新闻内容成为华人领袖了解社情民意的重要途径，在社会上形成了强大影响。

华文报纸代表华人声音，反映华人的社会动态，而且华人在经济上颇有实力，政府限制华人发展，就等同于限制马来西亚发展，此外，复杂、敏感的种族关系虽然使华文报纸的发展空间受到一定限制，但是华文报纸善于打种族牌，在种种因素综合作用下使华文报纸不但没有被边缘化，反而获得更强大的话语权。

① 本图是经笔者用抽样的形式，抽取《星洲日报》2007 年 3 月份的新闻内容，并对其统计而成。

第三节 新马华文报社会角色与地位比较研究

新马华人众多，地缘、人缘环境都非常接近，但处于不同的政治、种族环境下，华文报纸的命运、角色与地位也因此有比较大的差别。马来西亚华文报纸是非主流的媒体，但是话语权与作用却与日俱增；新加坡华文报纸原本是华人的主流媒体，但现在已经成为摇摆在主流与非主流之间的媒体，随着华文教育的萎缩逐渐被边缘化，过去强大的话语权与作用也逐渐减弱，地位下降。两者的命运形成了鲜明的对比。

一、读者基础不同

客观来说，造成新马华文报不同角色与地位的主要原因是新马两国不同的政治、经济和文化背景。在新加坡，华人是主导者，而在马来西亚，华人则是被主导者，华人只有在经济上还有一些优势，但是一些大型国有企业都被马来人所控制。华人仅在中小企业领先马来人。在政府的支持下，假以时日，马来人也会在这方面取得长足的进步。

在新加坡，掌握实权的都是华人，实行不分种族的人才战略，使马来人得到的优惠远远不及马来西亚。政府实施多元种族文化政策，虽然以英语作为社会媒介语言，但是没有采取各种手段消灭各种族文化，而是致力于推广和维护各种族文化。例如，鉴于社会西方化以及把英语当做社会媒介语言所带来的严重后果，政府还把每年10月定为华语推广月，倡导中华文化。而在马来西亚，华人在政治上没有实权，作为最大的华人政党——马华公华入阁政府，被华人普遍认为“当家不当权”，缺乏话语权，很难起到保护华人权益的作用。在文化方面，掌握实权的马来人推行“一个国家，一种语言，一种文化”的政策，希望通过把华文教育纳入国家教育框架内，同化华人，从而实现马来文化一统天下的目的。然而，华人认为，中华文化有五千多年的历史文化，而马来文化的历史只有六百年，无论是文化的辉煌程度，还是文化的成熟性与先进性，马来文化均无法与中华文化相提并论，况且，掌握马来文并不能在马来西亚及世界的经济舞台上获得更多的利益，因此，华人激烈抗争国家的教育制度。其中，以维护华文教育的行为最为激烈，也正因为如此，成就了华文报纸在马来西亚的重要角色和较高的社会地位，成为华人的重要喉舌。

在所有东南亚国家中，马来西亚华文教育保存最完整。“至 2006 年止，马来西亚计有华文小学 1 285 间、华文独中 60 间、大专学院 3 所，是除了中国之外，华文教育保留最完整的国家。”① 从 1819 年在槟城建立的第一间私塾——五福书院算起，马来西亚的华文教育已有近 200 年的历史。

1957 年，马来亚脱离英殖民统治后，马来人的民族意识高涨，以马来语为唯一国语，并规定马来语为唯一的教学媒介语言政策，使华文教育面对诸多困境，但华人坚决支持母语教育与维护中华文化，使华文教育仍然能够继续发展。

以吉隆坡为例，“从 1980 年至 2004 年，华小数目都保持在 40 所左右，但是入读学生非但没有减少，反而大幅增长，24 年间增加了 10 900 人”②。（见图 2－5）由此可见，华文教育虽然得不到政府的大力支持，但在华人社会的支持下不但没有消亡，反而有所发展，说明华文教育在华人社会中深入人心。

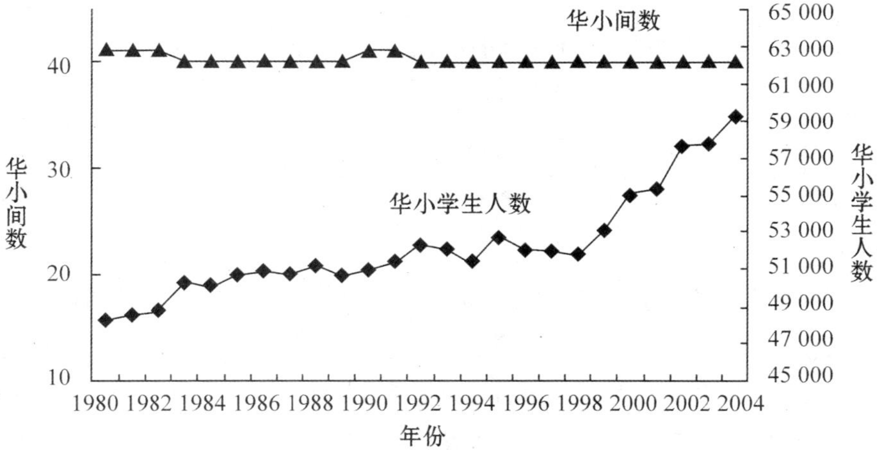

图 2－5　吉隆坡华小间数及华小学生人数（1980—2004 年）③

① 母语教育须折衷平衡．联合早报，2001－07－11

② 马来西亚董教总调查研究及资讯组．从吉隆坡各源流小学统计资料的分析探讨华小不足问题．董教总，2004

③ 马来西亚董教总调查研究及资讯组．从吉隆坡各源流小学统计资料的分析探讨华小不足问题．董教总，2004

2003年马来西亚开始在国立小学开办华文班，当年就有100多所国立小学开办华文班，反应十分热烈。华文小学入读人数每年都有增长。据统计，“2004年华文小学的学生总数为66万多人，2005年70多万”①。（见图2－6）90%的华人把小孩送到华校，马来族和印度族也把小孩送到华校接受华文教育。“2006年入读华校的非华裔学生已经超过7万人。”② 这些数字反映了马来西亚华文教育经历了近200年的风雨沧桑后，不但没有衰落，反而不断得到发展。

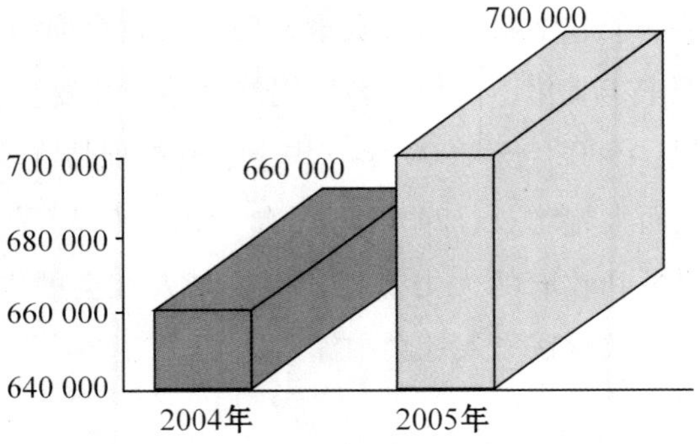

图2－6　华校学生人数增长图（单位：人）

华文教育是影响华文报纸生存与发展的关键因素。华文教育能够稳中有升，不但能够为华文报纸提供稳定、厚实的读者基础，同时也为华文报纸的发展提供了更加广阔的空间。

华文教育是支撑华文报纸发展的关键因素，然而，它在新加坡的前途却相当灰暗。新加坡独立后，便以马来语作为国语，国歌也采用马来语，英语是各种交流和工作语言，而没有采取华语作为国家语言。这是为了避免引起马来西亚、印度尼西亚及国内马来人的猜忌，也为了使新加坡能够借助西方经济获得发展的动力而作出的决策。

独立之后，为推动经济发展、避免共产主义势力的颠覆，新加坡政府强力推广英语。华语、马来语、淡米尔语虽然是第二语言，但是在政府的教育政策下，都走向低

① 易杳．汉语崛起：10年内必学　2050占互联网语文40%．瞭望，2004－06－16

② 易杳．汉语崛起：10年内必学　2050占互联网语文40%．瞭望，2004－06－16

迷，华文教育更是受到很大的制约，在政府的主导下，新加坡已经没有真正意义上的华文学校。曾经让南洋华人自豪的南洋大学也于 1980 年被合并到国立大学，原来的校址也变成南洋理工大学校园的一部分。然而，马来文和淡米尔文学校仍然能够继续生存下来，这使马来人和印度后裔能够保留非常传统的族群文化。

1965 年独立后，新加坡政府长期致力于提高英语的使用价值，造成华校入读生每年都减少。截至 1983 年，华校小学的入学率锐减到 2%，1984 年更接近零点（0.1%），新加坡小学华文教育自此正式退出历史舞台。1987 年，英文已成为所有学校的第一语文与主要教学用语，新加坡的华文学校终于走完了历史。

根据调查，新加坡媒介语言的英语化发展速度惊人。“在 1980 年，新加坡人口凡在 10 岁以上共计 1 676 408 名或为全人口的 84% 是识字者。其中有 1 039 344 人，即这批人中的 62% 只懂一种语言，也就是只懂得一种官方语言而已。在识字人口中，只懂得华文的人占 36%，只懂英文的人只有 19.1%。统计数字显示，更高的华文知识水平似乎不至于减退，因为占次席的是懂英文与华文者，在 628 789 人中懂得两种语文者占 60%，然而到了 2000 年，情况却有巨大的变化。”①

“2000 年，以华语为主要家庭用语的华族人口虽然迅速增加，从 1980 年的 10.2% 升到 45.1%，但处于第二位的英语增势也相当明显，从 1980 年的 7.9% 升至 2000 年的 23.9%，尤其值得注意的是小一华族学生家庭常用语的发展趋势更加显著。在家讲华语的华族小一学生，1980 年有 25.9%，到 2000 年增至 54.1%，涨幅虽然不小，但讲英语的小一学生人数增长更惊人，1980 年仅 9.3%，到 1999 年却升至 42.4%。2000 年的人口普查统计也显示年龄介于 5 至 14 岁的华族少年，35.8% 在家讲英语。”② “这种脱华入英的趋势，在相差 10 岁的年轻族群间以超过 10 个百分点的速度推进，如果没有太大的变动，快则 10 年、慢则 20 年，英语将成为新加坡华族最主要的母语，而华语则将变成外语。”③

社会媒介语言英语化不可阻挡的趋势，也可以从人们在图书馆借阅或在公共场合翻阅不同语文的书籍数量反映出来。“2005 年，新加坡读者从图书馆借出 5 101 000 本英文书，占总借书的 63.92%，借出华文书 1 976 000 本，占 24.76%，然而，2005 年

---

① 郭熙．海外华人社会中汉语（华语）教学的若干问题．世界汉语教学，2004（3）
② 郭熙．海外华人社会中汉语（华语）教学的若干问题．世界汉语教学，2004（3）
③ 郭熙．海外华人社会中汉语（华语）教学的若干问题．世界汉语教学，2004（3）

华人有 2 684 900 人，占总人口的 75.56%。”① 华人占大多数，但是阅读的书籍却以英文书籍居多，足以说明华人社会的英语化程度很高。华文教育的萎缩，直接造成华文书籍也面临市场萎缩的局面。每年华文与英文书籍的出版数量形成鲜明的反差（见图 2－7）。

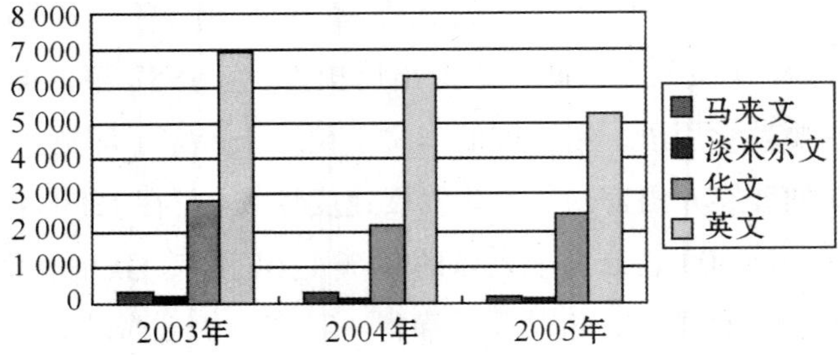

图 2－7　2003—2005 年新加坡正式出版物比较图（单位：种）②

华文教育萎缩极大地影响了华文报纸的发展，所以，新马两地的华文报纸的发展出现巨大反差，很大的原因就是华文教育的命运不同。马来西亚的华文教育不仅没有萎缩，反而有所发展，而新加坡的华文教育则根基尽失。新加坡在东南亚的华文教育和华文报业中心自然被马来西亚取代。

由于华文教育萎缩，西方文化又无法完全取代中华文化，造成新加坡人严重缺乏文化的根。这种情况对新加坡非常危险。语言是一个族群的根，语言是一种把族群文化保留和传承下去的最好办法，但是，由于华文教育只在特选学校存在，这样华文水平已经影响到新加坡文学、思想的发展。语言水平本身就反映了人们对文化的认识，而历史文化的严重缺失，也将极大地影响华人的身份认同。很难想象，严重缺乏历史文化认知的华人有很强的族群认同意识。在新加坡，虽然华人是社会的主流族群，但是由于长期英语化，社会分化严重，受过西方教育的精英比较倾向于移民西方国家，反而是那些受过华文教育或者接受过中华文化教育熏陶的华人把新加坡当做生老病死的国度。所以，由于缺乏文化之根，新加坡华人严重缺乏族群意识，而且严重缺乏对

---

① *Singapore NLB Annual Book*（2005），NLB，p. 15

② 此图是笔者通过整理新加坡图书管理局 2005 年公布的报表而成，见 *Singapore NLB Annual Book*（2005），NLB，p. 16

新加坡的国家认同意识。2007 年，新加坡南洋女子中学双文化课程 17 岁学生李美洁、谢惠庄和李诗敏在新加坡和中国山东进行问卷调查。她们在两地选取 100 人进行调查，从中比较两地人品行特征的差异，如对教育和国家的态度，以及和家中长辈的关系。调查发现，“当国家有难，出现战乱、灾难和经济不景气，只有 58% 的新加坡人会选择留在国内和国家共存亡，对国家的归属感不及中国山东人。其中 39% 的本地人会出国避难或移民，山东人则有 91% 表示会选择留下”①。

从华文教育的结果来看，很显然马来西亚华人保留了族群之根。马来西亚华人经历了相当多的苦难，现在也仍然为公平公正的政治经济文化环境奋斗，如果没有一股族群精神和深厚的人文底蕴的支撑，华人不可能面对和应付如此重大和繁多的挑战，并且思考华人在国家和社会中的位置。而马来西亚华文报纸不遗余力地传播中华文化，维系华人的族群和文化之根，显然有其积极的一面。所以，在特殊的政治、文化背景下，华文报纸传播中华文化，维护华人权益，抗争华人有接受母语教育的权益，虽是无奈之举，但也是争取族群权益的重要力量。也正因为如此，它们形成了与新加坡华文报纸截然不同的社会角色与地位。

二、角色与地位不同

2006 年马来西亚华文报日销量超过 100 万份，超过了英文报和马来文报，而新加坡华文报日销量却仅 50 多万份，是马来西亚的一半。该销量还包括《我报》（华文报，2007 年 11 月改为双语报，免费报纸）。马来西亚现在发行 15 份华文日报，而新加坡仅有 4 份，其中 1 份还是双语免费报。由此可见，无论是报纸的销量，还是报纸的数量，马来西亚都超越了新加坡，也取代了新加坡东南亚华文传播中心的历史地位。

不仅如此，两地华文报的命运也呈现出非常大的差别。由于有完整、系统的华文教育的支撑，马来西亚的华文报纸相当繁荣，不仅日总销量超越了英文报和马来文报，广告额也不断上升，政府不敢小视华文报的作用。许多政府部门首脑，甚至首相都乐意接受华文报的采访，一方面解释政府政策，另一方面也拉近与华人的感情，向华人打感情牌，希望华人在选举时投他们一票。对于反对党来说，他们更愿意接受华

① 吸引新移民：一个牵动情感与情绪的问题．联合早报，2007 - 04 - 01

文报的采访，希望通过华文报的报道，笼络华人，增加他们在华人当中的影响力。

对于华文报所报道的重大公共话题，以及关系到华人生存与发展的问题，政府都会尽量予以重视。例如，关于马来西亚治安败坏，歹徒猖獗，人们缺乏安全感的话题，《星洲日报》在一段时间连续报道，警方不得不加强警力，打击匪徒，还派高级警员到报社接受采访，对警方的行为进行解释，表明警方下一步的行动。

事实上，政府把华文报、英文报、马来文报都列为影响社会稳定的重要媒体。例如，2008 年 2 月 3 日，前副首相安华重返政坛，这对马来西亚政坛来说是一件非常重大的事件。安华的妻子现在是公正党的主席，并且获得不少马来人和华人的支持。1998 年安华因为鸡奸罪入狱后，被剥夺了政治参选权，直到 2008 年才重新获得这个政治权利。他的回归，对执政的国阵将造成重大冲击。为减少安华回归政坛的影响，内政部秘书长阿都阿兹 2 月 3 日下午召见各语文报纸总编辑进行“交流”，叮嘱各报不要在头版突出“敏感课题”。虽然他并没有明言所谓的“敏感课题”就是指 2 日晚的大集会，但“大家大概都知道指什么事”。马来西亚各语文报纸，除了《南洋商报》外，4 日都没有在头版报道 2 日晚欢庆前副首相安华重返政坛的大集会，而且几乎都忽略了安华批评前首相马哈蒂尔及副首相纳吉的内容。

在三种语文报纸当中，华文报纸用了最大篇幅报道大集会的新闻，而且用了彩色照片；英文报及马来文报也出乎意料地报道了大集会的新闻，但相对低调，只以一则新闻配以一张照片，有些甚至没有新闻照片。《南洋商报》除了在封面右侧刊登题为“安华：已取得所需国席　民联准备执政中央”的报道外，还在国内第四版用了几乎整版报道安华在大集会上演讲的内容，突出安华批评马哈蒂尔是基于个人议程而支持副首相纳吉取代首相阿都拉·巴达维。《星洲日报》在第 14 及 15 版的中间对开版页报道大集会新闻，但扣除广告及其他新闻后，篇幅大约相当于一版。不过，该报只字不提安华批评马哈蒂尔及纳吉。《星报》（英文报）、《新海峡时报》、《马来西亚前锋报》（马来文报）及《每日新闻》都以一则新闻轻描淡写，完全没有提及安华对马哈蒂尔及纳吉的批评。从华文报受到内政部的关照来看，很显然，它们的角色与地位并不逊色于其他语文报纸。

在新加坡，华人由于居主导地位，因此没有马来西亚华人的忧患意识，再加上法律的限制，华文报的作用远远不及马来西亚。几乎所有的华文报都被政府控股，由新加坡报业控股所控制。虽然因言获罪的现象很少在报纸上出现，但是这些报纸是人民行动党、政府的喉舌。报纸可以对政府的一些做法表示不同的看法，也可以报道西方国家对新加坡控制媒体的做法的批评，但这一切都是在维护新加坡政府的权威和社会稳定的前提下进行报道的。

由于缺乏华文教育的支撑，媒介语言英语化、社会生活西方化的倾向越来越严重，本土出生的受过华文教育的读者逐渐过世，华文报不得不依靠外来移民来维持，因此在报纸上出现了大量维护移民权益的文章。由于政府实行西方式的政治体制，严重依赖西方经济，因此那些在西方留学回来或者受英文教育的人士成为社会管理的精英，而那些未受过高等英文教育的人士大多成为中低阶层。受英文教育的精英大多阅读英文报纸《海峡时报》，而那些未受过高等教育的人士则选择华文报，因为他们觉得华文报更能反映他们的心声。这样，华人社会就分化成两个群体，其中受英文教育的群体占据了上风，成为社会的管理者，英文报纸也就成了影响政府决策的主要媒体。

不能说华文报纸受社会西方化和媒介语言英语化的严重影响就缺乏社会影响力。作为大众媒体，华文报能够反映中低阶层和移民群体的心声，仍然能够引起政府的重视，但是政府出台各种政策前，倾听的声音大多来自受英文教育的群体，且在英文报纸上公布相关决定。于是就形成了华文报代表主流社会的文化，但影响力、社会地位却不及英文报的尴尬局面。

三、发展趋势不同

从上述新马两国的华文报纸销量、华文教育的发展，以及华文报纸对社会的影响力来看，马来西亚的华文报业不仅承担了维系族群和文化认同的重要责任，还是中华文化传播的核心力量，是华人社会最重要的文化传播工具，话语权因此得到增强，社会地位也在不断上升。反观新加坡，随着媒介语言不断英语化，西方文化渗透到社会的各个角落，中华文化逐渐式微，华文报纸也从主流报纸向非主流报纸转变，从强势媒体向弱势媒体转变，原来强大的话语权也逐渐被弱化，角色被模糊，地位在下降。虽然中国的崛起在某种程度上延缓了新加坡社会西方化的速度，但英语化、西方化的趋势不可改变，新加坡媒介语言的全盘英语化或许只是个时间问题。

中国的迅速发展，不仅使海外华人华侨的地位上升，而且使海外华文传媒的舆论也受到当地政府的关注，但是新马两国华文报纸的根基——华文教育的发展呈现出截然相反的现象，可以预料，马来西亚华文报纸虽然是非主流传媒，但是在完整和系统的华文教育的支撑下，随着中国的强大，舆论力量将得到显著增强，甚至不逊于当地主流传媒。新加坡华文教育根基尽失，虽然华文报纸借助中国崛起的机会，稍微扭转了话语权不断衰落的趋势，但是面对日益英语化和西方化的局面，中国崛起只能稍微延缓华文报纸角色被模糊、作用被边缘化的速度。随着全球化的进一步深入，以及社会媒介语言英语化的快速发展，华文报纸将不可避免地面对逐渐衰败的事实。

马来西亚华文报纸强大的话语权，引导我们从另一个视角研究少数族群传媒，特别是在全球化的趋势下，境内的少数族群传媒在复杂的政治、经济和文化多种因素的综合作用下，其话语权有时反而得到增强。如果善于利用这些因素，包括海外华文传媒在内的少数族群传媒有时可能产生比西方跨国传媒和所在国主流传媒更大的舆论影响力，从而达到维护族群利益的目的。故此海外华文传媒要有全球化思维，视野要开阔，不能局限于族群内部的传播，而是要放眼主流社会和世界，才能真正达到维护族群权益的目的。同时，新加坡华文报纸地位的衰落，使我们深感英语仍然是世界上的强势语言。在西方强大的经济实力面前，海外华文报纸要与西方传媒平起平坐，甚至主导世界的话语，还有很漫长的路要走。

在东南亚，越来越多的华人面临被同化的命运。然而，即使是在一些实行同化政策的国家，华人无论在文化上还是在种族上都是难以消亡的。印度尼西亚华人在苏哈托的强制同化政策下仍然表现出一种强烈的族群意识。1998 年苏哈托下台后，印度尼西亚华人仍然有很强的族群认同，华文教育又被恢复，华文学校犹如雨后春笋般地出现。事实上，即使接受印度尼西亚文化的华人仍然得不到印度尼西亚人的认同，这不仅令他们感到迷茫，而且迫使他们重新审视自己的文化和身份的认同与建构。这与早期英国殖民地的人被英国文化同化，但是仍然无法被认为是英国人如出一辙。

在后殖民时期，英国跨国资本主义通过向原殖民地移植西方的生活模式和文化习俗，来弱化和瓦解当地居民的民族意识。同时，它还有意识地培养当地贵族知识分子群体，使他们认同殖民者的文化，不自觉地套用殖民者的理论和标准来看待事物。英国小说家扎迪·史密斯（Zadie Smith）所写的著名小说《白牙》，描述孟加拉后裔马吉德被送回孟加拉后，在“西化文化”渗透的作用下，虽然身上流着孟加拉人的血液，在思维、观念和喜好上却完全英化，成了一个“黑皮肤、白面具”的模范人物。不过，在英国白人的眼里，他只是“一个有瑕疵的仿制品，虽然英国化了，却不是英国人”。很显然，即使殖民地的人在文化上比英国本土的白人更加英国化，但是由于肤色和出生的差异，他们仍然被英国白人拒绝。印度尼西亚华人也有同样的问题。面对印度尼西亚华人的遭遇，马来西亚华人当然不愿重蹈他们的覆辙。

新加坡华人没有印度尼西亚华人悲惨的遭遇，马来西亚华人却面临被同化的命运。他们对印度尼西亚华人的遭遇感同身受，当然抗拒政府的同化政策，这使华人出生之后就建构了强烈的文化和身份认同。例如，1998 年印度尼西亚发生排华骚乱后，《星洲日报》就顶着内政部的压力，强烈批评了印度尼西亚政府纵容甚至参与排华行动，在世界华人社会中引起强烈反响。

众所周知，华人族群的存在是以种族和文化的同时存在为前提的。源于中华民族的种族意识，以及以中华传统文化为基础的华人文化意识，共同构成了华人族群存在的文化心理基础。从这个意义上说，马来西亚华人要求保持自己华族文化传统的斗争实质上就是一个争取华人族群作为少数族群地位的问题。华文报纸竭力倡导华族传统与文化，正是它们着眼于华人固有文化的保持或消亡对于华人族群的发展或消亡所起的重大作用。

第三章

华文报文化传承与认同

THE COMPARATIVE STUDY ON CULTURAL, ETHNIC AND NATIONAL IDENTITY OF CHINESE LANGUAGE NEWSPAPER IN SINGAPORE AND MALAYSIA

“认同”一词，最早由著名心理学家弗洛伊德提出。“作为一种心理防御机制，弗洛伊德认为，认同就是个人与他人、群体或模仿人物在感情上、心理上趋同的过程，是一种个体与他人有情感联系的最早的表现形式。弗洛伊德将认同理解为一个主客体相结合的过程。通过仿效榜样的行为，满足个人的归属感，个体的认同常常与对权威的依恋和维护分不开。随后，美国精神分析学家埃里克森在此基础上提出了‘自我认同’的概念，专用于青少年心理研究领域，进一步扩展了认同的外延。”① “现在意义上的认同研究一般区分了两种水平的认同：个体认同和群体认同，这种区分其实是对埃里克森‘自我同一性’和‘群体同一性’的沿袭。”②

事实上，自20世纪70年代以来，由英国著名社会学家亨利·塔吉尔（Henri Tajfel）等人提出的社会认同理论已经发展成为当代社会心理学研究的主要范式。该理论认为，社会认同是通过社会分类、社会比较和积极区分原则建立的。该理论区分了个体认同和社会认同，塔吉尔将社会认同定义为“个体认识到他（或她）属于特定的社会群体，同时也认识到作为群体成员带给他的情感和价值意义”。英国著名社会学家吉登斯也指出存在两种类型的认同：社会认同和自我认同。他认为：“社会认同指的是别人赋予某个人的属性，基本上可被看做是表明一个人是谁的标志。同时，社会认同也将该人与具有相同属性的其他人联系起来。……如果说社会认同标示出个人是如何与其他人‘相同’的，那么自我认同（个人认同）则把我们区分为不同的个体。”显然，由于不同学科研究的侧重点不同，社会认同这一概念也具有了不同的解释。

综合上述有关认同的解释，简单地说，认同是指帮助个体在个体自身生活中产生秩序，并帮助个体置身于群体之中或卷入与集体的趋近性，在态度上倾向或者支持某一事物。在最重要的认同类别中，文化认同能够展现个体的身份，因此尤其受到社会学家的重视。“文化认同是指特定个体或群体认为某一文化系统（价值观念、生活方式等）内在于自身心理和人格结构中，并自觉循之以评价事物，规范行为。”③ 每一种文化都存在着在某一个参照背景下的“自我形象”。“来自其他国家的移民，是被强

---

① 张剑峰．族群认同探析．学术探索，2007（1）

② 张剑峰．族群认同探析．学术探索，2007（1）

③ 方玲玲．全球化背景下移民传媒的文化建构作用与生存空间——基于传播人种学的角度．新闻与传播研究，2006（2）

制性地抛入一个新的参照背景之中，所以他需要重新识别自己。每个民族与国家的文化适应方式受制于自身的历史与传统，在全球化的过程中，经常出现的一种冲突便是文化认同的危机。在海外的移民人群中，可以通过多种方式进行文化认同，而移民族群传媒正是文化认同的其中一个支点。”① 从上述有关文化认同的概念来看，文化认同实际上就是在态度上倾向于某一种宗教、信仰、习俗、价值观等。

“文化认同包含两个水平上的认同，一个是族群水平上的，一个是国家水平上的，因而文化认同可以超越族群的界限。从这个意义上看，文化认同的范畴更大一些，文化认同能够包括族群认同。正如许多研究所表明的，一种文化体系需要以族群为载体并作为它的传承者，而族群也是以文化为基础的聚合者。因此，大多数研究者在谈论族群认同时也就是在谈论对族群文化的认同。族群的发展只有凭借文化认同，才能主动地、自觉地且有选择性地与其他文化交流，从而维持自己主体性的地位。反之，若一族群失去了自身文化认同，而任由外来强势文化进行冲击，对一个族群的发展，将是致命的打击。从这个意义上来说，族群认同与文化认同具有同质性。”②

新马华文报纸具有共同的特点，那就是利用报纸的教育和文化传播功能，对中华文化进行传承，并促进族群的文化认同，然而，由于处于不同的政治、文化背景下，新马两国的华文报纸的文化传承与文化认同出现了很大的差异。

第一节 新加坡华文报文化传承与认同

新加坡华人大约占总人口的77%，其他族裔如马来族、印度族及其他一些欧美后裔共占23%。这种人口比例结构，决定了新加坡是一个由华人占主导的社会。然而，马来西亚的马来人占多数，都信奉伊斯兰教。因此新加坡是一个被信奉伊斯兰教的马来人包围的小岛。新加坡有将近13%的马来人，他们与马来西亚、印度尼西亚的马来人同文同种，联系密切，因此新加坡国内外环境都相当复杂。在这样的情况下，新加坡独立后，采取淡化种族区分手段，实行多元种族文化政策，对华族文化进行诸多压

① 方玲玲．全球化背景下移民传媒的文化建构作用与生存空间——基于传播人种学的角度．新闻与传播研究，2006（2）

② 李继利．族群认同及其研究现状．青海民族研究，2006（1）

制，特别是取消了华文教育，使得华文报纸不仅丧失了读者基础，而且在传播华族文化时也以塑造国家认同、增强华人的国族认同为责任。这样，华文报纸的文化传承与文化认同都形成了特殊的现象。

一、不遗余力传承华族文化

一直以来，华文报纸都不遗余力地传承华族文化。这种举动可以追溯至 1881 年的《叻报》，该报是新马地区诞生的第一份华文日报。该报以传播文化活动为目的，因此有人高度评价创办者薛有礼办报的目的："薛有礼受英文教育陶冶，接触西方文化良多，视野开阔，同时又有感于当时当地其他民族办报之活跃，而华文报章则独付阙如。于是决定办报，以开启华人社会风气，推广文化活动，同时表示华人社会不落人后。"

新加坡 1965 年独立前，华人还是把自己当做中国的侨民，因此视传播中华文化为己任，并认为华文报纸在新加坡传播的华族文化是中华文化的重要组成。然而，独立后，政府致力于国民教育，树立华人的国家观念，于是华文报纸转变效忠的对象，把新加坡当做自己的国家，于是其把更多的视野投入到本地的华社身上，弘扬和介绍当地的华族文化，并逐渐脱离中国意识的束缚，推动新加坡文化的发展。

20 世纪 80 年代末期，政府注意到，随着英语化程度的加深，社会面临着个人主义盛行、道德水平下降、华人丧失文化之根的危险。英语的普及为新加坡带来了经济腾飞，但英语至上的潮流使年轻一代丧失了东方文化的传统与特征，而他们又未能掌握西方文化的精华，以致缺乏稳定的价值观念。有学者指出，华人只受英语教育，不习母语，首先是丧失了接受传统文化和道德的机会，将造成文化上的退化、堕落和失根。其次是使道德水准下降。随着对外交流的发展，西方个人主义和功利思想也在新加坡泛滥，社会风气大变。一些人盲目崇拜西方，将东方传统道德礼俗一概视为封建残余而弃之，如传统的社会公德和互助精神丧失，享乐主义开始盛行，家庭观念淡薄，敬老养老美德也被遗失等。新加坡领导人看到了这种社会危机的严重性，重新思考文化建设问题。

政府从国家生存与发展的角度看待文化失根的问题，意识到失去母语文化就是"失根"，就会丧失归属感与凝聚力，就会使新加坡成为东方社会中孤立的"洋化小国"，成为被西方同化的"伪西方社会"，即只有西方文明之表而无西方文明之实；虽是东方人，但已丧失了东方社会特征和价值观念，成为不东不西的社会，将会导致亡国亡族。李光耀说："如果我们变成讲英语的社会，盲目地模仿美国人和英国人，而本身又缺乏基本价值观念和文化背景。坦白说，我实在不相信这是值得我们塑造的社会或国家，更何况去保护它。"他在多次讲话中提倡儒家思想，强调要保留东方文化价值，新加坡的"社会凝聚力来自东方文化"，指出"只学英文愚不可及"，以"母语价值观加强自信"，要"使华语成为华族母语"，"加强双语维护传统"。

与此同时，中国不断进行经济改革，经济开始起飞并逐渐强大，新加坡也获得越来越多的发展商机。新加坡华人与中国进行贸易和商业往来有着先天的语言和文化优势，这是西方国家无法比拟的。出于保留东方文化价值和希望从中国的经济发展获利的考虑，政府开始了华语推广运动，重新评估华文教育。

在政府推广华语运动中，销量不断下滑的华文报纸看到了复兴的机会，且华语运动直接关系到华文报纸的生存，于是华文报纸义不容辞地协助政府推广华语运动，并全力以赴介绍中华文化，传播华族文化，与政府、民间合办各种弘扬中华文化传统的活动，让华人看到了久违的中华文化。华文报纸通过响应政府号召，推出《星期五》和《大拇指》周刊，以满足华人特别是中小学生学习华语的需要，巩固学生的华语知识，提升他们的华语水平，华文报纸销量下滑的趋势逐渐有所缓解，并出现上升势头。

为了保护华人的文化之根，1979 年，政府开始发起了华语运动，后来又规定每年 10 月为华语月。新加坡学者陈照明认为，"1979 年 9 月 7 日正式掀开序幕之前已成功地制造了社会舆论，在此之前的一个多月里，华文报频频刊登有关推广华语的文章和报道。例如读者的倡议，学者座谈会的建议，议员的呼吁，社团、华英校生、市民等接受华文报访问时的支持意见，读者、家庭主妇、马来人、印度人等接受《海峡时报》访问时的看法；又如二十七个民间团体与南洋商报成立联席会议组织推广华语联络小组委员会，中华总商会、教师团体、华文报和南大毕业协会成立全国推广华语工作委员会；再如全国职工总会、学校、社团组织等的推广华语计划和活动等。因此，人们得到的印象是：七十年代末开展的华语运动乃民意所至。绝大多数的华文教育者，不管是国会议员、学术人员、社团领袖、教育界人士、媒体工作者、文化工作者等，无不乐意支持任何跟振兴中华语言文化有关的计划和活动。近二十年来，每年华语运动展开的前后，必能获得有关方面各种形式的响应。华语运动已经进入第二十年，中间十年左右为分水岭，之后的发展更为积极。这场运动的资料非常丰富，每年9月10月报章上报道甚详，另外一些学者也曾为文评论。（这些现象）足以反映华文报纸对华语运动所做的贡献。"①

为配合政府推广华语，华文报纸与其他媒体、社会团体一起举办和推动华语运动，不仅有效地延续了新加坡的华语，而且使华人更加深入了解华族文化，在历年的华语推广运动中取得了不俗成绩。

1979年8月，12个文化团体共同发起为时三个月的推广华语运动，其目的是促进华人团结，保存华族文化。以后每年的10月定为"华语运动月"，且每次的重点均不同。1982年2月，新加坡正式提出要学习和发扬儒家思想，把它作为"治国之纲"和社会道德标准。8月至9月，政府邀请海外著名专家访问新加坡，讨论和拟定教学大纲。10月，政府通过新闻媒介，特别是《联合早报》，对"儒家思想与现代化"课题展开讨论，并成立儒家伦理教育委员会，确定把开展儒家伦理教育作为教育部门工作的"龙头"。

1984年1月，新加坡开始在15所中学进行儒家伦理教学试验。1985年，英文版儒家伦理课程教学在中学全面展开。1988年以后，新加坡领导人吴作栋接受《联合早报》的专访，提出要把"亚洲价值观"提升为国家意识，使文化建设进入新阶段。1990年12月，李光耀卸任后的新政府制定出一套"消除西方的消极影响"的战略，强调一系列重要的准则：扩大和延续家规、生活节俭、努力工作和自我牺牲。1991年1月，新加坡政府在《共同价值白皮书》中提倡五种价值观念：国家至上、社会为先；家庭为根、社会为本；关怀扶持、同舟共济；求同存异、协商共识；种族和谐、宗教宽容。《联合早报》用了一个通版大篇幅报道了政府所提倡的五种价值观。维护新加坡社会的东方文化价值观，已成为执政的人民行动党新老两代领导人的共识，这种以"亚洲价值观"为指导的文化建设活动仍将继续开展下去。正如李光耀所说："我们是汇合了来自中国、印度以及马来世界不同地域的移民，我们必须传授给我们年轻的一代以共同的基本社会行为准则、社会价值观以及道德教条。这些准则、价值观以及教条将能塑造完整的未来新加坡人。"

在推广华语运动中，华文报纸作出了卓越贡献，在华语运动月努力协助政府推广

---

① 陈照明. 二十一世纪的挑战——新加坡华语文的现状与未来. 新加坡：联邦出版社，2000. 113

华语运动，弘扬文化，培养华人继承传统的观念。例如，组织华语讨论会，增加版面刊登有关华语运动的新闻，组织编写华语学习手册等，并调查华人讲华语习惯及人数变化，一方面了解华人语言习惯，另一方面也为华文报纸的发展提供有针对性的数据。如《联合早报》和《联合晚报》市场与广告部门在1988年12月对青年对基本价值观的看法进行调查，并把调查结果发布出来，不仅使国人深入了解华语运动所取得的成就，同时也为政府检讨华语运动提供了条件。该调查显示，有56%的青年用华语与朋友、同学或同事交谈，采用英语及方言的分别有29%和3%。调查对象中有半数与父母交谈时采用方言，采用华语的只有35%，以华语及方言与兄弟姐妹交谈的有25%。为了推广华语，新加坡报业控股集团还专门成立了从事华文的传播和推广工作的部门。在华文报编辑行政服务部之下，有一个文教发展部，每年都要举办很多的文化教育活动。其目的有三：一是树立一个好的报纸形象；二是使华文报（主要是《联合早报》）在推动华族文化上扮演一个重要的角色；三是促进华文报和读者之间的交流。

1991年6月，新加坡政府批准举办长达一个月的“华族文化节”，由三家华文报纸——《联合早报》、《联合晚报》和《新明日报》联合主办，内容包括世界华文发展、国际华文文艺营、书画展、龙舟展、语文讲座、音乐舞蹈等共38个项目。主办单位希望，通过这个华族文化节“能给华族和非华族人士提供一个深入了解和认识华族文化的机会，让华族文化不断发扬光大”。

政府在1979年开始推行“讲华语运动”后，调查机构曾进行过多次华语习惯调查，发现华语运动收效明显。根据海峡时报研究与资料组于1989年所进行的调查，虽然华裔新加坡人与家庭成员交谈时常用方言，但是情形和1985年比较起来略有改善，常用方言与配偶、兄弟姐妹、孩子和祖父母交谈的人数较少。由新加坡报业控股研究与资讯组在1993年进行的调查显示，几乎所有的新加坡华人都会讲华语，虽然他们当中讲华语的流利程度各有不同，只有1%的新加坡华人不会讲华语。调查报告说，1991年至1993年，新加坡华人在与他们的家人、同学或同事交谈时，普遍减少使用方言，改为使用华语。调查也显示有93%的华人认为讲华语运动已经成功地鼓励华人以华语取代方言。

1997年7月，推广华语委员会委托福布斯研究公司调查新加坡华人以华语为沟通语的普遍程度，以及讲华语运动对鼓励他们使用华语的成效。研究公司通过挨家挨户的访问方式向 992 人展开调查，并在公共场合对 1 040 名公众进行访问。如表 3－1所示，74.1% 的受访者认为新加坡华人应该把华语当成他们的共同语言，而 80.7% 的受访者表示他们每天都在不同的场合使用华语。对于讲华语运动所带来的效应，66.7% 的受访者说他们已更注意到使用华语的必要；57.2% 的受访者说他们现在更愿意讲华语；44.9% 的受访者说因为有了讲华语运动，而对中华文化活动产生更浓厚的兴趣。每个年龄层的华人讲华语的人数都有所上升，但上升幅度不大。总的来说，与 1992 年相比，已有越来越多的新加坡华人把华语作为他们的主要沟通语言。

表 3－1　讲华语习惯调查统计表

	1992 年	1997 年
孩童	52.2%	58.7%
家长	18.5%	26.9%
祖父母（外公外婆）	10.7%	15.9%
兄弟姐妹	30.6%	31.6%
医生	37.2%	45.6%

1998 年，新加坡新闻及艺术部对讲华语运动进行了一项调查。调查的主要结果显示，“国人最常讲的语言是英语，在华人当中，最常讲的语言是华语，占 46%，其次是英语，占 39%，只有 15% 的人最常讲华人方言，许多人（72%）把华人方言当成是他们的母语，22% 的人把华语当成是他们的母语。然而，在华人的子女当中，这种情况却有显著的不同：49% 的家长把华语当成是他们子女的母语，只有 23% 的家长把方言当成是他们子女的母语。大多数的人（91%）认为讲华语运动已经在不同程度上取得了成功，其中 5% 的人认为这项运动非常成功，21% 的人认为十分成功，65% 的人认为成功。”①

1999 年，新加坡报业控股进行关于华语使用情况的调查。这项由新加坡报业控股研究与资讯组通过电话向 725 名华族学生进行的调查，受访者包括 259 名小五和小六学生，以及 366 名中一至中四的学生。调查结果显示，有更多的华族学生在学校讲华

① 陈照明. 二十一世纪的挑战——新加坡华语文的现状与未来. 新加坡：联邦出版社，2000. 175 ~ 177

语多过讲英语。10 名学生当中，超过 6 人说他们绝大多数时间在学校（小学生和中学生分别是 58% 和 66%）和家里（小学生和中学生分别是 65% 和 70%）讲华语。约 60% 的学生的华文科目成绩比英文好。受访学生之中，超过 80% 的学生说他们在接受调查的前一天，观看过华语电视节目。重要的是，调查结果反映了学习华文有困难的学生绝大部分来自讲英语的家庭。这说明华语对于英文家庭来说，接受度较低①。

经过政府推广华语运动，华裔新加坡人的华语能力有所提高，这也反映了政府推广华语运动的成功之处。华语运动的成功一方面使新加坡继续沿袭了亚洲价值观，传统文化能够保留下来，另一方面也使得华文报纸缓解了消亡危机，获得重新发展的机会。因此，华语运动对社会延续华族文化和保留华语非常有利，对华文报纸来说更是性命攸关的大事。华文报纸把推广华语当做历史使命，不仅全文刊登了上述调查报告，而且配合调查刊发了相关文章，从而在社会上形成讨论华语运动的热潮，既配合了政府的政策，又在全社会宣传了中华文化，还延续了自己的生命，可谓一举三得。

然而，即使在今天新加坡种族关系比较缓和，国家安全稍为乐观的情况下，政府推广华语运动仍然受到其他族群的质疑。例如，印度族和马来族针对政府推广华语运动，认为政府过多考虑华语，而缺少对其他族裔语言和文化的推广，有语言和文化"沙文主义"倾向，他们甚至提出在新加坡提出推广马来语和淡米尔语的建议，希望政府平等看待各族语言和文化。

李光耀针对《海峡时报》一篇反对特选中学制度的投函，通过他的新闻秘书纠正此文作者的观点，指出即使现在废除特选中学，也不见得会因此加强国家团结或社会凝聚力。他反问："如果我们大家都只阅读（英文）《海峡时报》，社会就会更加有凝聚力吗？那么我们是否要关掉马来文《每日新闻》、《淡米尔之声》和《联合早报》呢?"②

西方一些大众传播媒体不时针对新加坡的某些措施作未经查证的渲染。例如，英国《金融时报》1999 年 3 月 27 日发表了一篇题为《新加坡：种族怨恨滋长》的极具煽动性报道，声称政府所提出的华文精英计划已经在新加坡产生"种族怨恨"："他们（马来人）原本已经感觉在某些领域没有足够的代表，比如公共服务的最高层。他们

① 事实上，上述调查是在 20 世纪 90 年代完成的。随着媒介语言英语化的速度越来越快，不论是中小学生，还是成人，越来越朝向讲英语。

② 陈照明. 二十一世纪的挑战——新加坡华语文的现状与未来. 新加坡：联邦出版社，2000. 161

也因为‘讲华语运动’而感觉被疏远，因为这个运动在华人和他们之间架起了另一道障碍物。而政府最近推动培养‘华文精英’，更加引起人们对华人支配马来人的关注。越来越多的马来人往伊斯兰寻求庇护。”许多已经移居欧美的新加坡人，对于国内提出任何意在提高华文水平的建议也口诛笔伐。他们说，多学华文只是“华社的诉求”而已，“想要使自己更像华人”罢了，甚至扣上“沙文主义”的帽子。

由此可见，在一个多元种族、文化的社会背景下，推广一个种族语言和文化，就意味着忽略其他族群语言和文化，造成语言和文化上发展的不平等。故此，华文报纸在社会上配合政府推广华语运动时，要注意其他种族裔的感受，尽量避免使用刺激性的语言，以获得他们的理解和支持。社会上对华语运动不同的声音，其中还包括华人的反对声音，充分反映了新加坡华语运动复杂的多元种族和文化环境，在推广过程中不得不要小心处理。

二、塑造新加坡国家文化

新加坡不遗余力地传播华族文化，介绍中华文化，打造的却是新加坡国家文化。华文报纸从业者承认新加坡华族文化来自中国，但是却切割国家文化与中国文化的关系，以致许多华人都有如何创造新加坡国家文化的疑问，甚至使许多华人产生建设新加坡文化需要中国文化浸润的感觉。例如，“对于一位特选中学毕业生那样言之凿凿地质问：发展新加坡自己的华文文艺，邀请中国的作家来参与，还有其意义吗？既然新加坡华人和中国人是两种不同的人，那我们自己的文艺发展，又关他们什么事？他们的想法和论点，对我们又有什么意义？”①

对于这种硬生生地将新加坡华文文化与中国文化完全切割开的情绪，新加坡学者周兆呈认为，这种做法不太可取。他认为，完全切割新加坡文化与中国的关系，与将新加坡华文文化等同于中国文化一样，都是不可取的两个极端。他说：“在强烈的国民身份意识确定之后，对于自身文化的特征也容易极为敏感。为刻意强调自身是具有鲜明文化特征的个体，对切割和分离的疾呼，也显得自然和水到渠成。与新加坡相比，香港虽然也存在自我意识和文化认同，但与中国文化并不存在国家意识上的对立或矛盾，因此，少了很多挣扎、迷惑、争论。以香港为基地的媒体，同样也避免了政

① 周兆呈．喊不出口的“全球华人市场”．联合早报，2007－04－01

治认同和国家认同的对立，从而在文化舞台上可挥洒自如。但是现在，以全球华人作为文化市场，我们却似乎一直没有这样的明确定位，无论是电视、报纸还是其他的文化产品。基于地缘政治和历史变迁的关系，和香港、澳门及台湾华人相比，新加坡华人、东南亚华人拥有更为不同的政治立场。新加坡外长杨芝文曾表示，华人的文化身份认同，绝不等于华人的政治观念认同。但是，我不知道政治上的认同的过于强烈，有时会不会反过来影响到其在文化领域的自然发展和发挥，尤其是在处理与其他地方文化的关系时。这样的自我设限会不会影响到某些市场、理念或是目标的确定？又或者政治认同与文化领域是永远纠葛在一起，难以分隔得清清楚楚，我们其实只是处在不同的高峰或低谷阶段却不知而已？"① 周兆呈认为，在建设新加坡文化时，华文报纸尤其要注意言论引导，既要促进新加坡国家文化的发展，又要避免出现完全切割其他文化的极端情绪。

由于新加坡经济发达，政府为每个种族都提供了分享社会发展果实的平等机会，对马来人也实行比较优惠和扶助的政策，如文化教育方面，大学优先招收马来学生，免费让马来学生上学等，所以在一个经济比较发达，华人占多数的社会里，新加坡的种族关系比较缓和，这也使得新加坡的华文报纸不像马来西亚华文报纸那样需要利用媒体的舆论功能来争取华人的权益。华文报纸可以在文化和信息传播方面投入更多的力量，从而为推动新加坡文明的发展作出贡献。

作为华文报纸，在文化传播方面，主要是弘扬传统的华族文化，这是华族的根。早期新马华人大多数是从中国移民过去的，自然他们重视中华文化和习俗传统的维护，同时英国殖民地政府对华人的歧视，更使华人团结一致，他们通过华文教育和华文报纸来弘扬中华文化。华人当时普遍认同中国，把中国当做母国，华文报纸于是自然成为这一方面的倡导者和实施者，注重华族的凝聚力。1955 年以后，新马开始走民族独立和国家解放的道路。1957 年马来亚宣告独立。1959 年新加坡获得彻底自治，1963 年加入马来西亚，1965 年独立。独立后的华文报纸成为新加坡重要的媒体，是传播华人动态和政府政策的重要渠道和媒体。于是华文报纸从民族主义性质转向国家主义性质，主要培养华人的新加坡国民意识和国家认同感，同时开始思考发展新加坡文化。李光耀讲过这么一段话："我们的历史不是在祖先初到新加坡时才开始的，它

---

① 周兆呈. 喊不出口的"全球华人市场". 联合早报，2007－04－01

早在5000多年前中国文明创始时就开始。这段历史是我们历史的一部分，因此我们继承了这个系统和文化，而且有义务去完善它。”① 这段话深刻地反映了新加坡华人的文化认同观，也反映了新加坡的文化发展取向。在这样的文化发展思想影响下，华文报纸传播文化的视角更多地投放在本地的华族文化身上，以推动本地的华族文化发展和弘扬传统文化，并以塑造国家文化为己任。

新加坡位于中南半岛的最南端，自英国殖民地统治者莱佛士开发以来，就把港口贸易作为主要的经济基础，所以国际化程度相当高，但是在一个东方社会，越来越多的华人舍华语就英语，这将会改变整个社会结构和精神面貌。正如一位在新加坡教了26年英语的英文教师所说，英语被公认为国际语言，新加坡采用英语，吸引西方科技，引进外来投资……的确促进了狮城的经济文化发展，但是，采用英语并不是新加坡经济成功的唯一因素。早期华人移民那种不屈不挠的创业精神，以及量入为出的理财美德，是造就新加坡今天繁荣的重要因素。当时，他们讲的不是英语，而是华语。假如越来越多的新加坡人不学华语，一个英语社会逐渐形成，过去先贤遗留下来的创业冲劲是否能够得以继续保存值得怀疑。新加坡政府意识到西式的教育严重冲击了中华文化的生存，忧虑中华文化在新加坡会走向衰微，在推行英、华双语教育的同时，重点推广华语普通话，倡导儒家思想，以期回归到东亚文化圈来。

当前，英文教育占主流地位，越来越多的新加坡人接受西方文化，不谙华族文化，这使得华文报纸在弘扬华族文化时倍感肩上的责任重大。从20世纪80年代末开始，新加坡政府主要利用具有强大传播功能的华文报纸重点推广华语普通话，倡导儒家思想，以重塑新加坡社会的价值观。新加坡前任总理吴作栋在1992年9月华文报“三庆”开幕式上说：“推广和保留我们优秀的传统文化和价值观，是报章和书籍的主要任务。如果华文报能保持一定数量的读者，我们将可以通过语言和文化的联系，把传统的价值观保留下来，充满干劲和活力的华文报，能帮助我们保留与推广华文和传统价值观。”吴作栋期望通过华文报纸的大力弘扬，“保存新加坡各族人民的文化遗产，并维护代表新加坡精神的某些共同价值观，这样才不会迷失我们的方向”。新加坡政府借助华文报纸倡导了开展儒家思想的活动。在这一方面，华文报纸为贯彻政府决策，教育读者，让其价值观回归到儒家思想的价值理念起了关键性的作用。它们的

---

① 王颖娜，黄庆时．李光耀：中国的诤友．华人世界，2006（11）

宣传不是全盘否定西方自由开放的经济政策，而是在保持华人在市场经济中的竞争力的前提下，学习和吸收西方先进科技和管理方法，实现儒家思想与资本主义经营管理的结合。从这点来看，很显然，华文报纸致力于塑造国家文化，而非仅是华族文化。

然而，在发展新加坡国家文化方面，华文报纸面临着如何建设国家文化的问题。一方面，它必须借鉴和介绍中国文化，另一方面，它又担忧过多地介绍中国文化会使新加坡成为中国的文化附庸，引起已经国家化的华人的反感。特别是在新加坡越来越西化的今天，华文报纸在建设国家文化方面不得不谨慎小心，以防引起其他族裔和受英文教育的华人的反对。为了配合政府建设国家文化的倡议，也为了避免出现种族文化的争议，发挥社会公器的作用，华文报纸只能把介绍和吸收中国文化作为建设新加坡国家文化的策略，而不是通过文化介绍把新加坡与中国的命运联系起来，特别是在西方国家还处在强势的今天，华文报纸更不能过分尊崇中国及中国文化，以防出现“华文沙文主义”或“中国沙文主义”的倾向，实际上这也不现实。

三、认同新加坡文化

处身于以华人为主体的新加坡社会，外国研究者都不免会产生如此的疑问：在新加坡文化中，许多与中华文化藕断丝连，但其中也明显呈现出西方文明特征的文化现象，这是由哪些合力造成的呢？新加坡受英国殖民统治达一百年之久，社会的发展潜含着资本主义的因素，新教伦理是如何与儒家思想进行碰撞和交融，又是如何形成了今天富有特色的新加坡文化？新加坡文化的文化特征包含哪些内容？以传播华族文化为己任的华文报纸又是如何促进华人对新加坡文化的认同的？

新加坡文化具有浓郁的中华文化色彩，折射出新加坡文化与中国大陆文化一脉相承的影子，但是又反映出它历经数百年的文化变迁，以及与马来民族、印度民族和西方文化的融合和演绎的过程。新加坡华人社会的现实所承载的文化特征表现出新加坡华人文化独特的主体性和独立性。这种独特的文化现象体现在精神上和心理构成上，同时反映出华人的文化传统和民族精神是华人的主体意识和独立存在的基础。从这一方面说，新加坡文化所呈现出的强烈的文化认同感和凝聚力是联系新加坡华人的精神纽带。

新加坡文化中法制精神和契约伦理在新加坡落地生根，成为社会的主流思维方式，同时新加坡文化又强调文化之根——中华文化，这使得新加坡文化呈现出法制精神与儒家思想相互影响的文化现象。然而，原先的新加坡华文的母体文化经过移植后，融入西方文化，现已成为一种客体文化，甚至处于一种被西方同化的危险中。新加坡华族成了黑头发，黑眼睛，酷似中国人外貌的西方人。

经过四十多年的国家认同的教育，以及国族意识的培养，再加上远离中国，新加坡华文报纸虽然传播华族文化，但是它们的目的是在打造新加坡文化，并把它当做不同于中华文化的另一种文化，并强调新加坡的文化认同。当时任代总理的李显龙在2004年华族文化节开幕典礼时发表演讲，他认为“新加坡在充分利用全球化的优势时，也必须加强自己的身份认同；如此一来，即使越来越多的年轻人在讲英语的家庭中长大，华族文化和华族传统也还能在新加坡这个国际化的土地上生生不息。华族文化节创办至今日渐受到重视，同时也越来越受欢迎”。“在这样的环境里，我们的社会是处在十字路口。我们可以选择随波逐流，全盘接受最新的国际趋势和潮流。但是，我们会成为无根的一群，没有明确的身份认同。因此，我们必须走另外一条路，那就是利用全球化的优势，但同时也必须加强我们的身份认同。”①

笔者经常接触到新加坡华人，他们几乎都有很强的国家意识，而且有很敏感的国族身份认同。当一些中国人还不太了解新加坡人时，把他们与中国人一起概括成“我们中国人”，新加坡人立刻提醒他们，“我们不是中国人，我们是新加坡人”。这种现象很真实地反映出虽然新加坡华人受到华文报的文化熏陶，但是他们却有很强烈的国家认同意识。他们并不认为，华族文化就是中华文化，中华文化就是华族文化。他们的文化是新加坡文化，中华文化只是舶来品。

作为一个国家的主要媒体，新加坡华文报打造独特的新加坡文化是能理解的。我们不可能左右新加坡华人的思想，况且他们与中国互不隶属，我们也不可能要求新加坡华文报纸按照中国人的思想来行事。《联合早报》的总编辑林任君先生在北京大学所说的一席话令笔者印象非常深刻。他说，《联合早报》不属中国宣传部管，因此有自己的办报理念和报道原则。这番表态反映了华文报纸在传播华族文化方面有其国家利益的考虑，在笔者看来无可厚非。总体而言，《联合早报》对中国是相当友善的，即使对一些问题的看法与我们有不同，但还是很有善意。从林任君的表态中，我们能够更加深入认识新加坡华文报的文化使命。

① 华族文化将能生生不息．联合早报，2004－02－15

从今天的角度来看，华文报纸努力打造新加坡文化，通过报道和传承中华文化吸收其有益成分来建构新加坡文化，这种努力是非常值得肯定的。我们希望看到多元化的文化形式，而且也希望看到新加坡文化在新加坡华文报的努力和推动下的发展方向和模式，因为这可以为中华文化以后的发展提供一个参照系。例如，20 世纪 80 年代，新加坡兴起的新儒家讨论就是一个值得探讨的例子，也为我们思考中华文化的发展提供了一个很好的例子。

在远离中国大陆，面对文化被同化，传统文化得不到发展的情况下，一些受华文教育的新加坡华人内心充满了苦涩，希冀通过倡导儒家复兴来重温昔日新加坡华人创建时的文化传统，于是在政府的支持下才有了著名的儒家复兴的思想。我们在华文报纸的文艺副刊里，经常可以感受到海外作者充满被“放逐”的酸涩和文化疏离的痛苦，其中既有个人生活的浪子悲歌式的抒写，也有对中华文化与西方文化差异的思考和对文化方面平等对话的追求。在文章的背后，隐藏着政治、历史、种族、文化、经济之间的无数纠葛，而作品就承担着各种关系的交织，以一种独特的视角来观照文化的交织，以一种异于中国大陆的华人的眼光来诠释中华文化。所以，在华文报纸这个特殊的空间里，充满着异域感、流亡、放逐、陌生和对故土的回忆。

我们应该看到，长期经受着西方现代文化、马来民族和印巴民族文化的冲击和震荡的新加坡华人在文化心理上形成了一种强烈的寻根意识和文化归属意识，他们期望通过推动华语运动和儒家复兴对华族文化进行宣扬，可使远离母体的华裔寻觅到自身存在的文化之根，从而在与西方文化的冲突中获得自身的文化归属和精神的慰藉，也借此建立新加坡人对自身文化的认同。

这种特殊的文化认同促成了新加坡华文报在接受西方文化与传承华族文化的同时，通过社会文化机构弘扬华文，形成一种远离中国大陆的独特文化图景。于是我们在新加坡发现了一个很奇特的文化认同现象：政府严格奉行以法治国的内核，即坚持理性资本主义，依赖规范的市场制度，以理性法治手段来管理国家，但是又希冀通过宣扬儒家思想创造独特的文化，并以此作为新加坡文化的核心，并建构新加坡华人认同的文化基础。

第二节　马来西亚华文报文化传承与认同

由于有完整和系统的华文教育的支撑，马来西亚华文报得到了长足的发展，同时，华文报意识到回馈华人社会、推动华文教育对自身生存的重要性，于是又不遗余力地辅助和推动华文教育，弘扬族群文化，繁荣马来西亚华文文学。如《国际时报》定期出版的《学生月刊》，是专门为高小及初中生提供学习华文的课外读物，《学生月刊》的日销量曾高达1.6万份。此外，华文报纸还为独立中学免费刊登招生广告，举办征文比赛、故事大赛等活动。华文报纸与华文教育形成了唇齿相依的关系，共同承担了文化传承与认同的责任。

一、不遗余力传承华族文化

由于有625万华人的支持，华文报纸不仅报道华人社会的新闻，还竭尽全力传播族群文化。1815年，《察世俗每月统记传》诞生，虽然是一份宗教报刊，但也对中华文化进行传播，宣讲中国传统伦理道德、介绍天文地理等科学知识等，后来还增辟专栏，刊登文学作品，既有千字以上的长篇论说、几百字的短论和三言两语的杂句，也有故事、寓言、七言诗，还有书信和编者按。创办人之一米怜很注意研究和迎合受众，考虑到新马华人多属下层劳动者，虽文化程度不高但关心祖国，所以主张刊物内容要简短、通俗、生动。因此该刊的传教文章大量引用中国儒家语录以增加亲近感和说服力，并采用对话、讲故事的方式，以求更易于被读者接受；长篇文章则往往采用中国古典小说的章回体裁，适应读者的阅读习惯。天文地理等介绍科学知识的文章，还配有插图，生动易懂。

之后陆续有许多报刊在马来西亚创办，其中在槟城创办的《光华日报》最为典型。该报是革命党机关报，鼓吹推翻封建帝制，为马来西亚华人了解中国革命情况提供了条件。同时，该报还在副刊刊登文学作品以满足华人的文化需求。由于新马分离前，两地关系非常密切，新加坡创办的《南洋商报》、《星洲日报》都可自由地在新马两地发行，这两份报纸的副刊中丰富的文学作品也影响了马来西亚华族文化的发展。

新马分离后，两地的华文报纸独自发展，但是一些华文大报之间仍有密切联系。在1982年马来西亚的林庆金购买《星洲日报·吉隆坡版》股份之前，《星洲日报·吉隆坡版》仍是胡文虎家族的产业。林庆金购买《星洲日报·吉隆坡版》股份之后，新马两地的华文报纸便彻底互不隶属。两地的华文报纸便根据当地华人社会的发展，编辑、出版传承族群文化的文艺副刊与文化作品。目前，马来西亚共有15份华文报纸，都设有副刊，内容丰富多彩，引人入胜，特别是《星洲日报》副刊，为弘扬和传承华族文化作出了重要贡献。

《星洲日报》自1991年开始举办花踪文学奖，凭着传承文化薪火和提升马华文学水平的宗旨，获得了马华文坛深切的关注和高度的认同。除了短篇小说、散文、新诗和报告文学奖以外，1993年举办的第二届花踪还增设了世界华文小说奖，正式向世界迈开脚步。1995年第三届花踪以真诚的声音，发出“后浪，涌来吧！”的呼唤，增设新秀奖为马华文坛发掘颇具潜力的新人。1995年掀起文学热潮的第四届花踪，由《星洲日报》与明报集团联办世界华文小说奖，把奖金提高至19 000美元，使花踪一跃而成全世界华人的焦点。

在花踪的悉心施肥和灌溉之下，每一届得奖作品的水平都有显著的提升。第四届花踪文学奖的得奖作品获得了海内外评审作家的一致称许和赞扬。《星洲日报》还郑重宣布，花踪文学奖从本土跨向世界。第四届花踪文学奖得奖作品，获得明报集团的垂爱，陆续在中国香港、美国和加拿大《明报》上刊登，把马华文学隆重推介给世界各地的华人读者，使世界各地的华人都能够了解马华文学的发展状况和形态，从而增强了马华文学在世界文学界的认知度，增强了马华文学界与其他文学组织的沟通与交流。迄今花踪文学奖已经举办了八届。2007年举办的第八届，邀请了中国大陆、香港、台湾的知名文化人参加，这对于促进马华文学的发展，为读者阅读高水平的作品提供了极好的机会。

在1999年第五届花踪文学奖颁奖典礼上，中国著名电影明星夏梦赞扬《星洲日报》举办花踪文学奖是一项有意义的文化、艺术及发扬中国文学的活动。她表示，在目前这个金钱至上的社会，很少人会想到文艺作品，《星洲日报》不但把这项文艺活动办起来，而且办得有声有色，实在是非常难得的事。在众多花踪奖项中，她个人最欣赏和推崇儿童文学奖。“现在有关儿童的刊物并不多，儿童们是我们下一代的希望，我们必须要好好教育他们，颁个儿童文学奖很有意义！”她对为盛会掀开序幕的“花踪之舞”的表演亦赞不绝口：“这个舞蹈把文学立体化了，表演得很好，这是一件很不容易的事！”

中国大使馆对花踪文学奖颁奖典礼的评价也很高。使馆发言人说：“《星洲日报》第五届花踪颁奖礼是一个非常成功的晚会，颁奖礼晚会所呈现的节目及演出的素质非常高，反映了《星洲日报》为传承及发扬优秀的中华文化真诚的意愿及所做出的努力。”他表示，“这次花踪颁奖礼，为本世纪的马华文学和海外华人文学画上了一个圆满的句号，而且也为下一个世纪文学的进一步发展开辟了一个很好的开端。我们衷心希望在今后的岁月里，透过大马各界的继续努力，马华文学能成为一朵开放得更加绚丽的花朵”。

《星洲日报》付出无数心血，终于撑起一片文化蓝天。在70周年社庆和75周年社庆均举办了盛大的文艺庆祝活动，成为华社的一大盛事，让读者有机会亲身感受文艺带来的思想震撼，感受文艺对个人的思想熏陶。一位名为“小曼”的读者是这样评价70周年的社庆晚会的：

我一向都认为，唯有华文报章能为马华社撑起一片文化天空。华文报的创意和前瞻性，对于在文化及教育上于边缘化的大马华社，尤其关系密切。这种血脉关系，放诸《星洲日报》的历史尤其深刻。80年代末期，家国文化忧患重重，《星洲日报》旗杆骤断的消息传来之际，作为新山中华公会理事之一，我正在参与紧急会议，商议风雨中华社情。那份“天空失陷”的锥心之痛，至今历历在目。今天，我们喜见，《星洲日报》重新撑起史诗歌乐的朗诵辞；这是一种荣幸，更义不容辞。

一个企业的领导人，若在理性之外，多一份感性，是企业之幸；一个文化企业的领导人，若拥有一份文化感性，则是社会的幸福。从《星洲日报》孕育花踪文学奖之际，我便感受到《星洲日报》社长丹斯里张晓卿超越企业利益的文化感性。这份感性，清清楚楚地流露于第二届花踪文艺营的开幕致辞中，在场的新加坡《联合早报》副刊主任潘正镭对我说：“今天，哪有几个报人会如此铿锵地说，请以报馆的文化成绩来判断报馆的成就！”

多年观察，那不是一时的开幕辞，那是一份信念。15场演出，场场都必须与各地的文艺团体、艺术家和学校联合呈现节目，体现艺术交流与交融的深刻感觉。

这个草根性很强的意念，知易行难，但因为用情诚恳，也就获得陈容、卓如燕、陈徽崇等艺术家为之鼎力“站台”。主题演出，以歌为主轴，以曲乐来呈现70年历史和跨世纪的展望。朗诵辞在歌曲之间得化繁为简，起历史转逝色彩变调的基本作用；像舞台灯光之变化，又像说书艺术之开场。这也使我想起歌剧片*EVITA*中“冒出”的朗诵，或林怀民舞剧《薪传》过场时，陈达的月琴伴奏与闽南小调，动人处有时不在精致，反而是一股真情。

北京奥运会吉祥物福娃的主创者、美术家韩美林说：“谁有权，谁钱多，谁就说了算，这就是没有文化的文化。”但是《星洲日报》的掌舵人张晓卿始终很尊重文化人，秉持文化理念，通过举办各种文艺活动，把它推介给华社，使华社得以有机会欣赏到高水平的文艺节目。75周年社庆时，报社邀请蔡琴为读者举办了多场歌唱晚会，场场爆满。华人到处要票。有读者评价蔡琴的歌声绕梁三日而不散。邀请蔡琴等人举办文艺活动，花钱不少，但是为达到提升华人的欣赏水平，《星洲日报》愿意花这笔钱，这在社会上形成相当大的影响，足见《星洲日报》的远见和胆识。

用心打造的文艺推广活动，其效果显而易见，一方面提高了华人的文艺欣赏水平，另一方面拉近了报社与读者之间的距离。马来西亚华文作协主席云里风对《星洲日报》推动文艺发展给予了高度评价。他说：“《星洲日报》及《光明日报》全程电脑出版系统，隆重举行推展仪式，这是华文报业的一件盛事，象征着这两家报章已迈进一个新纪元。《星洲日报》是一家历史悠久的华文报，一向在新闻的报道和文化的传播上，都有优越的表现，深受读者的重视和欢迎。这几十年来，我目睹它不断兴革与发展，觉得这段兴革与发展的道路并不平坦，因为它不但先后三次易主，而且一度面临绝境。《星洲日报》虽然曾遭到停刊的厄运，却能像一只新生的火凤凰，在广阔无垠的苍穹振翅翱翔。它复刊之后，在重重的困难之下，不但能够继续生存，而且在短短的几年内就蓬勃发展，并创造了奇迹，的确令人由衷地敬佩。”“身为一位文学工作者，我对于《星洲日报》这几年来在推展文学活动方面所作出的贡献，深表赞赏。它所举办的‘花踪文学奖’，不但规模宏大，而且响应热烈，为马华文学界创下了辉煌的纪录，最近增辟文学副刊，培养文坛新秀，也具有深远的意义。只要今后仍能坚持不懈，肯定会带动马华文学步入一个新境界。”① 今天，包括《星洲日报》在内，

① 推展文学贡献多. 星洲日报，1996－07－21

马来西亚华文报纸依然执著地传播着华人精神，传承着华族文化。

中国著名学者、作家冯其庸和二月河在访问马来西亚时，看到《星洲日报》如此传播中华文化，大受感动。冯其庸表示，身为中国人，他很高兴能在大马看到《星洲日报》这么大规模的华文报在传播华文文化和思想。以写皇帝史传著称的二月河形容，“在中国海外像马来西亚这样的国家，办报能办得像《星洲日报》这种分量，有鲜明的办报宗旨，思想意识融入事业，殊不简单”。他强调，“中华民族根深蒂固、博大精深的文化，还需要广泛的流传”。《星洲日报》社长张晓卿说：“不管历史如何转变，我们都应该选择和信任自己的文化，让文化成为我们生活的实践，成为我们思考的活水源头，成为每一个人处理危机、度过难关的一种凭借和依据。”《星洲日报》既为马来西亚华人学习华文提供了一个良好的环境，也为维系海外华人族群提供了条件。在复杂的社会历史背景下，在当地种族把政的政治背景下，《星洲日报》犹如一株倔强的小草，在恶劣的环境中顽强地弘扬和传递着中华文化，使中华文化得以与当地多种种族文化及西方文化并存于马来西亚。

战后，新一代马来西亚华人的知识结构和素质与他们的祖辈大相径庭，他们的受教育程度普遍提高，出现了一批高级的文教科技人才。1955 年中国取消双重国籍后，马来西亚华人为争取公民权与平等权展开斗争，如减少当地政府对华人入籍的限制、废除歧视性的法律制度等。特别是在马来西亚，华人敢于争取自己应有的权利，与当地政府抗争，政府在一定时期也不得不考虑华人的感受，给予其更多的政治权利。然而，要争取应有的公民权，华人就须拧成一股绳，以族群的力量去表达自己的权利诉求，这时华文报纸作为华社重要的文化象征符号所发挥的文化认同功能就得到了充分的体现。

文化是一个民族的根基，丧失了民族文化，便丧失了民族性。华文报纸的出版、发行、广播，为华人学习华文提供了一个良好的环境，也为维系马来西亚华人族群提供了条件。这些以反映当代人生活为主题的副刊文章、似曾相识的华语声音，承载了中华文化与异文化交流的历史和现状，也表现出马来西亚华人文化独特的主体性。这种独特的文化现象体现在精神上和心理构成上，就反映出华人的文化传统和民族精神，成为华人的主体意识和独立存在的基础。从这一方面说，华文报纸所呈现出的强烈的文化认同感和凝聚力，是联系海外各国华人的精神和纽带，体现了华文报刊存在的价值和所作的贡献。马来西亚华人能够保持如此完整、系统的华文教育，华人能保留古朴的中华文化和传统习俗，华文文学写作界能不断涌现高水平的作家，华文报纸在其中作出了杰出的贡献。

二、建构马来西亚多元文化

作为马来西亚境内的报纸，从1957年独立以来华文报纸就转变政治效忠的对象，不再把中国当做祖国，而是以服务马来西亚为己任，并把塑造马来西亚华族文化、促进文化交流和种族和解作为自己应尽的职责。华文报纸虽然也传播中华文化，密切关注中国的发展，但是它们仅仅把中国当做文化发展的参照系，而没有全盘跟着中国走。这说明，华文报纸有自己的文化目标。事实上，这种情况早在马来西亚建国前就反映出来了。

1938年底，胡文虎礼聘著名作家郁达夫赴马主编《星洲日报》副刊。郁达夫抵马后，不久就被邀请赴槟城访问。期间，他针对华人青年提出的四个问题表达了自己的看法。1939年1月21日新加坡的《星洲日报》与槟城的《星槟日报》同时刊登郁达夫的论文《几个问题》。论文刊登后，引起新马文学作者的热烈反应，一场文学论争也因此而爆发。

当时，槟城文学青年对南洋文艺界“全盘搬取”中国问题的现象存有疑惑与不满的心态，认为马华文学应该走自己的路。然而，郁达夫却以自己在中国的经历，站在中国文学发展的角度回答，肯定启蒙运动的必要性，但表示推动的办法是首先大家应选出若干书，列出一个书目，建议青年去阅读。此外，兴办小规模的图书馆、创设函授学校、发行讲义等也可以起一定的作用。这显然是没有考虑到南洋启蒙运动的背景与意义。当时一些作者如凌霄在论及马华新启蒙运动时，是把它与马华文化运动等同看待的，并表示马华文化运动与当时抗战救亡的任务有着密切的关系，他也认为马来西亚应该发展自己的独特文化，而不能成为中国文化的补充。一些作者在论及马华新启蒙运动时，更将南洋文艺大众化运动与之并述。

槟城青年提出的第二个问题是：南洋文艺，应该是南洋文艺，不应该是上海文艺或香港文艺，南洋这地方的固有性就是地方性，应该怎样使它发扬光大，怎样在文艺中表现出来？这个问题的提出，也是有马来亚文艺界的特殊背景的。自从1927年，新加坡和马来亚的文坛就响起提倡南洋色彩的呼声，是年创设的新加坡《新国民日报》副刊《荒岛》，编者之一的张金燕就表示他就是因为副刊提倡收纳具有南洋色彩的作品而答应参与副刊的编辑工作的。他在《南洋与文艺》一文中坚决地表示：

我虽然不是完全一个飘荡南洋有名的马六甲海峡的椰果，但是未学成时已在无野狗患的乡土S埠培植到胡子刻满嘴唇；黄河泥色的滔水，又虽未浸染过，但我的皮肤遗传着祖宗旧衣裳，而黄姜、咖喱，把我的肠胃腌实了。因此我对于南洋的色彩浓厚过祖宗的五经，饮椰浆多过大禹治下的水了。

郁达夫在回答这个问题时说，生长在南洋的侨胞，受过南洋的教育，而所写的东西，又是以南洋为背景，多少总有一点南洋的地方色彩。问题只在于这色彩的浓厚，一味地强调地方色彩，而使作品的主题退居到第二位的写作手法，不是上乘的作风。

客观来说，郁达夫对这个问题的回答是相当公允的。创作不能分你我，好的作品既是马华的，也是中国的，更是世界的，不能独立地看待南洋特殊的文学创作。然而，南洋作者在处理这些问题的心态上与郁达夫有明显的不同，他们对待这些问题，向来都是把它们与“运动”联系起来的，认为只有众人的参与、只有众人的力量才能达致问题圆满地解决，使运动成功地推行。郁达夫的回答在马来西亚的一些作者看来，似乎否定了马华文化的独立性。此外，郁达夫举出上海讨论鲁迅的文体与作风在当时是否适当的问题这个例子来说明南洋是否可以全面搬取中国问题，并在言谈中说：讨论这问题的人，个个是鲁迅，问题就不会发生，否则谈了于问题也没有益处。这触犯了南洋文学作者的大忌。当时南洋作者对鲁迅怀着极大的敬意，然而，郁达夫的表态似乎不太尊重鲁迅，这引起了些许南洋作者的不满。

“许多作者赞颂鲁迅对文坛、对国家、对民族的贡献，因此郁达夫的言论被南洋作者误认为他轻视鲁迅，认为他无视鲁迅的战斗精神。可惜的是郁达夫并没有辩解自己举鲁迅的例子是在说明上海讨论鲁迅的问题与作风是否适合当时的客观实际。面对南洋作者的指责，反而为了辩解自己并没有轻视鲁迅之意，而说明他和鲁迅的关系是如何的关切，这更引来南洋作者更大的猜疑，以致著名报人张楚琨讽刺他只会搬弄过去的光荣史。”①

事实上，当时马来西亚华人社会已经开始有落地生根的观念，特别是出生在当地

① 杨松年．从郁达夫《几个问题》引起的论争看当时南洋知识分子的心态．亚洲文化，1999（23）

的年轻华人，他们不像第一代华人那样从中国移民而来，对故乡怀有刻骨铭心的记忆和感情，因此他们把视野投放在本土的文化创作上，当时的华文报纸也逐渐呼应本土作家的声音，以致郁达夫的回答在马来西亚文学界引起轩然大波，认为郁达夫有大中国文学主义的思想，不尊重马华文学创作，由此展开了对郁达夫的笔伐。

郁达夫在不了解南洋文化背景的情况下根据自身的创作经验回答年轻作家的问题固然有失客观，但是马华年轻作家对郁达夫的不满，除了认为其不尊重马华文学外，还有对其在抗战时期南来的不满。“文人不留在中国协助抗战，而纷纷离乡他去，这种行为深为南洋文学作者所不齿。1937 年末，《南洋商报》曾经发表多篇作品讨论这个问题。罗亭的《文化人南来避难的异议》谴责了南来文人的这种逃避现实的行径。支持他的文章有林菊的论文《南来的文化只有拿行动来辩护》，莹姿的诗《你们不要躲藏在后方》，绛员的论文《怎样使文化人不南来》，清潭的论文《逃难与赴难》。因此南洋作者对郁达夫的南来早就持有成见，对郁氏在南来后的作为，以及在《几个问题》中对槟城青年所作的回复，更有强烈的反感。之后会对郁氏展开猛烈的攻击，自可想见。”[①] 从郁达夫发表《几个问题》所引起的激烈争议来看，也能够看出当时马来亚华人已经有很强的本土意识，已经从建设中国文化转向建设马华文化。

由于华人人口比例越来越低，华人在政治、经济、文化上都受到马来人的限制，华文报纸除了不遗余力地传承华族文化，希望建设与中国文化互不隶属的马来西亚华文文化外，还把加强与马来族、印度族的相互理解当做重要任务之一，并致力于建设多元的马来西亚文化。例如，《星洲日报》翻译了马来作家的书籍：《第三只眼看马来西亚》、《蜕变中的马来西亚》、《东南亚行旅漫记》、《马来西亚伊斯兰神谕刑法》、《马来西亚伊斯兰教律与现代国家概念》等。这些书籍的出版，对帮助读者增加文学知识，更深入地了解马来西亚及伊斯兰教等都有极大的帮助。

华文报纸虽然主要面向华人传播，但仍属全国性报纸，不仅报道巫统的新闻，还报道普通马来族和印度族的新闻。它们希望通过报道异族新闻，增进华人对异族的了解，也希望通过翻译马来文或英文作品促进华人对马来社会的理解。同时，他们还把华文作品翻译成马来文，向马来社会推介，以此在马来西亚建构马来文化、中华文化、印度文化的多元种族文化。

---

① 杨松年．从郁达夫《几个问题》引起的论争看当时南洋知识分子的心态．亚洲文化，1999（23）

事实上，许多华文报纸在创刊的时候，便致力于建构多元的种族文化。如《星洲日报》在创刊伊始，便把文化传播与种族和解摆在很重要的位置上。1929 年 1 月 15 日，《星洲日报》创始人胡文虎在创办该报的宣言中就阐述其使命："求民族、政治、经济的平等地位；力倡华侨投资祖国，藉定国基；提供各种教育，沟通中西文化，以提高华侨地位。"为了提高报纸的文化水平，胡文虎还请了当时在文学界相当有名气的作家——郁达夫做副刊编辑，促进了《星洲日报》文学副刊的发展。该刊不但介绍中华文化，还刊登翻译过来的异族文学作品；不但为华人提供了丰富的精神食粮，还为他们提供了了解异族文化的窗口和渠道，充分体现了《星洲日报》的文化传播、联结和融合的功能，担当了重要的文化使者的角色。它们在传播中华文化的同时，也塑造了刻苦、勤奋、节俭、善良的华人形象。

由于宗教和文化的隔阂，华人的政治效忠问题常被政客利用，华人因此成为替罪羔羊。例如，马来族一些政客常利用种族关系，鼓吹极端的民族主义，并把它作为政治做秀的工具，把自己扮演成"民族英雄"，甚至把马来族存在的一些社会问题也归咎于华人，在马来族中造成不良影响，影响了种族间的理解和融合。

华人的政治效忠也被占多数的马来族所怀疑。华人一直被认为是外来人，是漂泊者，是投机者，因此经常出现反华的声音和行动，甚至政府也不断出台限制和针对华人的政策，并进行立法，希望同化华人，消灭华族文化。这使得华文报纸在建构马来西亚的多元文化时面临重重困难，但即使这样，华文报纸还是迎难而上，以极大的耐心促进华人与马来人的交流，并通过举办多种文化活动，加强与马来人的交流与理解，建构多元的马来西亚文化。比如说，马来族教授奥斯曼峇卡教授对包括《星洲日报》在内的三大语文报纸能够破除种族藩篱，携手合作联办"两大文明对话"的举措大加赞赏。他认为类似的对话，不但能促进马国回教与儒家思想的研究，而且能拉进马来社会与华人社会之间的距离。奥斯曼峇卡教授说："这是第一次三大种族一起集思广益，为当代的回教与儒家文明面对的挑战寻找出路。与 1995 年在马大举行的回儒研讨会相比，这次的对话更加具体，讨论的范围集中在一个主要的课题。"① 他表示，"回教与儒家文明及现代生活息息相关，所以，我们不可避免受到现代世界文明挑战与冲击的事实"。

---

① 奥斯曼峇卡赞本报拉近华巫社会距离．星洲日报，1996 - 09 - 04

奥斯曼峇卡教授说：“西方强权者常常指责回教国家及中国没有实行人权自由，而两大文明思想对这个‘指责’有不同的反应与回应。所以，这次的文明对话的举办是合时宜的，也显示马国人民的合作精神。从社会学强调人的行为的角度窥探，回教与儒家思想有许多相同之处，都注重人类行为的思想行为与道德伦理。”他指出：“儒家强调‘人性’（Kemanusiaan），是从形而上学的角度出发，并且不能与‘天’分隔，从回教的教义的解释则与上帝的委托有密切的关系。”[①] 他指出，这是两大文明最明显的共识，无论在什么领域，马来人与华人的思想行为都深受来自“天赋”的约束。回教与儒家思想的终极目标都是要促进社会与个人的和谐，回教与儒家思想重视的是“社会”，但西方自由主义里所强调的却是“个人”。

奥斯曼峇卡教授说：“回教与儒家两大文明皆注重‘现世生活’，从积极的角度追求生活的崇高价值。我们重视所有的财富和经济发展都是属于社会的成果，因此，亚洲国家在近几十年来迅速发展，是因为人民有着优秀的传统价值观，实行节俭、勤奋的美德，缔造一个繁荣进步的国家。”[②] 这样的研究和对话，显然有利于信奉伊斯兰教的马来人与受儒家思想影响的华人的文化交流，对两个民族加强彼此间的文化理解有着非常积极的意义，对建构马来西亚的多元文化也有着相当重大的现实意义。

三、在国家文化认同与族群文化认同之间徘徊

华文报纸一直以来都努力建构非单一种族文化的马来西亚文化，然而，由于特殊的政治、文化及历史背景，这种努力在敏感的种族关系面前常常显得苍白无力。华文报纸希望马来西亚文化是由马来文化、中华文化、印度文化共同组成的，但是在执政的马来人眼中，只有马来文化才能成为马来西亚国家文化，也正因这种态度，非马来文化很难得到政府的重视。在马来西亚，伊斯兰文化和马来文化常常得到政府的巨额资助，而对中华文化与印度文化的资助却非常稀少，佛教寺庙与印度教寺庙甚至被政府强令拆除。

当某一族群在另一族群文化侵略或渗透之下，感到异己文化迎面扑来时，就会在文化上有一种深刻的危机感，这种危机感往往产生于各族群文化不断碰撞交汇异常激

① 奥斯曼峇卡赞本报拉近华巫社会距离．星洲日报，1996－09－04
② 奥斯曼峇卡赞本报拉近华巫社会距离．星洲日报，1996－09－04

烈的时候，在政治经济上处于被动地位的民族或族群，其文化精英分子在感觉到本族文化在外来文化或异己文化冲击之下的危险性时自然会产生保护与排斥的心理。在既定的国家文化制度面前，华文报纸的努力常常无功而返，这使得它们转而支持族群文化，希望通过推动和繁荣族群文化的发展来抗拒和抵制马来文化。于是华文报纸一方面支持多元文化的建设，另一方面致力于族群文化的传承与弘扬，如教育华人要尊老爱幼，要对父母尽孝等，以维护华族传统。由于多元的国家文化始终无法建构起来，华文报纸无法认同马来文化高于其他种族文化的政策，于是它们在族群文化认同方面尽全力进行开掘，在国家文化认同与族群文化认同之间不断徘徊。华文报纸致力于族群文化的建设与认同却在马来社会引起很大的质疑声。

由于宗教和文化的隔阂，马来人对华文报纸及华文教育一直都抱有很大的怀疑，称它们是抗拒国家认同的两大障碍，并因此怀疑华人的政治效忠。马来人认为，华文报纸传播和认同族群文化有损或者削弱华人的国家认同。然而，华文报纸却认为，它们无法认同只由马来文化建构的国家文化，但并不妨碍他们对多元国家文化的支持与推动。平心而论，虽然马来人极力主张国家文化应由马来文化主导，但由于实行民主制度，马来人对其他族群文化却持相对宽容的态度。这种态度使得华文报纸处于一种非常为难的境地。虽然在国家文化中华族文化得不到重视，但在马来西亚的生活中还有华族文化的影子。华文报纸如果完全抵制这种国家文化，在情理上说不过去，也不符合公民身份。但是全盘接受这种只由马来文化主导的国家文化，又咽不下华族文化没有受到平等对待的这口气，这样，华文报纸就只能接受有限度支持国家文化但又强力推动族群文化建设的命运。这与华人的处境如出一辙。

在种族主义和建国时订立的种族契约面前，华人的诉求显得如此无奈，这使华人普遍产生对马来西亚爱之深恨也深的感觉。在经济繁荣时期，各种族都能从经济发展中获得好处，种族矛盾也会因此有所缓和。一旦经济处于停滞状态，各种族都感受到经济衰退带来的负面影响，都会尽力保护自己的经济利益，各种族的矛盾就会激发，特别是在马来西亚，由于政府一直出台扶助马来人的政策，华人更容易产生本族群得不到重视的情绪。

在马来西亚，中华文化对马来文化一直处于优势状态，然而，马来文化却希望通过同化来统一马来西亚的国民性，这自然遭到华人的强烈抵制。华人热爱马来西亚，但是不甘心被马来人摆布，造成他们在国家认同与族群之间摇摆。

如何解决这个问题，许多学者提出了不同的主张。如美国政治学者汤本认为，华文报应以世界的胸怀来看待世界问题。他鼓励华人和政府放开眼界，以更广阔的视野来看待世界。“马来西亚的华文报章，要以马来西亚的心胸来看待问题。”他指出，马来西亚作为中等规模的国家，可以扮演举足轻重的地区领袖角色，在世界论坛占有一席之地，并化解地区间的矛盾，从而促进世界繁荣和和谐。他说：“华人站在特殊的位置上，处于南洋，在面向世界和西方的同时也面向伊斯兰国家，因此在两种关系中，她拥有独特的地位和视野。因此我们希望华文报纸能成为世界华文报的领袖，能够使这个世界不要走向冲突，而是走向妥协，谅解和互利。”[①] 他希望华文报能更上一层楼，能以更开阔的视野来看待今天的世界和东西方文化，而马来西亚在这些冲突中可以扮演更多角色，甚至可以超越新加坡的角色，因为华人对马来西亚政治和经济的影响超过其他地方。

事实上，许多华文报纸也致力于多元种族文化的融合与相互了解。例如，《星洲日报》通过有系统地翻译伊斯兰教学者的学术文章和书籍，让华人更深入地了解马来人的习俗和伊斯兰教文化，这样可以促进华人对马来人的了解，从而在与他们的交往中，有意识地尊重他们的文化习俗，赢得他们的尊重。《星洲日报》充分利用传媒的教育和信息沟通功能，建构华人了解世界的文化平台，帮助他们深入了解不同种族的思想观念、价值取向、道德标准、宗教和政治信仰，通过多种渠道，运用多种方式，完整准确、全面真实地介绍其他种族的情况，充分展现华人热爱和平、愿与其他种族共同创造和谐社会、勇于承担社会责任和义务的思想。

《星洲日报》一直致力于建立文化对话的平台，不但把异族的优秀文化引进来，而且在报社的实际运作中，与异族进行文化交流，吸纳异族的员工，以实际行动为种族间的文化交流作出贡献。举例来说，《星洲日报》招聘了异族员工。他们在工作当中，与华人有意无意地进行文化交流，这对促进族群间的文化交流有非常大的好处，同时也在某种程度上展现了《星洲日报》注重种族和解、为异族创造就业机会的形象。

事实上，多数马来人非常纯朴和善良。2008 年 5 月，《星洲日报》一位马来人司机载我们到槟城参观，回来路经怡保，他再三向我们推荐当地盛产的柚子，非要我们

① 汤本：看待问题视野要广　中文报章应放眼世界. 星洲日报，2004－11－10

尝尝当地柚子的味道。在开车过程中，他言语不多，却非常守信与尽责。故此，如何与大多数的马来人进行沟通，消除误会，共同建构各种族文化平等组成的国家文化，是华文报纸的职责之一。

介绍异族文化，吸纳异族文化的精髓，同时向异族展示绚丽多彩的华族文化，以全球化的视野了解世界的文化格局及各种地域文化的特色和趋向，这是我们必须要面对的问题，也是化解种族矛盾、增进理解的重要渠道。华人有博大的文化胸怀，有璀璨的历史文明，应该主动展现善意和诚意，迈出与异族和解以求共同发展的步伐，在相互碰撞和交流中展示华族文化的魅力。马来人、印度人与华人共同发展，共同建构繁荣的多元国家文化，这是众多华文报纸的梦想，但是在比较封闭与排斥异种文化的伊斯兰教面前，在掌握国家权力的马来人眼前，华文报纸的这种愿望能够实现吗？许多华文报纸从业者用狐疑的眼光看待眼前的马来西亚政治。这种心态非常真实地反映了华文报纸在国家文化认同和族群文化认同之间徘徊的现实。

第三节　新马华文报文化传承与认同比较研究

马来西亚华文报纸与新加坡华文报纸有相当大的差别，根本原因是华人在新加坡能够当家做主，而在马来西亚，华人在某些领域能够当家却不能做主，这使得马来西亚华人具有很强的族群生存忧患感。新加坡华人因为没有这种族群生存忧患感，因此他们可以由政府主导建设国家文化。虽然新加坡华人也有很强的生存危机感，但是他们的危机感是担心新加坡能否在全球化的浪潮中跟上世界的步伐，会不会落伍。新加坡只有阳光和海滩，以及人力资源，严重缺乏其他资源，这种状况决定了它只能通过有效的政府管治，从全球获取资源，以求得自身的生存与发展；而马来西亚华人虽然生活在一个资源非常丰富的国度中，却时时担忧族群被同化，生存机会被剥夺，文化被消灭。因此，新加坡华人与马来西亚华人对生存的恐惧是不同的，而且是在不同的层面上。这种状况决定了两地华文报纸对文化传承与认同的不同态度，但是作为华文报纸，在文化传承与认同方面又有一些相同的特点，这也是传媒的特性所决定的。如报纸都具有文化传承的功能，都具有教育的作用，特别是对于华文报纸而言，这一方面的作用与特点尤其明显。

一、对文化传承均不遗余力

作为一份远离中国的华文报纸，不论是新加坡华文报纸，还是马来西亚华文报纸，它们都具有传承华族文化的功能。华文报纸由于要为海外华人服务，注定它们必须具有文化传承的功能。文化传承是华文报纸与生俱来的特点，这是因为远离中国的华文报纸如果想更好地服务华人，就必须传播华族文化，这是保证它们生存与发展的条件。

对新马两地的华文报纸来说，虽然出发点不同，但是它们在传播和传承华族文化方面均不遗余力。2005 年 4 月，新加坡《联合早报》刊登各种文化活动和对中华文化艺术界的专访的新闻多达 13 篇，平均每 2.5 天 1 篇。2006 年 4 月总共有 16 篇，平均 2 天左右就有 1 篇。2006 年，《联合早报》刊登了大量的好文章，如 2006 年 2 月 22 日的《问题不在于华文难学》、2006 年 4 月 24 日的《写简识繁：新加坡何不左右逢源》等，探讨华文教学的形式和方法、华文教育的出路、文化发展的方向及对人们的贡献，人们如何更加深入认识华族文化等。这些文章充分反映了《联合早报》在推广和介绍中华文化和艺术方面所作出的贡献。华文报纸还开辟副刊，不遗余力地介绍华族文化。如《联合早报》、《联合晚报》的“根”文艺专版，《联合晚报》还有综合性文艺副刊，着力报道社会软性新闻。由于其办报方针类似小报，灵活生动，大众文化占据了全部内容的 60% 以上，因此颇受年轻读者的青睐。

马来西亚最大的华文报纸《星洲日报》副刊创刊以来，便力求以内容丰富多元的编辑精神为读者提供更全面的精神食粮。早期，《星洲日报》与《南洋商报》是一对竞争对手。两者不但比新闻快，还比副刊内容的丰富程度。所以，当胡愈之到《南洋商报》主政时，胡文虎就聘请郁达夫来办副刊。两家报纸的竞争，对副刊的编辑水平的提高有相当大的促进作用。《星洲日报》自“茅草行动”后复刊，迨至 1992 年，销量压倒《南洋商报》。此后，在文化办报的理念指引下，副刊越办越有特色，内容越来越丰富，议题策划也越来越新颖、别致，满足了不同层次读者的口味。1994 年 10 月，该报副刊改版，目的就是照顾到更多不同口味的读者，从而进一步推动销量上升。

当时副刊的每个版面都有一两行画龙点睛的文字，标明该版位的特色、期许及内容重点，作为读者的阅读指引，一目了然，简洁明快。这些版面各有各的精彩。如

"新策划"版"纵横世界、深入民间、具有广度、具有深度";"星云"版"看文字千姿,写人生百态";"娱乐"版"生何以欢,娱人最乐";"生活宝鉴"版"生活是一本精彩的书。让您细细阅读"……由于内容丰富,编排轻巧活泼,印刷精美,给人"副刊杂志化"的感觉。娱乐和思想并存,我们可以在"星云"看到理性严肃的言论;"言路"和"星洲广场"为读者提供纯文艺的诗散文小说;"文艺春秋"琳琅满目。"星云"内容丰富,题目多元,既有严肃性的话题,如《绿色的呼唤》、《全民搞治安》,也有许多在新时代才出现的课题,如老人课题、同性恋课题、无厘头电影课题等。多年来,"星云"的编辑一方面鼓励本地创作,一方面收集精彩的外来稿件,把世界各国的好文章网罗进来,第一时间呈现给读者。每年获诺贝尔文学奖的小说,副刊都会把它翻译过来奉献给读者。多年对读者习惯的培养,造就了华社众多的文学爱好者。副刊文学园地,既有编辑不懈耕耘的汗水,也有读者热爱文化的信念支持。

新马华文报纸共同的一大特点就是副刊水平非常高,内容丰富,题材多样,观点不一,还有很浓郁的华文教育色彩,不仅传承华族传统,还向读者介绍华族文化。它们的副刊水平丝毫不亚于中国的报纸,甚至在某种程度上还超越了中国报纸。这是因为它们拥有一大批编辑水平和文艺写作水平都非常高的编辑。许多在新马华文文学多次获奖的作者,都在副刊担任编辑。他们对社会的变化非常敏感,对人们思想的脉动也能准确地把握住,因此设计出来的许多题目既有历史感,又有时代气息;既有对中国文化、世界文化观照的大视野,又有对本土文化及本族群文化的关注,从而促成了副刊视角的多元化、题材的多样化,使副刊呈现出一派繁荣景象,成为华社不可或缺的精神家园,在传承华族文化方面作出了重要贡献。

二、文化传承的目的不同

由于新马两国华人的政治和文化地位不同,造成两国华文报纸文化传承的目的也不尽相同。新加坡华文报纸传承华族文化的目的是希望本国不至于过分西化,而马来西亚华文报纸传承华族文化的目的则是希望能够增进文化和族群的身份认同,不至于马来化,同时建构一个各种族平等的多元文化社会。

在新加坡,华文报纸传承华族文化有两个目的:一是配合政府弘扬华族文化,保留新加坡亚洲价值观,使新加坡不至于过分西化,以解决新加坡西方化所带来的社会问题,也希望通过中西文化的交流和融合,创造一个在中西方左右逢源的国家；二是自身的生存。如果华族文化在新加坡消失，意味着华文报纸也将在新加坡消亡。华文报纸当然不希望看到这种情况存在，因此与其说华文报纸传播华族文化是为了弘扬华族文化、保留文化传统，还不如说华文报纸是被迫以文化传承作为报纸生存的根本条件。也正是出于这种原因，新加坡华文报纸才会不遗余力把华族文化符号化、仪式化，甚至使其宗教化。如每年举办新加坡河畔彩灯游，大量报道庙会等，力求通过把这些传统的华族文化活动符号化和仪式化，植入人们的头脑，让华人坚守华族文化，喜欢华族文化传统，也借助把这些符号和仪式与华文报纸联系在一起，从而使华文文化符号化，成为衡量华族文化在新加坡消亡与否的外在指标。

新加坡华文报纸的文化传承虽然也传播中华文化，但是它们并不是简单地把它照搬过来，而是吸收它，使之成为新加坡文化的重要组成部分。文化传承的最终目的是要建构独具特色的新加坡文化，使之不仅具有椰风蕉雨的东南亚味道，也有来自中国五千多年文化历史的底蕴，更有西方文化的色彩。所以，华文报纸的文化传承带有功利性，甚至有很强的商业性。因此，这种文化传承的目的只能造就很肤浅的文化，而不能真正建构有人文色彩的社会，因为它严重缺乏人文关怀，真正有思想性的东西扎不下根来，无法积淀下来从而成为真正有活力的新加坡文化。这与新加坡的商业社会一脉相承。虽然新加坡名义上是一个华人社会，但是中华文化已经越来越式微，与此同时，西方文化又扎不了根，造成文化就像一艘船在大海里不断漂移，从长远来说，这种无根的文化不利于新加坡的生存与发展。

与新加坡华文报纸截然相反的是，马来西亚华文报纸以传承族群文化为主要职责，努力建构马来西亚多元文化与社会，使华人能够在政治、文化和经济得到平等公正的对待，但在马来人把持的政治权力中，华人的政治和文化空间面临萎缩的危险，社会不公平现象朝越来越严重的方向发展，造成华文报纸不得不把更多的精力集中到族群文化的传承与创新上，希望通过华族文化的保留与创新，能使华人成为一个有凝聚力的族群，共同争取族群权益，抵制政府不公平、不平等的政策。“传统就是文化，文化就是我们的根，能够拯救我们的灵魂。”由于受到马来人的歧视，华人对马来文化有一种本能的排斥感，而对先祖的缅怀及对华族文化的留恋，又使得他们将族群文化神圣化。华人在心里固执地守护着虚化了的华族认同与文化认同，从而使华族有意无意地游离于马来西亚社会。在这样的悲情文化氛围中，华文报传承华族文化的目的，主要是抗争政府的不公平政策。虽然华文报通过种种努力去建构多元文化，但仍然受到各种不合理制度与政策的打压，限制马来西亚多元文化与社会得不到政府的支持，从而使他们意识到在马来人把持政权的情况下，求助他们犹如缘木求鱼，于是他们转而支持和传承华族文化。他们更加努力地挖掘华族的历史文化，更加细心地保护文化传统，更加致力于推动华文教育的开展，更加密切关注中国文化的发展，注意吸收中国大陆、香港、台湾的文化，丰富马来西亚华族文化。如《星洲日报》不断邀请中国的知名学者、作家举办各种形式的文艺宣讲会，每两年举办一次花踪文学奖，并且在颁奖会上举办各种华族文化色彩浓郁的晚会等。

与新加坡华文报纸传承文化的目的不同，马来西亚华文报纸虽然也带有商业性，但是它们的目的更多是维护华人族群认同和文化认同，凝聚华人力量，一起抗争不合理的政策。因此，许多华文报纸宁愿亏本，也要出版副刊，以实现文化传承的目的，与新加坡华文报纸过度商业化，凡事从商业的角度考虑报纸经营成本的现象形成鲜明对比。从这点来说，马来西亚华文报纸文化传承的目的是更好地促进族群的团结和繁荣华族的文化，从而在马来西亚形成了国家文化中华族文化话语权比较弱，而在华社中华族文化却呈现相当繁荣的特殊文化景象。

三、文化认同的对象不同

新加坡华文报纸作为国有控股企业属下的一份报纸，以追求商业利益和维护国家利益为重，因此，它们的文化传承与文化认同都是以维护国家利益为前提。由于新加坡华人没有马来西亚华人族群消亡的危机，再加上他们主导社会，所以，他们的利益常常可以上升到国家层面，并得到政府的支持。在这样的政治背景下，华文报纸当然不会担忧华人族群利益得不到保障，因此，它们传播华族文化，更多的是把它当做推动新加坡文化建设的力量，而不是单纯地维护华族文化。在新加坡致力于营造华族文化氛围、保护传统的华族文化的特定时期，华文报纸承担了更大的责任，以维系华族文化在新加坡的生存，使亚洲价值观继续在新加坡生根发芽。因此，它们传承华族文化的目的，不是保护华族利益，而是保护国家利益。它们传承华族文化的目的，也不仅是加强与中国的联系，而是与中国打交道，从中国的经济发展中获利。实际上，它们也没有责任帮助中国发展中华文化，宣传中国的形象。因此，它们的文化认同的对象是新加坡文化，一切的文化活动都是为了使新加坡能够在风云变幻的国际环境中生存下来，实现小国外交的目标。

新加坡华文报纸的文化传承与文化认同已经突破了族群的藩篱，上升到国家层面，也正因为如此，它们在社会越来越西化、英语大行其道的背景下还能发挥作用，还有继续出版和发行的价值。这种文化认同与新加坡的生存环境和种族构成密切相关，站在新加坡人的角度看它们的文化认同，我们完全能够理解它们的这种举动，也非常支持它们的这种做法。中国人不能时常站在自己的立场看待新加坡华文报纸对中华文化的宣扬，认为它们吸收中华文化丰富新加坡文化，强化新加坡认同，就是背离中国利益，就是看不起中国。中国与新加坡互不隶属，新加坡没有义务和责任在政治和文化上认同中国，它有权利选择自己的道路来发展自己的国家文化。

与新加坡华文报纸认同新加坡文化不同的是，马来西亚华文报纸的国家文化较少有华族文化的色彩，且在政治、文化受到法律和政策的限制，因此它们把更多的精力放到维系族群文化上，呈现出国家文化与华族文化双重认同的现象，甚至有时候出现认同华族文化多于国家文化的情况。一直以来，马来西亚华人致力于塑造三大种族和平共处、共同发展的“马来西亚人的马来西亚”，但是掌权的马来人却刻意通过各种政策去影响华文教育与华文报纸的生存与发展，同时出台各种不公平的政策，使得华文报纸在种种不利的环境中，选择奋起反抗，更加努力地传承华族文化，更加认同华族文化。

站在马来人的角度来看华文报纸的举动，他们很难理解华文报纸认同族群文化多于国家文化，认为华文报纸的举动无助于马来人对华人的理解，也无助于塑造统一的马来西亚国族形象，甚至因此对华人产生误解。他们认为，华人是外来移民，能够在马来西亚定居下来，并在经济上取得较大成就，马来人为此已经作出了重大牺牲，华人不应该抗拒马来人寻求以马来文化为主的国家文化的纯洁性。他们说了一句很值得我们深思的话：我们是这里的主人，却为外来移民抬轿开车，这种情况公平吗？他们说，任何国家都不会允许这种情况出现。他们认为，马来人承认华人拥有母语教育的权利，允许华人在经济上取得成就，也允许华文报纸继续传承华族文化，这已经体现了马来人对华人的宽容，华人不应该再对马来人说三道四。这种观点代表了很多马来人对华人的看法。确实，在一个国家，如果一个族群长期生活在贫困中，而另一个族群却生活得比较富裕，从长远来说，国家的稳定将受到极大的威胁。种族平等的前提条件是各种族在经济上趋于平等，因此马来人认为，政府有义务扶助他们，帮助他们尽快脱贫，以实现各种族间的平等。他们说，马来西亚本来就是马来人的土地，理所当然应该受到优待。

这些观点站在马来人的角度来说是很有道理的，但是对于华人来说，这种抑华助马的政策极大地伤害了华人的感情。华人认为，马来人已经在政治、文化上取得优势，如果在经济上再取得优势，那么华人将无处立足，况且，三十多年扶助马来人的政府行为，已经使马来人社会发生了重大改变，越来越多的马来人受到良好教育，并进入中产阶层。华人据此认为，马来人优先政策应该到了适当调整的时候了。然而，政府至今丝毫没有调整经济政策的举动，这引起了华人的强烈不满。同时，华人觉得代表华人利益的马华公会在政府中没有尽全力去抗争和维护华人利益，对于马华公会的软弱表现，华人相当不满，因此在2008 年3 月 8 日的政治选举中纷纷投票支持反对党，希望结束种族主义政治。星洲媒体集团董事经理刘鉴铨于 2008 年 5 月 27 日接受笔者专访时对此现象分析说："因为马来西亚存在歧视华人的政治现实，当许多人都厌恶巫统，作为国阵的重要成员也必然受到拖累。马华会公派出 40 人在选区出战，希望拿到25 个议席，但结果只有 15 个，反映了华人希望改变现状的愿望。"时任马华公会会长的黄家定接受笔者专访时也承认这种说法："我承认民主选举结果，由于马来西亚的政治现实，许多因素是马华公会无法左右的。人民对政府的不满累积起来，从而造成了此次的选举结果。"

与严重缺乏资源的新加坡相比，马来西亚拥有许多得天独厚的资源，因此，华人只要勤奋努力，还是可以获得足够的生存条件，因此，他们没有新加坡华人那种深沉的生存忧患意识。由于缺乏资源，新加坡如果无法跟上世界发展脚步就无法生存。而马来西亚资源丰富，地域较广，因此华人较少国家生存忧患意识，而是把更多的精力放在考虑华族在马来西亚的生存，思考华人能否获得更多的生存资源。在得不到政府公平对待的情况下，代表华人利益和喉舌的华文报纸自然把注意力集中在华族文化的认同方面。这显然与新加坡华文报纸营造和认同国家文化有本质的差异。

比较新马两地的华文报纸对文化的传承，笔者认为，族群的文化和历史都是一种持续的建构。斯图亚特·霍尔曾指出："文化身份是有源头、有历史的。与一切有历史的事物一样，它们经历了不断的变化。它们决不是永恒地固定在某一本质化的过去而是屈从于历史变化。”① 在文化多元的时代，华人的文化和身份建构取决于他们如何参与包括马来人在内的多族群之间的文化互动。华人生活在一个非常复杂的种族环境中，政治现实决定了华人不能追求纯粹的、静止的文化认同。虽然新马华文报纸的文化传承的对象与目的不同，但是它们都涉及一个共同的东西，那就是无论是建构新加坡的国家文化，抑或是建构马来西亚的多元种族文化，它们都不能一味地保持华族文化的“血统纯正性”。如何建构文化和身份认同，既防止出现保守、静止的文化认同，又能通过文化认同来传承华族文化，华人对异族文化开放的思想至为重要，这是推动华族文化发展，在更高的层面上建构华族文化和身份认同的外在动力，也是华文报纸吸收世界多元文化，丰富和建构新加坡文化或者马来西亚多元文化的目的。

① ［英］斯图亚特·霍尔．文化身份与族裔散居．载罗钢，刘象愚．文化研究读本．北京：中国社会科学出版社，2000. 211

第四章

华文报的族群认同

THE COMPARATIVE STUDY ON CULTURAL, ETHNIC AND NATIONAL IDENTITY OF CHINESE LANGUAGE NEWSPAPER IN SINGAPORE AND MALAYSIA

族群强调文化、习俗、相貌和信念等相似性。德国著名社会学家马克思·韦伯（Max Weber）指出："我们应称'Ethnic Groups'为具有主观上相信自己拥有共同祖先的诸群体，而他们之所以相信各自拥有共同祖先是因为共同体成员的外貌特征相似，或习俗相似，或两者都相似，或者是因为对殖民和移民的回忆；这种主观的信念对群体建构的传播十分重要；相反，它并不在乎是否真有血缘关系的存在。"① 后人在韦伯对族群定义的基础上，进一步提出了文化和身份认同相冲突的问题，并把族群视为有共同文化组成的共同体。这个概念更强调从分散个体的角度来处理族群关系，在强调少数族群的文化特点的同时淡化其政治利益，在人口自然流动的进程中淡化少数族群与其原居住地之间的历史联系，即"文化化"。综合各种对族群的定义，安东尼·史密斯对族群如此描述，"那是仰赖居住同一个地方的人，共同产生的一种深层集体意识，以及'一种永续、分离同样回忆与共同命运体的感受和价值'的共识"②。

从族群的概念出发，它包括："（1）对血统和谱系的重视超过基于领土的认同；（2）在情感上有强大的感召力和动员效果；（3）对本土文化（语言、价值观、习俗和传统）的重视超过了法律。"③ 这三点内容强调了族群生存的共同体、本土文化和血缘关系。因此，族群是在向民族发展过程中的初始阶段。它虽然也依靠文化作为纽带把各成员联系在一起，但是它与民族的概念有很大的差异，主要是因为它较少政治色彩，以文化认同作为衡量族群身份的标准，来区分成员与其他族群的差异。中国社会科学院的纳日碧力戈因此认为，"民族和族群的关系是'族群—文化与民族—政治共同体'"④。

根据以上族群、民族、文化、政治的相互联系，新马华人不得不要同时面对民族和国家文化认同、世界文化认同的问题。这样就会使华人产生族群身份认同与国家身份认同相冲突的问题。这两个问题不仅困扰华人，而且困扰当地政府。由于新马华人处于不同的政治地位，这使得华文报纸在转换政治效忠对象，以及建构国族认同方面产生了十分显著的差异。"国族的认同，比族群、血缘的认同要广阔得多，它包括了各种起源的人，把不同起源和族群的居民联系在一起且最初的族群联系纽带依然存

---

① 叶江．当代西方"族群"理论探析．华东师范大学学报（哲学社会科学版），2005（5）

② Anthony D. Smith. Towards a Global Culture. In Mike Featherstone. *Global Culture*: *Nationalism*, *Globalization*, *and Modernity*. London: Sage Publications, 1990, p. 179

③ Anthony D. Smith. *National Identity*. London: University of Nevada Press, 1991, p. 11

④ 纳日碧力戈．全球场景下的"族群"对话．世界民族，2000（1）

在，而同时国族认同则变成了最重要的政治认同。”① 但是新马不同的种族比例，以及不同的种族政策，造成华文报纸在建构包含多元种族的国族的过程中，遇到了不同的问题。新加坡华文报纸建构由多元种族构成的国族得到政府的支持，而马来西亚华文报纸只能独自进行，而且得不到政府的大力支持。

在不同的时期内，新马华文报纸的族群与国家认同呈现出不同的现象。这主要是因为早期中国移民背井离乡来到新马，目的只是为了谋生，发财之后能够衣锦还乡，娶妻生子，光宗耀祖。他们只是把南洋当做羁旅之地，而没有把南洋当做长期的生活之地，终老于此。他们热爱故乡，怀念家乡的一草一木、一水一土，落叶归根的思想极其强烈，他们中许多人要么回到中国终老，要么临死前一再告诫子孙要把他的遗体运回中国安葬。此时的华文报纸也大多由南来的文人协助或负责运作。他们把眼光投放在中国，办报宗旨也是以中国的前途和命运为中心。这段时间主要是指 1957、1958 年华人取得公民权之前。

随着时间的推移，早期移民在南洋安定下来，事业有成，他们一方面不舍得自己花费了巨大心血而建立起来的产业，另一方面又不愿意老死在客乡，于是出现了相当矛盾的心态。华文报纸的办报宗旨和方向也出现了游移。这种游移很真实地反映了当时华人的矛盾心态。那时的华文报纸对中国政府取消双重国籍十分愤怒，甚至批评其过河拆桥。这段时间主要是指 1957、1958 年至 1965 年新马分家期间。

新马分家之后，新马两地的华人走向各自建设国家的道路。新马两国也各自开始着力培养国内华人的国民心态，特别是新加坡。由于当时地少人寡，政府一再通过华文报纸教育华人要以新加坡的利益为依归，把根留在当地。同时，政府通过多次修改法律，把私营传媒变成国营企业，对这些传媒进行控股，从而把它们置于自己的控制之下，以避免言论过激，造成种族冲突，同时为政府贯彻各项政策提供良好的舆论环境，并对反对政府的传媒进行法律惩处。1971 年，“五月风暴”席卷新加坡传媒业。《南洋商报》因为批评政府的华文教育政策，其负责人李有成、李茂成、仝道章、李星可及郭隆生被指控违反安全法，被政府下令扣押。传媒自此走上了与政府合作，履行政府喉舌职能的道路。

与此同时，马来西亚的华文报纸仍然保持私营性质，特别是 20 世纪 80 年代末，

① 张永红，刘德一. 试论族群认同和国族认同. 广西民族学院学报（哲学社会科学版），2005（1）

华文报纸逐渐发展壮大，组建了多个报业集团，如南洋报业集团、星洲媒体集团，其发行量和影响力也越来越大，甚至出现了英文报、马来文报发行量不如华文报的局面。它们在维护华人利益、传播华族文化方面作出了很大贡献。两国的华文媒体由此走上了完全不同的道路。

新加坡和马来西亚 1965 年分离后，随着两国政治朝不同的方向发展，原本两地华人相同的族群和国家认同的特点也发生了相当大的变化。马来西亚华人作为一个少数族群生活在一个以马来人为主流社会的国家中，而新加坡华人却生活在一个以华人为主体的国家中。由于主体族群不同，造成两者的种族政治出现本质差异。作为少数族群，马来西亚华人一方面不断捍卫自己独立的文化和族群色彩，另一方面效忠于马来西亚，因此呈现出族群和国家双重认同的现象。而作为主体族群，新加坡华人由于没有族群生存危机，随着国家领导人不断致力于国家意识的培养，他们的族群色彩越来越淡薄，而国家认同意识却不断增强。新马华文报纸就在不同的政治和种族关系背景下走上了不同的道路。新马两地华人的族群与国家认同的变化，以及华文报纸不同的命运，为我们观察少数族群的族群和国家认同提供了一个视角，也促使我们思考如何在一个多族群国家中寻求种族和谐，维护国家统一。

第一节　新加坡华文报族群认同

随着华人取得公民权，越来越多的华人对出生地的感情更深，更加习惯和熟悉新马的生活方式，其族群认同的态度也发生了重大变化。新加坡独立后，华人虽然面临资源贫乏的问题，却可以当家做主，不受歧视，再加上政府极力培养国民对新加坡的国家认同，淡化族群认同，华文报纸既缺乏培养华人族群感的环境，又受政府各种法律的限制，因此出现华文报纸虽然不断宣扬华族文化，却无法培养华人族群认同感的现象。

一、华人族群意识被政府淡化

新加坡华人生活在一个以华人为主体的社会中，自然不会出现华人处处受歧视的情况。笔者于 2007 年 1 至 4 月在新加坡做访问学者，对此感受颇深。谈起新加坡的成就，笔者身边的新加坡人都相当自豪。笔者乘坐旅游公司开设的水陆两栖车游新加坡河时，导游是一位年轻的大学生，两栖车驶近高楼林立的新加坡河口时，导游骄傲地向笔者介绍新加坡的历史与成就，脸上写满了自豪与幸福。笔者可以感受得到，导游对自己国家的成就相当自豪。

确实，新加坡的建设成就足以让国民感到自豪，甚至让世界各地的华人感到自豪，因为在这只有阳光和海水而没有任何其他资源的城市国家中，能够发展到今天环境优美、经济高度发达、人们生活富足的境地，相当不容易。翻开独立后的历史，我们依稀记得新加坡当时是处在一个相当艰难的环境中，人少国土也少，周边都是穆斯林，连建设国家的一粒沙、一滴水都要向印度尼西亚和马来西亚购买，然而就是在这样的环境下，新加坡人努力勤奋，充分利用自己的智慧，经过先人的奋斗和财富的不断积累，促成了今天的成就。

从建国开始，新加坡政府就培养华人的国家意识，不再纠缠于华人与中国的历史与关系，而是把国家意识置于种族认同之上。从今天新加坡华人的言谈中，他们对新加坡的热爱和忠诚足以让我们感觉到，政府对国民的教育相当成功。新加坡政府吸纳了大量社会上的优秀人才进入公务员队伍，并建立起一套法律完备、行之有效的政府管理体系，从而提高了政府的管理效率，也建立了符合新加坡实际情况的制度。新加坡政府善于利用每一次危机或者机遇对国民进行国家意识的培养和教育，而华文报纸也配合政府，拿出很多版面来讨论国家意识的培养，增强读者对国家忠诚的意识。如2003年SARS肆虐期间，新加坡政府号召国民一起共渡难关，《联合早报》也多次发表社论和评论文章，认为国家在灾难和危机面前，是反映国民国家意识的重要时刻，希望新加坡国民借此培养强烈的国家意识。

综合新加坡国家意识形成的历史过程，我们也不难发现一些自然因素和政治因素，有助于新加坡国家认同意识的加强。首先，战后出世的新一代，没有太多亲中或亲英的情感牵系，他们的情感所受的冲击力较小，因此是比较容易塑造的新生代。其次，战后中国移民浪潮退却，土生华人的数目和比例迅速增加，使华人的出生背景单纯化。再次，也是最重要的，新加坡政府积极塑造新加坡人的国民认同，途径包括：解决民生问题——发展经济、解决失业和屋荒问题等；通过学校教育——改编教科书、每天举行国旗升降礼和宣读誓约；建构社会网络，如成立人民协会、公民咨询委员会、民众联络所、居民委员会，实行国民服役制度、掌控和利用大众传媒等。值得注意的是，不管是何种途径，政府强调的都是各种族的团结一致，也制造机会让各种族聚集在一起，混合学校的创建、政府组屋的分配、新的社会组织的建立，都试图打破种族藩篱，将各族团聚在国家的旗帜下。

在国家把国家意识置于各种族认同之上的政策指引下，任何质疑政府政策的行为都会受到政府的法律诉讼。例如，1971 年发生的“五月风暴”，《南洋商报》因为质疑政府的华文教育政策，结果受到政府的法律制裁。在维护国民的国家意识这一个原则上，政府的行动清晰、明确、毫不退让，因为它关系到新加坡的社会稳定和各种族的和睦相处。作为大众传播媒体的华文报纸，更不允许讨论种族关系、质疑政府对国民国家意识的培养。

然而，虽然华人的国家意识培养起来了，种族认同感却呈现“疲软”状态。1965 年新加坡独立后，李光耀便不断培养华人的国家意识，并以英语作为国家媒介语言，推行英文教育，致使新一代华人缺乏接受华文教育的环境，造成独立后出生的华人的族群认同越来越淡薄。

新加坡学者张汉音曾于 1999 年对新加坡各族群的认同进行调查。结果发现，“在华族的父母亲这一代人中，94.9% 的人的第一选择是再做华人，其比例之高在华、巫（马来人）、印三个族群之中居于首位，但是在学的华人子女这一代只有 78.4% 把做华人视为第一选择，仅仅历时一个代段，便滑落了 17.5 个百分点。不愿再做华人者，是把第一选择投向白人、日本人或马来人、印度人。就父辈这一代的华人被访者而言，最愿做白人的总共是 2.9%，但是这一代的华人失业者中却有 22.2% 的人把当白人视为第一选择，远远高于就业者中选做白人的比例。在信奉基督教和读大学的两组人之中，把当白人视为第一选择者，分别是 10.2% 和 13.3%，与信奉其他宗教者和未读大学者相比，也分别高出许多”①。（见表 4－1）这个调查数据很清晰地传递出一个事实：华人的族群意识越来越薄弱。

① 张汉音．新加坡的族群认同危机．联合早报，1999－12－09

表 4-1　“如果有来生，我最希望……”的调查结果

族群	父母亲一代（华族）	在校学生一代（华族）
是华人	94.9%	78.4%
是马来人	0.9%	1.5%
是印度人	0.5%	1.7%
是白人	2.9%	11.8%
是日本人	1.6%	8.2%

在华人、马来人、印度人三个族群中，华人的族群意识最为薄弱。“91.9%的马来族学生最希望自己是马来人，最希望自己是印度人的印度族学生有82.1%，而最希望自己是华人的华族学生是78.4%。这可能反映了华族作为新加坡最大的种族，没有少数种族那种鲜明的自我意识。不过，另一个可能性是许多新加坡华人对本身文化的认同感与自信心，本来就较为薄弱。”① 这种情况说明，在一个民族国家，由于缺乏文化、政治、经济的发展危机，主流族群的族群认同意识往往比少数族群要薄弱。马来西亚华人拥有比新加坡华人更强烈的族群认同意识也印证了这个道理。尽管有人质疑这项调查的准确性与客观性，但是它却能在一定程度上反映新加坡华人的族群认同意识的真实情况。如果与上一代本族长辈和同代马来族同辈的数字比较，不难察觉新加坡华人族群认同疲态的萌生。

该调查激起华人社会极大的震荡。1999年12月，《联合早报》刊登了至少23篇的报道和评论文章，《海峡时报》也有10多篇。大致而言，华文报反映了受华文教育的华人的文化焦虑感，他们的想法比较一致，将族群认同、文化认同和国家认同紧密联系在一起。而英文报的观点比较多元化，有些意见接近华文报的言论，有些不认为事情严重，更有人认为种族认同的淡化有利于华人对新加坡文化和全球文化的认同。这项调查的另一意义就是反映了不同语言背景人士的感受和看法，让人再次察觉新加坡华人身份认同意识的分歧，也再一次证明英语作为社会媒介语言对淡化华人族群意识的作用，以及政府通过确定英语为社会媒介语言来削弱华人族群意识的举措达到了预期目标。

① 孙传炜．四分一本地华族学生不想做华人．联合早报，1999-12-04

二、族群认同功能被削弱

新加坡是一个特殊的华人社会，之所以说它特殊，原因在于新加坡虽然华人居多，却是以英语作为社会媒介语言。华人主导社会发展，却无法使用母语作为政府的官方语言。同时，政府还不断通过各种法律，把华文报纸国有化，把华文报纸的言论和办报宗旨限定在政府可接受的范围内，同时要求华文报纸弘扬华族文化，却不能激发华文沙文主义；要求华文报纸配合政府政策，但不能发表批评政府的文章；要求华文报纸报道华人社会新闻，但不能煽动华人的种族主义，也不能形成强烈的族群感。这一系列的限制，使华文报纸只能在较小的范围内弘扬华族文化，发表维护中低阶层及外来移民利益的言论。

为了配合政府的政策，华文报纸只能对其进行解释和如实报道，却不能发表质疑政府政策的文章。在一个特殊的地理环境和敏感种族背景下，任何不稳定的事件都会使新加坡面临危险。新加坡夹在马来西亚和印度尼西亚之间，虽然扼守险要的马六甲海峡，但是国土面积只有800多平方公里，其中一半靠填海而成，境内生活着三大种族，其中马来人与马来西亚马来人同文同种，与印度尼西亚人也基本上属于同文同种，也就是说，不论是地理环境，还是人种构成，新加坡都受到马来人的包围。而马来人绝大部分信奉伊斯兰教，与华人的宗教信仰截然不同，境内出现微小的种族问题都很容易波及邻近的马来西亚和印度尼西亚，这样就会使新加坡面临危险。政府当然不希望国内种族问题再度被激发，因此采取各种手段来淡化各种族间的族群认同，特别是对华人的族群认同更是加以严格压制。建国之初，采取英语作为媒介语言也是基于这一方面的考虑。社会语言学者菲士曼（Fishman）认为，“多种语文国家为了避免现有的主要语言之一获得优势地位，同时避免各种语言之间为了争取地位而长久斗争，（这类国家）常常选择一种具有国际通用语（language of wider communication）地位的外国语言，作为全国性法定的或实质的官方语言或工作语言”①。从历史的角度来看，当初政府选择英语作为社会媒介语言有一定的合理性，也是因为历史背景造成。

为了淡化华人族群认同意识，政府一方面通过教育培养华人国家意识，另一方面通

① 陈照明．二十一世纪的挑战——新加坡华语文的现状与未来．新加坡：联邦出版社，2000.82

过各种手段来压制各种有可能激发华人族群意识的渠道，如华人社团、华文教育和华文报纸。其中，华文报纸是大众传播工具，传播中华文化极易强化华人的族群认同，于是政府采取国有化的方式使之为政府服务，并要求其为建设新加坡文化服务，同时不断向华人输入生存危机意识，迫使华人放弃族群意识而培养强烈的国家认同意识。

在政府不断强调国家危机感的时候，华人只能接受政府制定的政策，且华人并不会被其他族群所歧视，所以新加坡华人不会产生马来西亚华人那样的挫折感和强烈的族群认同感，然而越来越西方化的社会却使得传统文化濒临消失。这方面尤其引起以传统文化为基础的华文报纸的担忧，也正因此，它们不断宣传华人保护传统文化的重要性，潜意识地反对英语，以此使自己能够继续生存。

当前，新加坡鉴于社会日益西方化带来的负面后果，以及中国迅速发展的事实，希望继续保存传统的华族文化，以维护传统的亚洲价值观，避免使新加坡成为另一个西方国家而无法在亚洲立足。为配合政府推广华族文化的政策，也为了自身的生存，华文报纸不断利用各种机会传承华族文化，然而，它们又不得不时刻警醒自己，传承华族文化不能激发华文沙文主义，不能引起异族的强烈反应，不能在社会上造成负面影响，不能在社会上产生强烈的争议。因此，华族文化的传承成为非常敏感的社会话题，任何不慎都会引起社会的争议，而且会使其他族群产生政府独尊华文的误会。政府为平衡各种族的利益，在弘扬华族文化时也只能采取比较低调的做法，华文报纸为避免引起其他种族和受英文教育的华人的不满，也只能自我设限，有意无意地淡化族群认同。

三、国族概念被强化

国族代表着一个崭新的文化综合体。它超越种族的分歧，由国民个人来选择国籍或国家的认同。著名学者哈贝马斯认为，“法国大革命动员了所有法国人民的爱国心与同胞手足之情，使得‘民族’政治化，‘国家’民族化，产生一种‘国家以民族为基础’的崭新组织形态。更重要的是，这时‘民族’的意识彻底转变，不再注重血缘文化属性，而是强调公民共同实践政治权利的集团意志。因此公民对国家的认同基础，也由血缘文化因素转变为宪政制度因素。由‘族民’转化为‘公民’，正是国族形成的标志”①。

① 张永红，刘德一．试论族群认同和国族认同．广西民族学院学报（哲学社会科学版），2005（1）

“要形成国家，就必须由具备群体意识的人积极行动，通过历史事件的辐辏联结来缔造国家。在国族认同的塑造上，国家统治集体的确发挥着重要的作用，但国族认同决不仅仅是由统治阶层打造出来的。事实上，政治国家在国族认同的形成上所起的作用只是所有成因中的一部分，在国家的塑造力量之外，还有一些比较间接、分散的机制，对于国族认同的形成产生着重大作用。一般说来，这些机制并不是直接就促成了国族认同，而是首先以此为媒介形成小范围的认同，随着日常生活的实践，互不来往的共同体成员被一种相当广泛的方式连接起来，各种局部性的族群认同于是交织成一张涵盖全国的大网。虽然任何一种机制所连接的群众都只是人口中的一部分，但是由于部分与部分之间基于某个或某些共同点——共同利益、信仰等发生重叠，结果一种环环相扣的网络最终还是把触角遍及全国。这些局部性的族群认同本身不等于国家层面的国族认同，但是它们是国族认同的血肉。如果没有这些局部性的群体意识，国族认同形同空壳。”①

美国社会心理学家凯尔曼（Kelman）曾撰文讨论多语文社会建立国家认同所遭遇的困难。他指出，属于不同语言群的人，通常对自己的族群及语言具有一种“感情性的依附”（sentimental attachments），这常会阻碍国家意识的建立。在这种情况下，当政者必须设法满足个人及各民族语言群的基本需求，使得人民对现存的社会政治结构产生一种“工具性的依附”（instrumental attachments）。长期之后，这种对国家政体的依附感可以由“工具性”而转变为“感情性”，从而萌生新的国家意识。

基于这种看法，凯尔曼认为多语文社会的语言政策必须基于功能的考虑，也即是说，政府为不同目的而选择语言时，主要考虑以下两点问题：“1. 如何建立并改善传播模式，以使得社会经济机构得以采用最有效率且最平等的方式，达致人口的需求与利益。2. 如何确保社会中的不同群体有平等的机会接触并参与社会体系之中。”② 结合凯尔曼的观点，新加坡政府对具有族群认同的华文报纸一方面希望借助其来传达和解释政策，另一方面又希望其淡化甚至削弱族群认同而培养他们的国家意识，达到建构“新加坡国族”和“新加坡文化”的目的。

事实上，“以‘民族（族群）语言’表达的传播内容，差不多完全以本族人口为

---

① 张永红，刘德一．试论族群认同和国族认同．广西民族学院学报（哲学社会科学版），2005（1）

② 云惟利．新加坡社会和语言．新加坡：南洋理工大学中华语言文化中心，1996. 65 ~66

对象，很难吸引大量的他族人口，不但如此，各民族人口对以‘民族（族群）语言’提供的传播信息，常呈现感情上的认同，而传播机构为求达到传播的效果，政治与社会领导阶层，为求唤起民众对政府的支持，也必须采用各民族人口所认同的语言。”① 因此，华文报纸负有教育和宣传的责任，以充分发展人力资源，动员民众的支持，以达到国家建设的目标。为有效达到这些目标，大众传播仍然需要采用多种语言，以使其内容为大众所接受。然而，政府不能忍受华文报纸吸引本族人口、强调族群认同的做法，而是通过种种手段要求其培养华人的国族概念。

新加坡虽在经济上为亚洲四小龙之冠，但是其经济基础却非常脆弱：25%依赖以邻国为腹地的转口贸易，转口贸易须看邻国的脸色，且新加坡与两个邻邦在文化背景和意识形态上迥异，如何能在不同文化背景和意识形态的环境中，与邻国形成共同立足点，是很难拿捏的，况且这种环境会因周围环境变迁而受到影响。例如，亚洲仍隐藏着许多战争危机，不管战争是发生在东北亚的韩国、台湾海峡抑或南亚的印、巴或南中国海，都会直接或间接影响新加坡及其邻国的经济利益。这种突发事件的影响力，新加坡是无力单独预防的。

在文化方面，新加坡虽然国土面积小，但多元种族文化很复杂，华人占多数。“华人中闽南人约占40%，潮州人占23%，广府人占19%，过去华人所分的几个不同族群，因语言的统一（使用华语），以及皆认同新加坡新文化，华人各族群间的距离会慢慢缩小。受英语教育和华文教育的华人间的隔阂，会随着时间逐渐远离殖民时代的阴影，但是新加坡仍然有爆发种族问题的危险性。”②

从国际政治上来看，新加坡实行小国外交，希望在大国之间游走，谁也不得罪，借助其他国家的发展助己一臂之力。从国家利益的角度来说，这样做当然是上策，但是外交是国内政治的延续，是经济、文化、政治在国际舞台的表现，如果新加坡国内政局不稳，人们国族概念不强，国家认同感羸弱，那么作为小国，新加坡就不能集中精力实施游走在大国之中的策略。因此，要想生存下来，在国际驰骋，当务之急是建构华人国族概念。这样，面向华人的华文报纸就成为政府特别关注的对象，华人报纸因此承担了要求华人放弃族群认同而塑造新加坡国族的责任。在政府的要求下，华文

① 云惟利．新加坡社会和语言．新加坡：南洋理工大学中华语言文化中心，1996．88～90

② 牛震．第三中华：海外华人的历史·现在·未来．台北：字磨坊文化事业公司，2002．205

报纸不得不淡化族群认同而促进新加坡华人的身份认同，以及国族概念的培养。从这个方面来说，华文报纸在宣扬华人培养国族概念中其政治动员的功能得到明显发挥。

然而，在这样的复杂环境中，强烈的国家意识与疲软的族群感使华文报纸左右为难。增强国家意识有可能削弱族群感，而国家意识的培养更有可能导致新加坡华人不使用华语和全盘西化，如果倡导族群感，又有可能削弱国家意识，与政府愿望背道而驰，华文报纸可谓在两难的困境中艰难地寻找一条两全其美的道路，以平衡族群感疲软而带来的失落感。更令人忧虑的是，当华文报纸失去了族群认同的功能而转变为一份为政府宣传政策的传媒时，其存在的价值就令人质疑。族群传媒维护族群利益，传承族群文化，增强族群认同感是其与生俱来的特点与功能，如果放弃族群认同，强调国族归化与概念的培养，是否与族群传媒的生存规律背道而驰？如果族群传媒放弃了本质功能，而沦为政府的喉舌、国族归化的工具，族群认同只成为文化记忆，那么这种族群传媒只是新闻报道与文化传播的工具，而缺乏了凝聚族群的核心力量，那么从长远来说，它们还有存在的价值吗？这些问题很值得人们思考。

华文报纸尽全力培养人们的国族概念，然而潜在的危险就是放弃赖以生存和扩大影响力的基础。国族概念是一个平面化的理念，如果社会媒介语言是华文，那对华文报纸来说当然再好不过，然而，事实上，新加坡的媒介语言却是英语，也就是说，华文报纸在培养华人的国族概念的同时，既放弃了自己的核心价值，又培养了英文报纸的受众群，今后他们的生存空间在哪里？它们又如何传承华族文化？华文报纸传播了国族概念，却陷入这个困境中。

第二节　马来西亚华文报族群认同

1969 年之后，马来西亚政府出台马来人优先的政策，华人的政治、文化、经济空间日益被压缩，这直接引起了华人的不满与反抗。作为华人重要舆论喉舌的华文报纸，在维护华人权益、表达华人利益诉求方面作出了重大贡献，也因此惹上了许多麻烦。《星洲日报》于 1987 年被停刊半年，虽然政府压制华文报纸的舆论，但是华文报纸还是在尽力表达华人的心声，促进族群认同。由此我们可以看到华文报纸在反抗不公平政策、激发族群认识意识、凝聚族群力量、增强族群认同方面的重大作用。

一、华人族群意识因政策不公平被强化

一直以来，马来西亚的华人生活在以马来人为主导的社会里。英国殖民者撤出马来西亚时，华人与马来人为各自的地位进行谈判并进行协调，结果华人与马来人订立契约，华人在商业上拥有发展权，而马来人则在政治上拥有不可挑战的特权。这样的族群协调结果，为以后马来西亚敏感的种族关系埋下种子，甚至造成种族间关系的恶化，特别是1969年“5·13事件”后，马来西亚政府全面贯彻马来人优先的发展战策，试图缩小马来人与华人之间的贫富差距。政府出台的各种政策带有种族歧视性的色彩，因此遭到华人社会的强烈抵制。这种抵制是全面性的，华人在经济、文化、政治、教育等领域都进行抗争。政府以马来人为主导的政策，使华人不得不凝聚族群力量以维护自己的利益。因此，政府冀图通过强化对华人的同化政策来消解华人的政策反而更激起华人的团结，使他们更认同族群。

厦门大学俞云平在2005年发表的一篇文章称：“绝大多数的华裔首先认识到自己是马来西亚公民，同时也清楚自己的华裔身份。在特别能意识到自己华裔身份的复选题中，‘从小就知道自己是华裔’的中选率最高（54.4%），‘对华人身份没什么特别认识’的人占极少数。这在一定程度上说明，马来西亚华裔新一代的族群意识还是比较强烈的，并有着与生俱来的传承性，华族丰富多彩的节庆活动增强了华人的族群意识，而政府的马来人优先政策也从另一个方面强化了华人的族群意识，42.1%的被访者在被区别对待时特别能意识到自己的华裔身份。”① （见表4－2、表4－3）

表4－2　你赞同下面哪一种说法？（单选题）

选项	选择人数	比例（%）
我是居住国国民，和土著居民没什么不一样，有没有华人身份都无所谓	2人	3.5
我首先是居住国的公民，但我很清楚我的华裔身份	34人	59.6
我很认同居住国国民的身份，但我是华人后代，对自己的祖籍国很感兴趣，想和这边建立更多的联系	19人	33.3

① 俞云平．部分马来西亚华裔新一代的文化与族群认同．八桂侨刊，2005（1）

（续上表）

选项	选择人数	比例（%）
我希望今后有机会能回祖籍国定居	1人	1.8
我不喜欢自己的华裔身份	0	0

表4－3　你在居住国的时候，在什么情况下能意识到自己的华裔身份？（复选题）

选　项	选择人数及比例		未选人数及比例	
	人数	百分比	人数	百分比
没什么特别情况，从小我就知道自己是华裔	31人	54.4%	26人	45.6%
在家里或华人社区过华族传统节日的时候	28人	49.1%	29人	50.9%
居住国政府在政策上把华人和土著居民区别对待时	24人	42.1%	33人	57.9%
在家人或华人社区举行祭祀仪式时	23人	40.4%	34人	59.6%
在与居住国土著居民发生矛盾冲突时	15人	26.3%	42人	73.7%
家里长辈总是不断提醒我这一点	5人	8.8%	52人	91.2%
在居住国时，我对自己的华人身份没什么特别的认识	2人	3.5%	55人	96.5%

族际通婚是反映族际关系和谐和相互认同程度的重要衡量指标，调查发现，“78.9%的家族中没有与异族通婚的情况，19.3%的家族仅有个别的与异族通婚的情况”①。这说明马来西亚华人与其他族群很少往来，而且族际融和的程度非常低。

2002年在马来西亚举行的“马来西亚历史回顾及前瞻研讨会”上，马来西亚华人学者王碧君（Heng Pek Koon）通过对马来西亚华人、马来人、印裔等的调查统计，发现有53%的华人受访者认为文化与语言是维系族群认同的最重要的两大手段，只有28%的华人受访者认为宗教是维系族群认同的手段。这与超过50%的马来人受访者认为宗教是维系族群认同的手段有很大的差距，这也说明，华人为维系族群特别注重保护自己的文化与语言（见表4－4）。

① 俞云平. 部分马来西亚华裔新一代的文化与族群认同. 八桂侨刊，2005（1）

表4－4 族群认同的影响因素（语言、宗教信仰、文化、家庭观念、饮食、服装）①

	华人	马来人
1. 文化	53%	35%
2. 语言	52%	44%
3. 家庭观念	36%	11%
4. 宗教信仰	28%	72%
5. 服装	12%	14%
6. 饮食	11%	16%

华人自觉地利用各种形式、各种场合不断强化族群意识，从而使马来人与华人的族群界线越来越明显，进一步强化了各自族群的自我认同。例如，张泛于1982年创作的《传灯》，描写了华人的历史与未来，更强调了华人有义务和责任去延续族群认同。

每一条河是一则神话，从遥远的青山流向大海
每一盏灯是一脉香火，把漫长的黑夜渐渐点亮
为了大地和草原，太阳和月亮为了生命和血缘
每一条河是一则神话，每一盏灯是一脉香火
每一条河都要流下去，每一盏灯都要燃烧自己

针对华人的族群认同，1999年《星洲日报》对其进行调查，“结果发现88%的华人再生还要当华人。也许具有强烈族群感的华人非常遗憾怎么还有12%的人不愿做华人，但是他们对高达88%的华人来世还做华人足以感到自豪。调查数据足以反映华人的认同意识仍然强不可挡”②。

由于政府推行全面性的马来人优先政策，希望形成一种文化、一种语言、一个种

① Heng Pek Koon. *The Malaysian Chinese Successor Generation: Identity Formation, Political Orientatin, Economic Preferences and Socio－culture Attitudes*. The Malaysian Chinese in the 21ST Century: Challenges in a Multi－ethnic and multi－cultural Malaysian society, 2002

② 亚洲周刊. 1999－10－27: 16～17; 星洲日报, 2000－01－31

族、一个国家。这种一种文化、一种语言、一个种族、一个国家其实是马来人的文化、马来人的语言、马来人的种族、马来人的国家。这种比较狭隘的民族主义自然引起了华人的强烈反抗。英国学者安东尼·D. 史密斯针对华人反抗政府的行为认为，“那是仰赖居住同一个地方的人，共同产生一种深层集体意识，以及‘一种永续、分离同样回忆与共同命运体的感受和价值’的共识”①。

面对政府出台马来人全面主导国家的政策，华社不断涌现出斗士，特别在华文报纸和华文教育领域，不断有人为华文报纸和华文教育的命运奔走，因为那是文化、族群的根。因此，当政府对不接受以马来文或英文授课的华文中小学不予资助时，华人就自己掏钱资助这些华文中小学。当政府推行人口与大学入学指标固打制（按人口比例确定各族学生入学数量的制度），优先培养马来人时，华人就以各种方式猛烈批评政府政策。当华文报纸被政府停刊，不断有华人利用各种影响力迫使政府解除对华文报纸的禁令，并不断创办和发行各种华文报纸，有些报纸还以传播华族文化为己任，以传承华族文化为使命，如《星洲日报》。

在政治上，由于政府一直质疑华人的政治忠诚度，认为华人身在曹营（马来西亚）心在汉（中国），总是认为华人赚了钱就会远走高飞，衣锦还乡。在这样的思想的影响下，政府认为马来人才是马来西亚真正的主人，才会与马来西亚共存亡，因此推行马来人全面主导的政策。华人受到全面的压制，内心充满了得不到理解的苦闷，对发展前途和生存充满了忧虑。一位名为“小黑”的作者于1991年出版了一部描写华人彷徨、无奈、悲伤、迷茫的书籍，名为《悠悠河水》，他在书中喊出了“我爱祖国，可是祖国爱我吗?”真实反映了华人心中的愤怒、苦楚和迷茫：

> 又有人说我们是移民了，说我们仍然念念不忘另一块土地，说我们仍然私藏另一条脐带，这是一个风雨如晦的年代，该不该我们都问自己，究竟我们爱不爱这块土地，还是我们去问问他们，如果土地不承认他们的儿女，如何倾注心中的爱。②

在文化领域，政府也推行马来人文化，结果也引起华人的强烈反弹。20世纪70

---

① Anthony D. Smith. Towards a Global Culture, In Mike Featherstone. *Global Culture: Nationalism, Globalization, and Modernity*. London: Sage Publications, 1990, p. 179

② 小黑. 悠悠河水. 怡保：艺青出版社，1991. 135～136

年代和80年代的舞狮是最典型的例子。时任内政部长的加沙里在1979年表明舞狮没有本地的色彩，除非将它改成舞虎，否则不可能被接纳为国家文化。舞狮受到刁难，华人当然大为不满。阻碍力越大，反弹力越强。董总主要领导人之一的胡万铎在一次受访时点出了其中有趣的现象："舞狮本来已开始在本国'衰退'，但当时的内政部长加沙里却批评舞狮不合国情，认为应改为舞虎，这些话引起华社哗然，并引为华人的耻辱，激发起抗拒及自我振作之心，从而使这一几乎处于衰微的文化活动变成了最受华人欢迎的文化仪式。"① 在其他传统文化领域，华人也不惧政府的文化政策，顽强地坚守文化传统。前任中国驻马大使程永华对此高度评价道："马来西亚是除了中国以外，华文教育最为系统、中华文化保留最为完善的国家。在多元种族和多元文化的国家里，华人为发展马来西亚经济、丰富大马多元文化、促进中马文化交流作出了巨大的贡献。""春节和其他友族的传统节日一样，被定为法定的公共假日。春节、元宵、中秋等各华人传统节日的风俗习惯甚至比中国还保留得更完善。"②

"少数民族日益坚持自己的要求并谋求权力，是一个正在影响着发达的和发展中的、西方的和东方的、中央集权化的和尚未中央集权化的国家的全球性现象。"③应该承认，华族某些争取政治、文化、经济权利的举动是合理的，而华文报纸在舆论上支持华人的行动也是合理的，但是华文报纸致力创办华文报纸在当地的原住民眼中，却存在着对入籍国的政治效忠问题。因为华文报纸在原住民的眼里已经成为族群认同的工具，是传播中华文化的桥梁，是延续中国之根的窗口，它继续强调华人的族群认同感，无异是在隐约地暗示华人仍然要在政治上效忠中国，甚至充当"第五纵队"。所以，华文报纸在当地政府的眼里，始终是异类，是妨害社会稳定、抵制和违背同化政策的最关键、最重要的阻碍，是妨碍国族建构的藩篱。然而，由于感受到歧视，华人又无法接受由马来人主导文化发展的政策，以致政府越出台压制华文报纸的措施与政策，越激起华人反抗政府政策的行动，华人的族群认同更强。

2000年1月，《星洲日报》发表了"华人文化认同程度"的问卷调查结果，"有88.3%回应问卷的读者表示愿意继续成为华人，证明他们有强烈的民族性，其结果和

① ［马来西亚］何国忠．马来西亚华人：身份认同、文化与族群政治．马来西亚：华社研究中心，2002. 110

② 程永华．大马中华文化保留最完善．星洲日报，2007－02－05

③ 宁骚．民族与国家：民族关系与民族政策的国际比较．北京：北京大学出版社，1995. 353～354

之前新加坡的调查结果形成强烈的对比”①。

8年后，笔者于2008年5月25日在吉隆坡会展中心（Convention Centre）每年举办一次的大型中文书展上进行了一项“马来西亚华人族群和国家认同”的调查。调查发现，有80.6%的华人习惯性地阅读华文报（见表4-5），而华文报是华人社会当中非常重要的传承族群文化、凝聚族群力量和认同的重要工具之一。作为大众传媒和文化传播工具，华文报不仅维护华人族群利益，支持华文教育，而且舆论影响力也相当强大。80.6%的华人经常阅读华文报，一方面说明华人有强烈的维系族群认同的意识，另一方面，他们也很自然会受到华文报的影响，时常感受到华文报的文化熏陶，从而反过来又推动族群认同。

表4-5　阅读华文报的习惯

阅读习惯	百分比
极少阅读	2.2%
比较少阅读	5.1%
偶尔阅读	12.1%
经常阅读	80.6%
总计	100.0%

作为凝聚族群意识和力量的重要手段，华文教育尤其受到华人的重视。调查发现，有87.5%的华人支持华文教育，只有6.8%的华人反对（见表4-6）。华文教育是维系族群认同、传承族群文化的基础，只有保持母语教育，族群文化才能得到弘扬。从华人阅读华文报及拥护华文教育的现象来看，我们不难发现，正是因为华人对中华文化的传承和华文教育的坚持，才继续保持了族群文化和语言，也因此形成了一个族群认同度很高的华人社会。

① 华人文化认同程度. 星洲日报，2000-01-31

表 4 - 6 对华文教育的态度

态度	百分比
支持	87.5%
无所谓	5.7%
反对	6.8%
总计	100.0%

调查还发现，在“你认为，族群与国家认同哪一个重要?”的统计中，有 63.5% 的华人认为族群与国家一样重要，说明华人具有双重认同的意识。然而，按照一般国民对国家的态度来看，国家应该高于族群，在马来西亚却出现了华人把两者置于相同位置的现象。这种现象一方面反映了华人仍然具有较高的国家认同意识，另一方面反映了一个事实，就是华人族群感相当强烈。造成这种现象的原因主要归结于华人对国家政策的不满，如政府于 1971 年开始推行的“新经济政策”。“该政策歧视华人和印度人，所有国立大学至少须把一半的名额保留给马来人，在股市挂牌上市的公司，其股份至少有 30% 必须由马来族持有，所有新建民宅在发售时都须给土著 7%。在警察和武装部队里，在国立大学学府里，高层领导职位，不会让非马来族人士出任。非马来族的公务员升级机会很少，就连添油站经营执照也只发给马来族。”①

由于政府实施不公正的政策，而华人在经济领域比较有实力，对有五千多年的中华文化非常自豪，因此对政府的政策相当反感，从而不遗余力地维护族群利益，促使一个族群认同强烈的华人社会的形成。

不合理的华人政策，当权者和主流民族对其的歧视，在很大程度上起到了社会分化的作用，导致了一个经济上强大、文化上相对封闭的华人社会延续下来，马来西亚和印度尼西亚是其中的典型代表。这在客观上极大地妨碍了华人国家认同向更高的水平发展。“根据国家认同的理论，公民对国家认同的产生和发展不外乎以下条件：一是国家要为他们提供某种现实的利益；二是在危机情况下为他们提供恰当的行为方式态度，而东南亚许多国家看到，华人在经济上受限制，政治上受剥夺，社会生活中受歧视，危急来临时，华人往往成为政客转嫁危机的‘替罪羊’，这无形中在告诉他们：

① 马华裔学者认为马印华人确实被边缘化. 联合早报，2008 - 07 - 20

华人社会自身的内部团结才是出路所在，削弱了他们国家的观念。”① 按照“承认的政治”，只有当主流民族真正接受华人，将其当做与自己平等的一员，华人才能消除心理上的创伤，抹平文化消失的阵痛，真正认同自己是这个国家的一分子，可是这样的环境在大多数国家中并不存在。正因如此，许多华人发现早期华人国籍的归化只不过是一种“标签”的变化，他们对政治表现得漠不关心，反而注重民族的认同感，因为他们觉得只有依靠族群力量才能为他们争取利益。再加上中国传统的宗亲观念，也使得华人重视族群多于国家认同。

二、族群认同功能被增强

在所有维护族群感的文化机构和工具中，华文报纸是最有影响力的大众工具之一，也是直接使用华文的传播工具，因此最受到华人的重视。华文报纸是华人社会动态的直接反映，是文化传承的渠道和桥梁。它们是凝聚族群力量的重要工具和手段，也是维护华人利益的重要工具。

华人得不到政府的公平对待，因此不满政府的政策。对于马来族拥有政治特权的现实，前任首相巴达维辩护说，接受各族发展水平不一致的事实，有助于建立一个团结的马来西亚民族。然而，华人认为，建国之初三大族群的契约已经被打破，马来人已经在经济上取得越来越大的成就，国家大型企业也被马来人控制，社会形成了大量的中产阶层。因此，华人也应该获得更大的政治权力。华文报纸在争取政治权力方面不断表达华人的诉求，同时，华文报纸认识到单凭个人力量无法撼动马来人的特权，于是通过增强族群认同的方式去争取政治权力。

其实，华人无法融入马来人，与马来西亚以血缘和宗教划分族群有密切关系。法律规定，马来人一出生就是伊斯兰教徒，不允许他们脱教，并以血缘和宗教来区分人们是否是马来人。如果是马来人，就能获得更多的政府资助，如入学、土地、住房等。这种按照宗教划分族群的方式，使得华人无法融入马来人社会，造成华人有意无意地培养华人的身份认同。所以，在马来西亚，我们看到了华人与马来人泾渭分明的族群区分现象。马来西亚政府抱怨华人缺乏对国家的认同，以及怀疑他们融入马来人社会的诚意，

---

① 孟卫东．东南亚华人对居住国国家认同的比较——以印尼、马来西亚、泰国和菲律宾为例．北京大学硕士学位论文，2002（索取号：024/M2002）

然而，这种强迫华人皈依伊斯兰教才能融入马来人社会的做法却无法得到华人的认同与接受。事实上，华人皈依伊斯兰教，也并不一定能得到马来人的接受。这使得华人一直游离于马来人社会之外。于是，马来西亚的宗教政策也迫使华文报纸转而寻求族群认同，以保护华人社会的完整性，但是这种策略却时时受到法律的限制。

作为面向华人的媒体，华文报纸当然要表达华人的不满与诉求。然而，在很多情况下，华文报纸的诉求常常得不到政府回应，于是只好走向增强华人族群认同感的道路，希望通过华人的集体力量去保护华人的权益。这就使华文报纸的族群认同功能得到增强，这可从它们的副刊和各种活动中反映出来。

华文报纸维护族群主要体现在传播中华文化（副刊）、传承华人的文化传统（副刊）、提高华人的华文水平（副刊中的教育版）、传达华人社团的消息（新闻）、维护华人的族群利益（新闻与言论）等方面，除此之外，华文报纸传承华族文化、增强族群认同最重要的工具是语言文字。由于华文报纸使用汉字印刷，因此它先天就成为华人社会中重要的思想、文化承载物。

语言是文化中最重要的代表。华文报纸之所以得名，根本原因就是用华文来传播信息。因此，与新加坡强烈的国民意识相比较，马来西亚华人更注重族群感，更重视华文报纸的传播力量。因为，华人觉得只有把华人凝聚成一个族群才有更大的力量去争取华人的权益，特别是在华人在马来西亚人口比例不断下降的趋势下，族群生存危机感使得他们对族群的维系和认同更加强烈。而这种族群感的维系和认同，主要体现在华文报纸的出版和发行上，因为它们就是华族生存的重要标志。所以，华文报纸的一举一动都会受到华人的关注。例如，1987 年，《星洲日报》遭受政府的“茅草行动”，以致停刊五个多月，华人不断通过努力使之复刊。复刊后，《星洲日报》不仅没有被人遗忘，反而得到读者更积极的支持。

办报原本是一项高风险的商业投资，但是却不断有富商投资、购买和创办华文报纸。华文报纸不仅是一项文化活动，而且是一项相当赚钱的行业，影响力越来越大。有读者称，华文报纸是华人和中华文化在马来西亚的灵魂，失去了华文报纸，也就失去了华人和文化的灵魂。这种对华文报纸的评价，直接反映了华文报纸在维系族群感、传播文化方面所起的巨大作用。然而，马来西亚对于传媒的管制相当严格。前首相巴达维说，尽管政府与媒体关系良好，并获得媒体合作把重要资讯传达给人民，然而大马媒体无法享有绝对自由。他表明，政府并未从中控制媒体，媒体仍然拥有报道与言论自由的权利，有些事件上，媒体可以持有自己的立场。他不否认，政府与国际媒体的关系时好时坏，但他承认，媒体在传达资讯方面扮演着重要角色，如果没有媒体，国家与社会将变得贫乏。

目前，马来西亚有六项法律条例约束媒体的自由：

1.《印刷及出版法令》

1984年通过的《印刷及出版法令》（Printing Presses and Publications Act，PPPA）第6（1a）和第6（2）条例，规定在马来西亚境内的任何书写或印刷品、出版物包括新闻、情报、事件的报道或报告、演讲、致词、观察、评论及杂志，不管是定期或者不定期出版，每年必须向国内安全部申请出版准证。政府不轻易发出新的出版准证。该法令规定，报纸的出版准证每年须申请更新。内政部长在他的任期内有绝对审核权（Absolute Discretion），以决定是否续发出版准证。这项法令赋予内政部长的权力，法院也无权过问，也就是说，法院无权推翻内政部长的行政命令。内政部长可以根据他自己的决定，发出准证给任何人或拒绝发出任何出版准证，甚至可以随时作废、冻结、撤销和否决任何出版准证。一张出版准证的期限为12个月，逾期后必须重新申请。《星洲日报》在1987年被吊销准证半年，当时可上诉，现在却不能上诉。如果哪家报纸“不听话”，那么这家报纸就迟迟得不到准证。没有出版准证，自然无法出版印刷发行，这相当于关门结业。显然，这项法令给报纸戴上了“紧咒箍”。

2.《内部安全法令》

“1960年通过的内安法令（Internal Security Act，ISA），鉴于1948年马来亚的政治形势所逼。1948年正是马来亚共产党在马来亚半岛原始森林向英殖民政府进行游击战的时期。英殖民政府为应付这场战争而颁布了《1948年紧急条例法令》（Emergency Regulations Ordinance，1948），并同时宣布马来亚殖民地进入紧急状态达12年之久，直至1960年7月31日才解除。但是，马共的游击活动并未停止，因此，已成立的马来西亚国会在1960年8月1日实行《内部安全法令》取代了《1948年紧急条例法令》，以控制国内的公共秩序和社会安稳。”①

《内部安全法令》赋予内政部长绝对权力。内政部长只要怀疑或认为某人破坏马来西亚的安全或者经济活动，就可以签发逮捕令，无须经过法院判决，且可以即时长

① 郭倚幸．马来西亚网络中文新闻媒体突破政府管制之研究．暨南大学学士毕业论文，2006

期扣留他。在两年的扣留令到期后，内政部长还可用同样的理由或不同的理由继续延长扣留时间。内政部长可以发出多次扣留令。法律规定，司法机关不得干预内政部长的决定，被扣留者不得与家人或律师接触，也没有权利要求公开审讯。

3.《煽动法令》

此项法令于1957年通过并实施。与《印刷及出版法令》一样，它同样对媒体言论产生威胁。例如，网络媒体“当今大马”曾经在2003年在1月9日刊登了一篇质疑马来人特权的文章，因而被马来西亚执政党成员巫统青年团报案，指责该文章影射巫青团的作风有如美国极端种族主义组织3K党（Ku Klux Klan），与《煽动法令》相抵触。警方接告后，查封了“当今大马”的服务器与编采部的19台电脑。《煽动法令》成为压制媒体与舆论的有力工具。该法令规定，任何人不能评论皇室，不能质疑马来人的特权，不能挑起种族情绪，不能打击股市信心。上述三条规定的范围很广，定义非常笼统，界限模糊，没有经验的主编根本没有把握审稿，有时踏入雷区都不知道，只能凭感觉和经验行事。

4.《官方机密法令》

任何一份文件，只要盖上OSA的官印，就属官方机密。只要证明你的报道有一段文字是取自官方机密文件，罪名就会成立，就会被判两年强制性监禁。

马来西亚1972年通过的《官方机密法令》（Official Secrets Act，OSA）源自英国的《1911年官方机密法令》。英国在1911年时为应对战争及防止间谍活动窃取国防机密而设立了官方机密法令。英国大众媒介法律专家罗伯森表示，官方机密法令是英国统治者遗留下来的最劣等的遗产。许多英联邦的国家已经废除了这类法律，有些甚至已经被《资讯自由法》取代。

马来西亚前首相马哈蒂尔在任期间曾两次修改马来西亚的《官方机密法令》。在1983年的修订中，马哈蒂尔加重了对间谍的刑罚，而在1986年第二次修订时则扩大了“官方机密”的定义。修订后的《官方机密法令》中的“机密文件”，不再只限于官方机密法令列表中的制定文件，更在第2.2A、2B、2C条例中授权内阁部长、州务大臣、州首席部长或他们所授权的官员们的决定为“最后定案”，随时可以将任何文件列为“官方机密”，而无须通过国会批准，甚至法院也无权给以任何推翻理由。文件的重要性可以分为列为四个等级，即最高机密（Top Secret）、高度机密（Secret）、机密（Confidential)、限制级（Restricted）。[1] 其中，在修订后的法令中更提出了“强制性监禁”（Mandatory Prisonment）的刑罚模式。修订前，触犯者不一定被罚监禁，可能被判罚款。然而，强制性监禁实行后，法院必须判触犯者至少监禁一年。

5.《诽谤法令》

在西方，只要媒体证明其新闻报道没有恶意，是出于公众利益，法院就会判媒介胜诉，然而，在马来西亚，情况却大相径庭，法庭纯粹根据法律条文判决，并没有基于公众利益，或轻判或对媒体网开一面，这使得媒体在报道揭发性新闻时困难重重。

1988 年复刊后，《星洲日报》不断揭露社会的黑暗面，在推动社会进步的同时，也引起名誉侵权的案件量大幅上升。报社面临前所未有的数量众多的名誉侵权诉讼，而且索赔金额越来越大。由于受新闻传播规律及实际的采访环境所限，传媒不可能在采访中都能留下能被法院采信的书面记录，而且受到采访环境的限制，记者也很难提交只有原告和第三人才可能持有的证据原件。更重要的是，为了履行保护新闻线人的职业道德，记者和媒体不能要求和强迫线人出庭作证，这使得媒体在遇上名誉侵权的法律诉讼时很难举证，媒体在进行舆论监督时常常处于被动和无奈的困境当中。

在马来西亚，在《诽谤法令》下，如果记者在举证时既不请线人作证又拿不出原始材料，就会败诉。许多政治人物和社会名流动辄就向学者、媒体和媒体工作者控告诽谤，索取赔偿。从 1994 年至今，已经有超过 88 宗的诽谤诉讼案入禀法院，索偿额高达 72 亿令吉。如此高额的赔偿，迫使媒体在报道揭发性新闻时相当谨慎，甚至压住稿子不刊，从而纵容了腐败的发生。

6.《通讯与多媒体法》

在马来西亚众多媒体法律当中，1998 年颁布的《通讯与多媒体法》（Communication and Multimedia Act，1998，CMA）是唯一一项没有为网络媒体带来政府压力的法令，反而少有地成为网络媒体在舆论空间的护身符。

1998 年的《通讯与多媒体法》是前首相马哈蒂尔在推动马来西亚多媒体超级走廊时的产物。但是首相巴达维已经表示，警方将扣留透过网络散播“不确实消息的人”。这个表示将使人们对网络是否享有新闻自由产生了某种担忧和恐慌。

华人占马国人口的 1/4，但华文报读者占全国阅报总人数的比例却远超过 25%。

---

① 郭倚幸．马来西亚网络中文新闻媒体突破政府管制之研究．暨南大学学士毕业论文，2006

对于人口占少数的华人来说，华文报纸的新闻自由和舆论空间尤其重要。因为华社可以通过这个渠道表达自己的诉求，凝聚族群力量，维护华社利益，传播族群文化。政府也会时常关注华文报纸的新闻和言论，以了解华社的利益诉求。然而，由于头上悬着六把长剑，华文报纸时常担心头上的这六把剑会掉下来，一旦人头落地，华社就会失去这一重要的舆论工具。

虽然随着世界全球化和经济的发展，马国的言论自由已有一定的改善，尤其是华文报，在某些领域比起英文报、巫文报享有相对宽广的新闻自由。华文报努力扮演华社喉舌的传统角色，然而，在《印刷及出版法令》和《官方机密法令》的钳制下，新闻自由度有多大？这是人们一直存在的疑问。前首相马哈蒂尔针对人们的怀疑曾表示，“谁说大马没有新闻自由，华文报经常刊登批评政府的文章便是一个实例”。然而，由于历史原因，华人在政治上被边缘化，马来人是国内政治的脊梁，其政治特权不容挑战。“英、马来文报纸言论影响马来政党的选票，只要英、马来文报纸依据政府意旨行事即可保住政权。让华文报刊登更多反对党的新闻甚至批评政府施政的文章，也可作为粉饰新闻自由的民主橱窗。”《星洲日报》前编务总监廖庆曾如是评价华文报纸的言论自由。

当政党利益与政府利益出现矛盾甚至冲突时，受操控的新闻自由如何能使至高无上的行政权力受到制衡，以及在面临公众知情权与可能被起诉甚至被对付的情况下作出抉择，那是华文报智慧备受考验的时刻。在特殊的办报环境下，华文报应对的艰难，实在很难用语言来描述。

身处其中的星洲媒体集团总编辑萧依钊深有体会。她说：“在多元种族、多元文化和多元宗教社会中，华文报游走钢索。”“尽管马来西亚的华文报认识到，为避免马来西亚像一些国家那样陷入长期的种族和宗教骚乱，媒体必须对种族、宗教等课题，保持高度的敏感和责任感；但对于一些投机政客和权贵以‘敏感课题’为借口，限制媒体去发掘真相，华文报是坚决抵制的。在煽动法令、出版法令、内安法令、官方机密法令等管制媒体的法律之下，处于比较弱势的华文报为了维护媒体的报道权和读者的知情权，多善于应用‘游击策略’（类似‘博弈理论’）。”

她举了一个例子来说明华文报纸的困境。2006 年 3 月，马来西亚的马六甲州政府忽然决定要关闭州内的养猪农场，州内的猪农顿时陷入困境。猪农组织为了让全国人民关注他们的命运，要在各华文报上刊登“猪农排队上断头台”的漫画广告。除《东方日报》外，其他报纸都不敢刊登这则广告。理由很简单，在以伊斯兰教为国教的马来西亚，猪是穆斯林的禁忌，马来人不时抗议他们社区附近的养猪农场污染环境和河水，如果高调处理养猪场的问题，可能会引起信仰伊斯兰教的马来人反感，事情就会变得敏感和复杂。而且根据过去的经验，“猪农排队上断头台”的漫画，很可能触犯《煽动法令》，后来内政部果然发出警告信给《东方日报》，但是不刊这些登漫画广告，就等于置此事不理。《星洲日报》非常同情猪农的遭遇，于是采用迂回的策略，以人道主义为诉求，在封面版刊登了猪农携带幼童、标语牌和空奶粉罐请愿，要求政府给猪农活路的大幅照片。这幅颇具震撼力的照片，果然引起了社会的强烈反响。

半年后，负责处理这则广告的马来西亚禽畜业联合总会署理主席兼马六甲州禽畜业公会主席陈南益说：“各报在拒绝刊登广告时都有向我解释原因，我也理解报纸所受到的限制，我接受他们的说法。当时只是想通过卡通漫画描述‘猪农排队上断头台’的绝望和困境，希望更吸引全国人的注意力；但我也了解，漫画刊出后，猪农会受到更大的压力。后来我也觉得，不刊登较好。”

陈南益和马六甲州捍卫猪农权益小组主任林亚结、猪农林卧豹在2006年11月10日公开表示，在马六甲州政府欲关闭州内养猪场的事件中，《星洲日报》的报道最多、最全面、最有深度，甚至把“没钱买奶粉”的照片大张刊在封面，引起全国轰动。每次猪农出现问题，《星洲日报》从不退缩，都是从一开始即全力跟进报道。

华文报在捍卫与发扬族群文化的路途中，一直走在最前线，其中以规模较大的《星洲日报》为典型。《星洲日报》多年来一直坚持把族群认同作为办报宗旨，与当地的华文教育机构维持紧密的合作关系，持续多年举办大型的筹款活动，数十年如一日，为华校筹募了数以亿元计的办学基金。它也不断与华教机构联办各项学术活动，以及赠送报纸给华校学生当辅导教材，等等。

马来西亚华文报纸族群认同是在特定的政治、文化和经济背景下形成的，是与华人无法真正当家作主的现实密切相关的。马来西亚华文报纸以维护族群权益为己任，以增强族群认同为手段，希望通过凝聚族群力量，传承族群文化，对于保证华人社会的生存与发展有相当重要的意义。而它们的做法，实际上在某种程度上反映了世界其他国家少数族群传媒的真实情况，只不过在民主国家，主流社会对少数族群比较开放、公平，它们的族群认同相对弱小，而在那些忽视少数族群利益，甚至出台不公平政策对待少数族群的国家，迫使少数族群传媒只能通过维系族群认同来保护族群利益，于是少数族群传媒的族群认同功能也就得到相应加强。

三、建构多元种族的国族概念

华人移民新马有悠久的历史，清朝乾隆年间，就有大量的华人到南洋谋生。当时，中国还很强盛，为限制人民离乡、维护地主利益，政府出台了严厉禁止人民到南洋谋生的法令。当时，一旦发现有人移民南洋，或是从南洋返乡，最重的刑罚是处死。封建统治阶级不希望大量农民到南洋谋生，因为这会瓦解封建社会的地主与农民的租赁关系，而农村是封建统治阶级重要的税收来源，所以清政府出台此项法令是基于维护封建统治的考虑。随着乾隆盛世的结束，清政府逐渐走下坡路，社会弊端不断涌现，社会矛盾空前尖锐，特别是在鸦片战争后，国库空虚，此时政府才想到南洋侨民，希望通过对南洋侨民的征税来缓解国家财政危机，自此，政府对华人移民南洋的思想才有了根本性的变化，并且制定了各种政策，为南洋侨民提供领事保护等。

一直以来，中国移民重乡轻国，直到清政府出台各种措施拉拢华人时，华人的祖国意识才被培养起来。1860 年，新加坡华人人口增加到 5 万，超过新加坡总人口的 3/5，成为殖民地统治者制定和实行政策时首先考虑的族群。当移居中国以外的华人显示出他们的经济实力后，中国政府便想方设法唤醒他们的国民身份及对祖国的责任感，新马华人更成为其主要的拉拢对象，因为新马经济较为发达，华人普遍比较富有。“中国拉拢海外华侨的具体措施包括解除海禁，颁布华侨回国合法化条令，设置领事馆，派遣皇族、官员、特使和代表团等到访，进行卖官鬻爵的活动，吸引华侨投资祖国，设立中华商务总会等。这些措施，一一在新加坡实践。其中，1877 年新加坡领事馆的设立意义重大，它不仅致力于向华人募款劝捐和鼓励华人回国投资，也利用各种节日唤醒华人的忠诚；与此同时，它组织文化学会、推动华文教育，以及支持当地维护中国传统与文化的活动。中国所争取的是全体华人，即中国移民和海峡华人，后来都统称华侨。”①

受传统文化的熏陶和教育，华人对故国产生强烈的依恋情怀，把自己当做南洋的过客。因此，早期的华文报纸明显地反映出对正统政府的忠诚，也才会出现保皇与革

---

① 李元瑾．新加坡华人身份认同意识的转变．载李元瑾．新马华人：传统与现代的对话．新加坡：南洋理工大学中华语言文化中心，2002. 63

命论战、拥共与拥蒋之争。此时，由于新马地区文人很少，报纸编辑、记者、主笔都是从中国请来的，他们以故国为重点，对故国有深深的眷恋，因此华文报纸的侨民心态和色彩相当浓郁，对中国的动态进行了大量报道。宣扬“祖国”观念、弘扬中华文化、服务侨社是各种不同政治态度的报纸所共同强调的宗旨。如薛有礼创办《叻报》的目的之一便是弘扬中华文化。邱菽园创办《天南新报》的宗旨是鼓吹维新思想，希望中国立法图强。中国革命党人创办《中兴日报》时，胡汉民在创刊号上发表《发刊词》，阐明：“吾人之宗旨，在开发民智，而使数百万华侨生其爱种爱国之思想也。”对此，“连一向支持英殖民政府、攻击革命党人的英文报《海峡时报》也迅速作出反应，认为《中兴日报》代表了某一阶段的中国人的进步思想，发出了真正的爱国主义的呼声”①。

从《叻报》、《总汇报》、《南洋商报》关于中国与其他国家的新闻数量比例，以及华人与其他族裔的新闻比例中，可以很清楚地发现华文报纸的侨民心态。如表4－7、图4－1所示，除在1900年至1905年期间，《叻报》对新马的报道数量比例超过对中国的报道，而从1887年至1932年，《叻报》对中国的新闻报道都接近或超过了50%。

表4－7　《叻报》新闻内容分析（1887—1932年）②

年份		中国	新马	其他亚洲各国	总数
1887	平均条数	1.48	1	0.22	2.7
	百分比	54.8	37	8.2	100
1890	平均条数	1.09	0.48	0.15	1.72
	百分比	63.1	28	8.9	100
1895	平均条数	0.92	0.73	0.21	1.86
	百分比	49.5	39.3	11.2	100
1900	平均条数	0.96	1.22	0.09	2.27
	百分比	42.5	53.7	3.8	100

① 吴庆棠. 新加坡华文报业与中国. 上海：上海社会科学院出版社，1997. 191

② 姚逸思.《叻报》新闻内容分析（1887—1932）. 新加坡国立大学中文系荣誉学位毕业论文（新加坡国立大学中文图书馆，索引号：PN5449 SIN. LB）

（续上表）

年份		中国	新马	其他亚洲各国	总数
1905	平均条数	0.52	0.65	0.17	1.34
	百分比	38.8	48.6	12.6	100
1910	平均条数	0.87	0.28	0.05	1.2
	百分比	72.3	22.1	5.6	100
1915	平均条数	1.55	0.34	0.02	1.91
	百分比	81.2	17.8	1.0	100
1920	平均条数	1.66	0.67	0.06	2.39
	百分比	69.2	28	2.8	100
1925	平均条数	2.54	1.06	0.31	3.91
	百分比	65	27	8.0	100
1930	平均条数	2.37	1.83	0.39	4.59
	百分比	51.7	39.9	8.4	100
1932	平均条数	2.9	1.26	0.46	4.62
	百分比	62.8	27.3	9.9	100
平均数	平均条数	1.5	0.8	0.19	2.49
	百分比	60.2	32.1	7.7	100

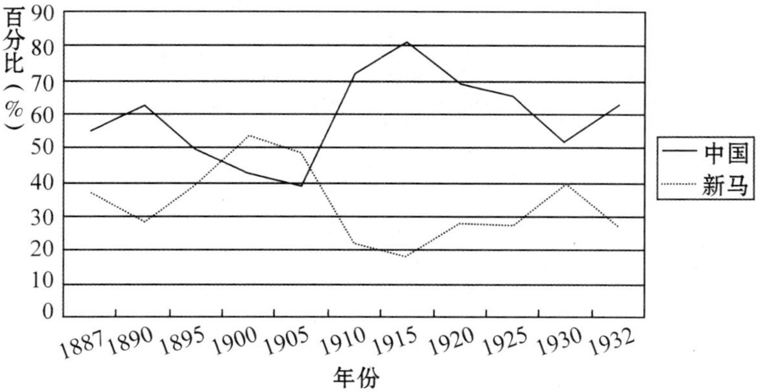

图 4－1 《叻报》有关中国与新马的报道统计

再从表4－8有关《总汇日报》的统计数据来看，除了1908年、1941年，《总汇日报》对马来亚的新闻报道数量超过了对中国的新闻报道，其余年份，对中国的新闻报道数量所占的比例大多超过了50%（其中1940年为48%）。

表4－8 《总汇日报》新闻内容亚洲国家分布情况[①]

年份	中国（百分比）	马来亚（百分比）	印尼（百分比）	日本（百分比）	泰国（百分比）
1908	33.6	65.2	1.2	0	0
1910	57.8	37.3	3.4	0.7	0.4
1915	77.9	22.1	0	0	0
1920	73.0	18.9	8.1	0	0
1925	81.2	13.8	2.0	0.2	1.6
1930	59.0	37.6	1.0	0.4	0.6
1935	56.1	41.5	0	2.4	0
1940	48.0	41.9	1.2	5.8	2.1
1941	31.6	60.2	0	4.0	1.1
平均数	57.5	3.6	1.9	1.5	0.6

《南洋商报》是当时影响非常大的报纸，“从1923—1941年亚洲各国新闻则数的分布统计来看，中国新闻也占了相当大的比重”[②]。（见表4－9，图4－2）

表4－9 亚洲各国新闻则数分布统计

年份		新马	中国	亚洲其他各国	总数
1923	平均条数	15.17	31	5.33	51.5
	百分比	29.46	60.19	10.35	100

① 陈慧彬.《总汇日报》新闻内容分析. 新加坡国立大学中文系名誉学位毕业论文（新加坡国立大学中文图书馆，索引号：PN5449 SIN. ZHB）

② 陈爱玲.《南洋商报》新闻内容分析. 新加坡国立大学中文系荣誉学位毕业论文（新加坡国立大学中文图书馆，索引号：PN5449 SIN. NY）

（续上表）

年份		新马	中国	亚洲其他各国	总数
1925	平均条数	16.5	20.17	7.16	43.83
	百分比	37.65	46.02	16.33	100
1930	平均条数	19.33	43.83	5.17	68.33
	百分比	28.29	64.14	7.57	100
1935	平均条数	28.43	29.86	8.86	67.15
	百分比	42.34	44.47	13.19	100
1940	平均条数	43.14	29.57	9.29	82
	百分比	52.61	36.06	11.33	100
1941	平均条数	37	14.71	7.57	59.28
	百分比	62.41	24.81	12.78	100
平均数	平均条数	26.59	28.19	7.23	62.01
	百分比	42.88	45.46	11.66	100

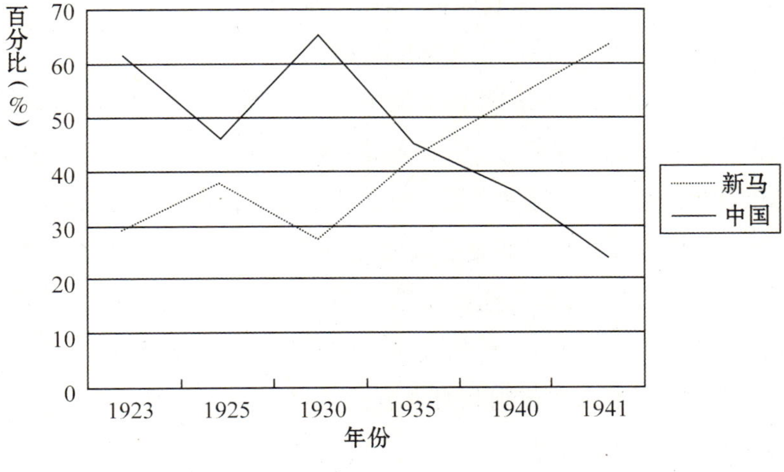

图 4－2 《南洋商报》有关中国与新马的报道统计

在反映华人的侨民心态方面，抗日战争期间的新闻内容和言论也是其中一个重要的体现。“在抗战时期，文人不留在中国协助抗战，而纷纷离乡他去，这种行为深为南洋文学作者所不齿。在1937年末，《南洋商报》就曾经发表多篇作品讨论这个问题。因此南洋作者对郁达夫的南来早就持有成见，对郁氏在南来后的作为，以及在《几个问题》中对槟城青年所作的回复，更有强烈的反感。之后会对郁氏展开猛烈的攻击，自可想见。实际上，从槟城《槟城日报》副刊《野风》所发表的飘定的《南洋不是安乐窝》的言论，更可坚定我们在这方面的看法。飘定认为在中国抗战时期，每一个中国人都应极尽国民的责任，为祖国作出贡献。而文化人在认识上比之没有知识的人士对问题的看法会更加清楚，因此更需要参与推动抗战的工作，以及领导民众参与这类的工作。因此不能逃避责任离开中国南来避难。他甚至表示：一些南洋的文化人为了祖国的灾难，经已北返救国，或者正在准备北归。"①

从这些文学作品的内容与性质来看，人们能够很明显地看到新马华人对中国的一片赤子之心，也反映了他们虽然生活在马来西亚，但是对中国仍存有相当炽热的眷恋情怀，关心祖国的命运和安危。

1957—1958 年，马来亚华人获得公民权后，拥有在当地长期居留和发展的合法权利，但是中国取消双重国籍，且新中国成立后走社会主义道路，对国内的工商业进行社会主义改造，对小资产阶级的产业进行赎买甚至无偿收归，这伤害了许多华人的感情。同时，新中国成立后，"大跃进"、反右派等政治活动造成社会的损失惨重，这一切都使华人对中国的现状和前途产生深深的疑虑。

新马分家后，华人处于不同的政治环境中。马来西亚的华人受马来人的主导，虽然种族关系比较复杂，但整体来说，由于东姑·阿都拉曼执行比较开明的政策，华人获得比较大的发展空间。为了凝聚力量，稳定社会局面，政府一再鼓励华人用双手和智慧建设一个独立的马来西亚。华文报纸也逐渐定位于对国家的效忠，特别是 20 世纪 80 年代后期，越来越多的华人把自己当做马来西亚人，而不把自己当做中国人。事实上，马来亚华人早在 20 世纪 30 年代便产生了落地生根的想法。郁达夫应胡文虎之邀，赴《星洲日报》主编文艺副刊时发表的《几个问题》而引起的争论，便反映了马来亚华人对自身定位的思考。

然而，一直以来，马来西亚华人的国家效忠程度受到以马来人为主导的政府的质疑。他们一直认为华人仍然把中国当做祖国。马来西亚华人虽然对以马来人为主导的政府处处排挤华人相当不满，但是当国家认同感与族群认同感出现矛盾时，他们还是

---

① 杨松年. 从郁达夫《几个问题》引起的论争看当时南洋知识分子的心态. 亚洲文化，1999（23）

以国家认同感为重。只不过，他们认同的是“马来西亚人的马来西亚”，而不是“马来人的马来西亚”，这与马来人政府倡导的“马来人的马来西亚”产生了根本性的冲突。华人不愿成为二等公民，他们希望各族群地位平等，而马来人坚持马来人优先和拥有特权的理念，族群间的矛盾由此产生。这样，马来西亚政府倡导的国族概念就受到华文报纸的质疑。华文报纸不愿意也无法接受这种完全由单一种族主导的国族概念。

华文报纸认为，马来西亚的国族概念不仅要承认族群认同的权利，还应给予所有公民超越族群的公民权。它们认为，华人作为少数族群，其特殊的双重身份构成了一个互补性的认同，故此国家是各族群具有一种超越族群的忠诚，将各个不同族群和文化背景的集团结合为一个整体，是一个得到所有居民或绝大多数居民认同和热爱的整体，换句话说，就是一种超越了族群认同的认同。这是华人奋斗的目标，也是符合马来西亚多种族客观存在的现实。然而，这种国族概念却被许多马来人否定，特别是在选举过程中，许多马来政客为迎合部分极端的马来人的种族主义，抛出“马来主权不容挑战”等言论，进一步加深了华人对马来人的愤怒和不满，造成两个种族之间的矛盾越来越紧张。由于不接受由马来族主导的国族建构，华文报纸只好致力于建构一个具有多元种族特性的国族概念。这种行为属于民间行为，而非官方行为，因此无法获得更多的资源去实现这个目标，而且遇到了许多质疑的眼光。

事实上，新马之所以分离，其中一个很大的原因就是新加坡的李光耀与马来西亚的东姑・阿都拉曼对国族概念的解读有着根本差异。李光耀追求的是“马来西亚人的马来西亚”，而东姑・阿都拉曼追求的是“马来人的马来西亚”，而且这种理念的差异持续到现在。东姑・阿都拉曼这种以马来人优先、排斥华人的理念当然无法被李光耀接受，鉴于其他一系列矛盾，新马只好分离。建国到现在，马来人掌控的政府仍然坚持马来人优先的国族概念，虽然其内涵有所变化，也包括了华人在内，但是华人却认为这种国族概念没有真正考虑到华人与印度人的感受，没有公平对待其他族群，因此对这种国族概念进行抵制，从而形成了华文报纸虽然努力传播“马来西亚人的马来西亚”的思想，却消极对待政府所倡导的国族概念的现象。由于国族概念不被华人普遍接受，也就出现了华文报纸努力增强华人族群认同的做法。

按照族群学有关理论，一些族群因为各种原因占据了社会中的优势地位，而另一些则因为种种原因处于劣势地位。族群身份决定了一个人在社会利益和机会分配中是否享有特权或遭受歧视，在利益和机会分配方面族群的差别越大，族群之间歧视的程度越严重，优势族群捍卫自身特权和劣势族群力图改善自身状况的动力也就越强烈。如果优势族群能适当倾听劣势族群的心声，通过某种程度的让步来缓和种族矛盾，维持和建构共同的国族，那么国族就会维系下来，而国家也会在一个比较稳定的种族环境中得到发展。

然而，马来人在政治上处于相当大的优势，1969 年后政府又实行优先扶助马来人的政策，实行马来文为国语的政策，并在教育上全力推行马来文教学，马来人在经济和文化上均取得长足进步。而华人不但在政治上处于劣势，在经济和文化上的优势也不断缩小，因此希望能够多分享政治权力。然而，马来人不愿意与华人分享政治权力，又在经济和文化上不断出台压制华人的政策，这自然使得华人无法认同马来族和政府，迫使他们努力改善本族的状况，同时因为无法接受马来人主导的国族概念，华人只好建构自己理想中包含多元种族平等思想的国族概念。这种努力已经成为华文报人的一种政治抱负和理想。

第三节　新马华文报族群认同比较研究

新马分离后，新马华人各自走上了不同的道路，然而境况却大不一样。新加坡成为华人主导的国家，华人为拥有自己的美丽和发达的国家而自豪，而马来西亚华人却处于以马来人为主导的社会，经常挣扎在种族关系的梦魇中，甚至产生“我爱马来西亚，可马来西亚爱我吗”的疑问。

一、族群意识有很大差别

在新加坡，由于以华人为主导，因此华人没有族群生存的危机，而且政府也不太愿意看到华人拥有强烈的族群认同意识。国家领导人认为，占多数的华人如果还拥有强烈的族群意识，就会削弱与其他种族的交流，且会走上华人沙文主义的道路。因此，新加坡领导人不得已选择了一条各族群都能接受的国际性语言——英语作为社会交流语言的道路，一方面削弱华人的族群意识，另一方面使新加坡在缺少资源的情况下能够跟上全球化发展的步伐，利用其他国家的资源来发展新加坡。因此，华文教育在新加坡几乎荡然无存，华人只能说简单的华语，阅读水平与书写水平相当低。由于缺乏华文教育，华人缺乏对华族文化的了解，对悠久的华族历史和璀璨的中华文化缺乏自豪感，更谈不上继承中华文化的价值观。因此，他们缺乏身为华人的自豪感，甚至羡慕西方文明及其先进的科学技术和较高的生活水平，看不起华族文化，对中国经常出现的官员腐败现象更是难以理解，也无法认同有时甚至排斥中国。由于接受了大量的西方文明，其社会西方化程度越来越高，又因为缺乏对华族文化的了解与认同，他们自然缺乏族群意识。

政府不希望华人拥有强烈的族群意识，也不希望华文报纸利用族群意识来强化华人身份认同，煽动种族仇恨，分化社会，造成各族群的隔阂越来越深，从而使新加坡陷入种族相互敌视的危险中。华文报纸为配合政府的意图，传播华族文化但淡化族群认同。因此，我们可以看到，《联合早报》的副刊刊登了大量有关中华文化和华族历史的文章，却很少看到有关华人社团集会、讨论华人身份的文章，更多的文章是探讨新加坡的国族问题。从世界发展的角度来说，族群认同确实有可能阻碍各族群间的交流与合作，甚至会产生误解和敌意，也会在某种程度上妨碍各族群间的文化交流。新加坡华文报纸淡化族群意识，追求平等的族群关系，关注马来人和印度人的发展，保留他们的文化，使之成为新加坡文化的组成部分，这符合世界文明的发展趋势。

在马来西亚，由于马来人掌握政治权力，并出台了各种扶助马来人经济和文化的政策，直接或间接地削弱了华人的经济优势，压制华族文化，造成华人对政府非常不满。实际上，政府推行新经济政策的主要目的虽然是扶助马来人，但是也给拥有大资本的华人企业家提供了机会。这些企业家通过与马来人结盟，利用马来人从政府那里获得各种经商机会，以利益分成的合作方式得到了许多利益。然而，对于大多数的普通华人来说，扶助马来人直接减少了华人的就业机会，使谋生更加困难。许多华人认为，凭什么马来人可以不劳而获，华人如此辛劳赚回来的钱还要分给马来人1/3。因此，有实力的华人企业家与普通华人对新经济政策也有着不同的态度。

作为面向普通华人的传媒，华文报纸只能在华人大企业家与普通华人之间求得平衡。由于华文报纸的市场化程度很高，而且有两个传媒集团上市招股，华文报纸意识到它们更需要倾听普通华人的心声才能生存下来，因此，他们更关心普通华人的感受。华文报纸喊出了华人的心声，却迟迟得不到政府的回应，政府反而利用有关法令对华文报纸表达华人诉求的行为采取压制行动，促使华文报纸不得不转向增强华人的族群意识，一方面凝聚族群力量，另一方面维护华人社会，以直接或间接反抗政府压制华文报纸的措施。于是我们才会看到，华文报纸维护和帮助华文教育，每年都会举办各种活动，为华校捐钱捐物，而且敢于发表言论质疑政府的政策。由此可见，新马两国的华文报纸的族群意识呈现出相当大的差别。

二、族群认同功能差异明显

由于政情不同，新马两国的华人在各国的政治地位也有显著差异，这种差异使得两国的华文报纸呈现出不同的特点，特别是在报纸的族群认同功能方面，差异更加明显。正如前面所谈，因为新加坡华人主导国家的发展，所以他们代表国家的主流社会，对族群认同持无所谓的态度。华人主导国家，从某种程度上说，华人族群就相当于国族。鉴于国内还生活着马来族与印度族的现实，而马来族又与马来西亚、印度尼西亚的马来族同文同种，为尊重马来族的感受，政府不希望华文报纸过度宣扬华族的族群认同。事实上，政府在建国初期为了走全球化道路，希望融入西方经济助己一臂之力，强力推行英语及西方文化，如基督教、圣诞节等，也不希望华文报纸过度宣扬华族文化、强化族群认同而使政府面向西方社会的政策落空，因此出台了各种法律规定来限制华文报纸，最终将其收归国有。如 1971 年，鉴于李光耀压制华文教育和华族文化，《南洋商报》对其进行严厉批评，结果遭到政府的制裁，报纸几乎面临停刊，报社领导人也被下狱治罪。

鉴于新加坡境内复杂的政治环境，任何人都不允许讨论种族关系，也不允许读者讨论族群平等及华文报纸族群认同的问题，在这样的形势下，华文报纸虽然传承华族文化，但只是一般性的介绍，很少刊登讨论新加坡政治的文章，族群认同功能严重退化。

事实上，华文报纸曾经有过关于新加坡双文化精英的讨论，鼓励华人掌握双语，通晓华文、英文，熟悉和钻研中国历史、文化。1999 年 1 月 20 日，时任副总理的李显龙在国会宣布新华文教学政策时，明确地表达了培养文化精英的概念。他说："政府要培育更多华文精英的一个原因是，我们需要一批对华族文化有足够认识的人，才能向下一代传递华族的文化价值观。"① 他认为在像新加坡这样的多元种族、多元宗教

① 陈照明. 二十一世纪的挑战——新加坡华语文的现状与未来. 新加坡：联邦出版社，2000. 160

的社会里，“中华文化精英是一股重要的力量。华文精英的群体精神、人生观，他们的政治和社会价值观，以及社会凝聚力方面都和受英文教育的同胞不同，但彼此相辅相成。新时代的华文精英，应该扮演他们应有角色，通过发展华族文化，促进和塑造我国成为二十一世纪的国际大都会和知识经济体”。他甚至强调，“我们不是要让受华文教育的新加坡人占据社会上最重要的位置，政府永远不会让这样的事发生”。新加坡政府关于培养双文化精英的用意很明确，就是要培养出来的双文化精英能够说一口标准、流利的华、英文，能够自由、流畅地游走于两种文化之中，无论是阅读两种不同文化的书籍或与两种不同文化的人交流都毫无困难、游刃有余，并能够接受或以更宽广的角度看待两种不同文化的音乐、电影、生活习惯、思想行为等，意领神会，融会贯通，能够深刻体悟两种文化的精髓，在与不同文化语境下的人打交道时，能够用他们的思维方式和文化理念联结沟通的桥梁。然而，当《联合早报》刊登了鼓励社会培养“双文化精英”的文章后，立刻遭到英文报纸《海峡时报》的反驳与质疑。该报代表受英文教育的华人、马来人和印度人，纷纷撰文强调少数种族的利益不应受到威胁。

新加坡华文报纸推广和弘扬华族文化，造成其他族裔的文化反弹和种族情绪。他们认为《联合早报》对“双文化精英”的报道在某种程度上凸现了华族的利益，而忽视了其他族群和受英文教育的人群的利益。新加坡华裔馆馆长廖建裕认为：“如果华族文化复兴的力度太强，友族产生反弹的可能性是存在的，因此过程中加强交流和认识是非常重要的。在本区域，他们对华族文化有隔膜是一个事实，在这方面还有待加强。”① 人民行动党的印度族议员尚穆根 1999 年 3 月在国会中少有地针对这个课题提出自己的看法，他担心政府的政策在落实的时候，会对原来新加坡社会多元种族和机会均等的原则产生负面影响。他担心特选学校的这群未来很可能扮演国家领导人角色的华族精英缺乏与少数种族接触的机会，从长远来说，这将导致新加坡走向种族道路。

很明显，对族群认同及文化的传播，在新加坡永远是一个非常敏感的课题，为避免引起社会争议，使其他族群产生质疑，华文报纸在涉及族群认同方面的课题通常采取轻描淡写的方式，防止课题的讨论激发种族问题。华文报纸的族群认同功能因此受

---

① 卢丽姗. 媒体肩负文化传承责任. 联合早报，2007 - 03 - 28

到很大的限制，甚至被淡化。

然而，在马来西亚，华文报纸的族群认同意识和功能相当强。这主要是因为华人不满马来人掌握的政府过分偏向马来人，认为政策对华人相当不公平。华人多次抗争都无济于事，华文报纸只好通过增强华人的族群认同来与马来人讨价还价。因此，我们在马来西亚华文报纸上经常可以看到色彩浓郁的维护华人权益、增强族群认同的文章。它们的副刊就是一个典型例子。

《星洲日报·活力副刊·星云版》和《南洋商报·商余版》每逢周一至周六都刊载马华作家作品。至于纯文艺版，《星洲日报》的《文艺春秋》、《南洋商报》的《南洋文艺》、《东方日报》的《东方文艺》则每周除了刊载马华作家的最新作品外，还努力地通过作家特辑、访谈、评论、书评等介绍作家、文学团体来配合文学活动。对《南洋文艺》和《文艺春秋》的表现和功能，马来西亚作家张光达给予了相当高的评价。他认为，马来西亚这两大报纸的文艺副刊的影响力，可能已经超越了马华文学杂志或马华文艺刊物的地位，甚至可以毫不夸张地说，“长久以来它已经取代了马华文艺团体、出版界和文学杂志的功能，成功地整合了马华重要作家、文坛、文艺编辑和广大的（文学）读者群，对帮助读者了解华人社会的现状与思想，体验华人作家的感受，促进华人对自身身份的认同均起到了相当大的作用”①。

与新加坡华文报纸的副刊所刊登的文章不同，马来西亚华文报纸的副刊所刊登的文章战斗性很强，直指政府不公平的政策，抨击马来种族主义，并促使华人对自身身份的反思，造成华人更加增强自己的族群认同，族群界线明显，许多华人儿童自小就受到族群划分的影响，并很自觉地把自己归划为华人。

副刊传播马华文学，反映华人思想，只是华文报纸体现族群认同的一个例子，还有很多内容都相当明显地反映了它们很强的族群认同功能，如新闻、评论等。2008 年 9 月 8 日，《星洲日报》记者陈云清报道了槟城巫统区会领袖阿末依斯迈的华人寄居在马来西亚的言论，立刻在马来西亚引起强烈反响。虽然《星洲日报》在报道此新闻时保持低调，不展现族群认同和维护华人权益的形象，但是这种新闻议题却激发华人的族群认同意识，华人对阿末依斯迈的言论群起而攻之。在强大的舆论之下，巫统最终冻结阿末依斯迈三年党籍，以此警戒他人。在敏感的种族关系背景下，华文报纸增

① 张光达. 南洋文艺 13 年回顾. 南洋商报·南洋文艺，2008－07－15

强华人的族群认同是通过新闻议题来设定的，但这种技巧性的议题设置更加体现了华文报纸在促进华人族群认同方面的作用。

三、致力于国族的建构但结果不同

“从族群的角度讲，在一个多族群的国家中，各族群有着自己独特的利益诉求。这种诉求一般可以概括为允许族群存在的宪法承认、语言及文化的保护和政治权力的分享等几个方面，其核心是要求多民族国家对本族群在制度、法律和政策上提供倾斜和优惠，并据此在稀缺资源的分配中享有更大的份额。由于族群利益所指向的多是那些具有拥挤性或排他性的准公共物品，因此不可避免地会引发族际的纷争；而一旦这种族际纷争没有在拥挤点的阈值内达成动态均衡，一些族群就会在心理上产生相对剥夺感。由于政府是公共物品的主要提供者，因此那些心存相对剥夺感的族群理所当然地对政府和政府所代表的国家发出合法性质疑，这种质疑在族群精英系统化说教的导引下往往会得到加强。”① 新马实行不同的解决种族矛盾的政策，使得两国的种族关系呈现不同的结果。新加坡政府注意少数族群的利益诉求，并着手为他们提供各种优惠政策，例如，鼓励马来人接受高等教育，并为其提供学费等，种族矛盾相对缓和。而马来西亚实行马来人优先政策，初始得到华人的默认，但是后期随着马来人在经济上取得越来越大的成就，而华人在政治上仍然处于劣势，文化又受到压制的情况时，华人不得不抵制政府的政策，并努力建构由多种族构成、地位平等的国族，但这样的国族概念并不被政府接纳，从而使我们看到两地华人及华文报纸努力建构相似的国族概念，但过程和结果都不同的现实。

1966 年 8 月 20 日，李光耀在国家剧院发表演讲，批评马来西亚错误政策及马华公会软弱无能，并以东南亚地区华人的救星自居，计划把新加坡建设成为一个平等容纳多元种族的国家，然后影响东南亚其他国家逐渐采取平等对待境内各种族公民的政策，希望能改善和影响东南亚其他地区华人的地位。从李光耀的演讲中，我们不难发现，他的政治主张是希望塑造一个各种族平等的多元社会，并强调建构一个由各种族组成的国族。

然而，李光耀关于建构由各种族组成的国族概念并未得到马来西亚领导人的积极

① 张永红，刘德一．试论族群认同和国族认同．广西民族学院学报（哲学社会科学版），2005（1）

反应，反而遭到他们的强烈批评。当时的首相东姑·阿都拉曼针对李光耀所发表的演讲辩称，“马来西亚系一个信仰民主制度的国家，并不实施种族歧视，对各族人民一视同仁，马来西亚华人已享受平等待遇，并非如同李光耀所描绘的一个受当地原住民所迫害之民族，同时呼吁新加坡政府勿干预马来西亚之内政问题”①。

尽管马来西亚政府一再强调，马来西亚政府绝不歧视华人，但事实上华人的确受到马来人的歧视。东姑·阿都拉曼也承认，华人的地位不如马来人。因此，新加坡政府平等对待境内各种族人民的政策，会形成橱窗效应，直接影响马来西亚种族团结，这也是新马两国一直未能精诚团结与合作的一大原因。

1973 年新加坡政府通过有关媒体管制的法律之后，华文报纸被逐渐收归国有，成为政府的喉舌，这样它就必须解释和宣传政府政策，根据政府的指示和领导人的精神办报。李光耀的治国思想是希望建立一个由多元种族组成的国族，不希望出现华文沙文主义，更不希望华人拥有强烈的族群认同，他希望和要求华文报纸削弱族群认同，而加强国族建构的力量。再加上政府以英语为官方语言，造成社会媒介语言越来越英语化。作为当时非新加坡三大种族母语的国际语言，英语成为三大种族的交流语言，既可以避免独尊某一种族，又能为各种族接受，有助于塑造国族意识，对于营造多元种族国家也非常有帮助。华文报纸在社会媒介语言越来越英语化，且受到政府管制的境况下，无法发挥族群认同的功能，反而致力于营造华人的国族意识，这样经过四十多年的演变，华人的国族意识基本上得到建构，但是族群认同严重衰落。

在马来西亚，华人不享有与马来人同等的政治、文化和经济地位。星洲媒体集团董事经理刘鉴铨于2008 年5 月 27 日接受笔者采访时坦承：“华人受到政府的不公平对待。比如说，有时候救灾，表面上看，《星洲日报》和华人偏向华人，实际上马来人受到政府的资助，而华人却缺乏政府的资助，实力也有限，所以只好优先照顾华人。与马来文报的负责人相比，华文报高层很难获得拿督的头衔，但是当国家发生重大事情时，政府却常常找华文报特别是《星洲日报》，因为《星洲日报》不缺席国家大事。”由于华人大多从商，在经济上自成系统，在经济上不必与马来人过多交流，种族间不怎么来往，使两个种族间缺乏交流，但更重要的是因为政治的因素扩大了两

---

① 雷渝齐. 马来西亚华人地位之研究（该文存于新加坡国立图书馆，检索号：RCO959. 51004951LYQ）

个种族的隔阂。

马来西亚缺乏一种开放的文化和政治氛围，这就意味着个体多重的身份认同有出现的原因与背景。在一个不属于威权统治或国家主义不浓厚的地方，一个人的认同感可以来自他所参与的团体或他所附属的文化类型中。马来西亚如此，美国也是如此。例如，“一个妇女在美国可能会从她的职业、性别、家庭、社区、政治活动和宗教信仰中感受到一种强烈的认同感，当然这种认同感也可以针对国家，但认同的强弱之间却含有‘竞争’的意味。虽然对国家的认同可以成为个体勇往向前或是引以为豪的源泉……但是国家认同却未必一定“胜过”其他正式形式的认同”①。华文报纸虽然一直致力于建构华人的国族意识，但是长达半个世纪的不公平的种族政策，使华人的悲情意识越来越强，促使华文报纸不得不走向既认同华人族群又认同国家的道路。

由于华人追求各种族平等的诉求常常得不到政府的响应，马来西亚的国族意识一直得不到有效的建构。马来政客常常指责华人缺乏国家意识，而事实上华文报纸和华文教育一直在倡导华人增强国家意识，是政府对待华人不公平的政策导致了华人对政治的冷淡，导致了华人对国家产生既爱又无奈的感情。这种复杂的感情真实地反映了马来西亚的政治现实，也反映了华文报纸致力于国族意识的建构却无法有效实现的事实。

在多族群国家中，族群认同和国族认同总是交织在一起，它们是一种能动员人民的力量。它们之间的互动，影响着国家的向心力和凝聚力。“当这两种互为补充的认同达到协调与平衡时，多民族国家就变得有力量，其作用就会得到充分实现；相反，一旦两者的共生关系被削弱或者被拆散，甚至发生激烈的冲突时，就会催生离心力极强的族群民族主义，国族共同体便会陷入危机之中。在现代世界中，任何一个国家的成功，都离不开这两种认同的共生关系和社会基础。只有存在包容一切、超越平常将人们分割开来的意识形态、经济或者政治利益冲突的共同意见时，少数派才会容忍多数派的统治。”② 新马华人及华文报纸建构国族的不同经历与结果，促使我们发现造成新马两国不同的发展速度与经济繁荣程度的主要原因，促使我们对新马两国的种族关系，以及马来西亚华文报纸在建构包含多元种族平等理念的国族意识所面临的各种困

① ［马来西亚］何国忠．马来西亚华人：身份认同、文化与族群政治．马来西亚：华社研究中心，2002.230

② 张永红，刘德一．试论族群认同和国族认同．广西民族学院学报（哲学社会科学版），2005（1）

难有更深的了解。

四、马来西亚华文报纸族群认同的困境

一直以来，多民族国家的族群关系都引起政府的重视。“1991 年世界上爆发的 37 起军事冲突当中，35 起是国家内部冲突，其中绝大多数可以被看作是族群冲突。”[①] 多民族国家的族群矛盾也受到西方学术界的关注。西方研究族群的学者从维护和尊重个体的自由和权利出发，提出了自由主义观点，认为在国家认同方面，无论是政府、社会还是家庭都应该尊重个体的选择，无权要求个体进行族群认同或国家认同。

在彰显个体生命和价值的西方社会，族群和国家认同的自由主义确实很有市场。从世界文明发展的角度来说，这种理念也是符合人类的发展方向的。然而，提出这种理论的学者忘记了一个重要的、根本的事实，就是在西方国家中，白人无论是在文化、经济和政治上，还是在人口比例上都占据优势。占据优势的白人，不惧怕通过选举改变他们的政治地位。事实上，即使其他种族参加选举，也不会改变白人是主流族群的现实。因此，他们才会如此放心、如此毫无顾虑地尊重其他种族的权益诉求，也才会容许少数族群存在族群和国家双重认同的现实，倡导个人有自由选择的权利。在许多学者看来，西方国家中的少数族群迟早会被主流社会同化，即使他们仍然抵制同化，也会融入社会主流当中。然而，在多族群但经济上相对落后、种族矛盾敏感和各族群发展不一的情况下，特别是在马来西亚主流族群的文化——马来文化并不比华族文化先进，但华人经济上相对发达却处于少数族群地位的特殊现实下，族群和国家认同的自由主义观点受到极大的挑战，而且不符合现实。

在马来西亚，如果按照自由主义的观点，选举时尊重个体的价值，不能干涉个体的意愿，只能造就多数人的“暴政”，因为占多数的马来人完全可以利用选票来实现执政，推行亲马来人的政策。由于马来人占马来西亚总人口的 65%，因此，在大选期间，执政的国阵（主要政党为巫统、马华公会和国大党）和反对党联盟（民行党、公正党和回教党）为获得马来人的选票，纷纷许出各种承诺，甚至为迎合一些马来人而发表损害华人权益的言论，如马来人主权不容挑战、马来人特权不容挑战、华人是寄

① Eriksen. *Ethnicity and Nationalism*: *Anthropological Perspectives*. London: Pluto Press, 1993. 转引自马戎. 社会学的族群关系研究. 中南民族大学学报（人文社会科学版），2004（3）

居者等，一些政客甚至还作出各种举动表示维护马来人特权，如拔出马来剑、亲吻马来剑，以示愿为维护马来人特权不惜一战。在大选期间，巫统、公正党、回教党为拉拢马来人，竞相发表攻击华人的言论，引发马来人的民粹主义和种族主义，令华人更加感觉到受歧视，华文报纸不得不对此进行反击，结果却经常触犯《煽动法令》，受到内政部的警告，要么记者被拘押，要么编辑和总编辑被迫辞职，甚至报纸被停刊。

原本推崇个体自由的自由主义思想，却成为维护主流族群对少数族群政治挤压的思想。这种思想导致少数族群政治、文化和经济权利都无法得到保障，为政府实现“一个国家、一种语言、一个种族、一种宗教”提供理论基础。因此，从马来西亚种族关系的现实来说，族群和国家认同的自由主义是种族同化理论的一大变种。

鉴于自由主义所造成的多数人对少数人的“暴政”，一些学者又提出多元种族主义，认为这种思想能够保障少数族群的选择，但是这种观点又被种族主义者否定。他们认为，如果没有统一的国家认同，没有同一的文化和价值观，国家的统一和社会稳定就无从谈起。在马来西亚，作为在社会人口居多数的马来人，他们中的一些精英，特别是掌握政治权力的马来人尤其反对多元种族主义。虽然他们无奈地接受了马来西亚民主制度，尊重少数族群的政治参与的权利，但是在族群和国家认同方面抗拒多元种族主义。这就在境内制造了种族矛盾。这些政治精英以泰国华人和印度尼西亚华人为例，认为政府通过文化教育政策或者政治的高压统治可以同化华人，然而，他们忘记了一个重要的事实，泰国国王和政府把华人当做臣民，华人与当地人口居多数比例的泰族享有同等的政治、文化和经济权利；印度尼西亚的苏哈托虽然动用国家机器压制华族文化，但是华人的族群认同至今依然非常强烈。

因此，要华人接受同化，只能建立在华人自愿而且政府对华人一视同仁的基础上。作为开明的政府，不应该动辄以《煽动法令》或《内安法令》来处置华文报纸。马来西亚政府不顾华人的感受，刻意甚至强制性出台压制华人的政治、文化和经济政策，通过推行马来语教育政策来同化华人，使华人强烈感受到马来族的歧视，自然无法接受被同化的命运。作为华人喉舌的华文报纸，理所当然要发表抗议华人受歧视的言论，不然得不到华人的支持。虽然华文报纸不断通过各种方式反抗政府的种族主义政策，但是却无力改变马来西亚的种族人口构成及马来人把持政治权力的事实，因此只能通过弘扬华族文化、增强族群认同来慰藉华人被边缘化的心情，由此造成了华文报纸的困境：他们不遗余力地增强华人的族群认同，努力建构国族意识，却得不到马来族的响应，相反却时常被指称违背国家利益、妨碍国家认同，有时为反击极端种族主义却惹来被警告、从业者被惩罚甚至报纸被停刊的命运。

族群和国家认同的自由主义本意是好的，但是基于马来西亚的现实情况，不宜采用。多元文化主义比较符合马来西亚的情况，却受到马来人的抵制。种族同化或融合理论因为违背少数族群保留弱势文化的愿望而无法被华人接受。因此，上述有关族群和国家认同的理论几乎都无法适用于马来西亚。在这种情况下，华文报纸只能选择华人能够接受却不被马来人欢迎的多元文化主义，由此陷入了族群与国家认同相矛盾的困境。这反映了马来西亚种族关系的复杂性和脆弱性，也反映了族群传媒在平衡族群与国家利益时的无奈。造成这个困境的根本症结在于敏感的种族关系，只要这种敏感的种族关系继续存在，华文报纸的这个困境就会延续下去。同时，华文报纸的困境表明人们对族群与国家认同的理解存在许多盲点，还需要我们根据现实情况探讨一条适合当地的族群与国家认同的道路。

第五章

华文报的国家认同

THE COMPARATIVE STUDY ON CULTURAL, ETHNIC AND NATIONAL IDENTITY OF CHINESE LANGUAGE NEWSPAPER IN SINGAPORE AND MALAYSIA

国家认同是指一个国民对国家的效忠。该概念具有很强的政治性，也是世界多民族国家十分关注的问题。几乎所有的多民族国家的政府都会利用各种手段去增强国民的国家认同意识，维护国家的统一和社会的稳定。例如，政府利用传媒传播主流价值观，通过教育强化学生的国家认同等。在许多政府领导人的眼里，只有增强国家认同感，才会增进国民对国家的忠诚感，才会使国民产生向心力和凝聚力，才会使国民产生“根”在祖国的感觉，并以建设自己的国家为荣。因此，国家认同是一个非常敏感的政治问题。

国家认同以族群文化认同为根基。作为管理国家的政府，为了达到境内民族的同一性，以及增强国民的国家认同的目的，经常要求隶属不同族群的国民放弃族群特性，特别是少数族群的特性。在政府高压政策的影响下，以及在主流族群的同化和潜移默化下，少数族群的文化逐渐被边缘化。政府对少数族群融入主流社会、放弃族群特性的要求是引发多民族国家内部危机的重要原因。如果少数族群从国家那里得到合理的地位，权益能够得到维护，那么少数族群就会慢慢地走向被同化的道路，相反，就会强化其族群认同。因为从族群的角度讲，每个族群都有独特的权利要求，特别是少数族群处于劣势地位，更希望能够得到政府的援助和公平对待。一旦这些要求不能得到满足，少数族群就会产生被国家抛弃或被歧视的感觉，从而有可能对国家权威和政府合法性提出质疑，造成族群认同过度强化，促使族群中心主义产生，进而威胁国家认同。

西方多族群国家在处理族群与国家关系时，多年来大体形成了三种模式：“第一种是‘统一模式’，也被称为‘盎格鲁化’模式，政府对少数族群和移民群体实行同化政策，使他们逐渐放弃自己的文化，接受并融入主流文化。第二种是‘熔炉模式’，也称‘同化模式’，政府在不干预的情况下，使不同的文化融合成一种新的文化，如果可能，主流文化可以起主导作用。第三种是‘马赛克模式’，也称‘文化多元模式’，主张不同文化和平共处，平等存在，保留各自的特色。在多元文化主义者看来，第一种模式是绝对不能接受的。第二种模式承认文化共存，但对各种文化之间是从属还是平等关系，没有明确界定，美国版的‘熔炉说’甚至提出要将各种文化溶化在以盎格鲁—撒克逊文化为主料的‘大锅’里，也是让人难以接受。比较温和的是第三种模式，它承认不同文化的平等价值，并给予所有社会文化群体以平等的政治、社会和文化地位。”① “对于国家认同而言，多元文化主义往往强调血缘、语言和地域特征等标识族群特征的文化因素。这些因素具有强大的纽带作用，能够缩小各族群间的心理距离，增强各族群的亲和性，有效地体现国家一体的观念。这些同样是国家认同不可缺少的东西。”②

平心而论，要求国民树立国家认同的要求是合理的，但是这一政治目标需要建立在各族群平等的基础上，政府要在维护一个统一的国家的前提下，做到“多元共存、政治一体”，要尊重各族群的差异，包容不同族群的文化特点。在社会上居主导地位的族群要以开放、包容、平等的思想对待少数族群提出的要求，加强沟通，平等互助，建构多元的种族主义，建立一个包容各族群共同价值观的国家认同。然而，在新马两国，华人虽然都形成了国家认同的思想，但是在解读国家认同与族群认同的关系上却出现了不同的理解。

作为影响华人社会的华文报纸，它们的先天特性决定了它们是文化传播的重要工具，也是族群文化传承的重要承载物，具有很强的族群性。由于新马华人众多，经济较为发达，文化较为悠久和先进，因此，在敏感的种族关系背景中，它们的国家认同态度一直以来都受到政府的关注，再加上新马华人的政治、经济和文化地位不同，而且两个国家的制度也有所差别，因此，华文报纸在国家认同的态度方面也产生了重大差别。

第一节 新加坡华文报国家认同

由于华人是新加坡的主导族群，代表了国家利益，因此华人不太在意自己的族群认同，却对国家认同十分关注，而且政府也希望华文报纸配合政府的文化和教育政策，一方面推动新加坡文化的建设，另一方面淡化族群认同，增强国民的国家认同。在这样的政治背景和种族构成上，华文报纸的国家认同意识比较强烈，也充分发挥了传媒在促进华人国家认同方面的作用，把国家认同与政府认同等同起来。

---

① 庞金友．族群身份与国家认同：多元文化主义与自由主义的当代论争．浙江社会科学，2007（4）

② 庞金友．族群身份与国家认同：多元文化主义与自由主义的当代论争．浙江社会科学，2007（4）

一、国家认同意识强烈

独立后，新加坡多元民族政策的基本内容为：首先，实行各民族一律平等，特别是主体民族没有任何特殊的地位和权利，强调公平竞争。尽管华人在新加坡占多数并掌握国家政权，但新加坡政府从未给予华人任何特权和特殊地位。其次，承认民族差别，尊重民族特性，保留民族文化。再次，在承认民族多元化的同时，积极实现国民一体化，淡化民族意识，强化国家意识，强调“一个国家、一个国族、一种命运”。在文化上，新加坡政府努力培养新加坡人的“文化认同”，发展新加坡文化。

新加坡华人有很强的国家认同感，这得益于建国后政府一直致力于国民的国家意识和国家认同感的培养。由于政府高效廉洁，在社会管理和经济发展方面都取得了卓越成就，华人对国家感到相当自豪，而且认同度相当高。1999 年 11 月，国大社会学系张汉音博士进行了一项调查，“假设华人对国家最有感情的指数为 10，而最没有的则为 0。调查的结果显示，新加坡人对国家感情的平均指数超过 8，相当于 80% 的华人均认同国家”①。这个数据反映了新加坡华人的国家认同处于比较高的位置。

独立后，鉴于严峻的建国形势及复杂的种族关系，李光耀实行各族群一律平等，特别是主体族群没有任何特殊地位和权利，极力淡化中华文化，避免新加坡中国化和华族化。开国元勋拉惹勒南（S. Rajaretnam）对此曾说，“政府要消除新加坡华族所强调的中华特质，以避免他族与邻国视新加坡为中国海外势力的延长，才能使新加坡生存下来”②。这是对新加坡走独立道路，避免他国视新加坡为另一个中国的最好注脚。

新加坡政府在各个场合不断强调国家认同比种族认同、族群认同更重要，并借国家认同来淡化族群认同。经过多年的实施与贯彻，政府培养华人国民意识的政策取得了显著成效。在许多场合，华人也有意无意地表现自己的国家意识，淡化族群意识。如 2005 年 8 月 19 日，《海峡时报》在采访一位华人时，该华人说：“在不断变化的新加坡，越来越多的年轻华人更认同自己是新加坡人而非华人。”③另有一个例子也真实地反映了华人的国家认同态度。“在 1991 年 6、7 月间，中国发生特大水灾，香港人

---

① 新加坡人的族群认同感．联合早报，1999－12－12

② Vasil, Raj. *Asianising Singapore: The PAP's Management of Ethnicity*. Singapore: Heinemann Asia, 1995, p. 241

③ We are Singaporean, *The Straits Times*, August 19, 2005

所作出的反应是中国人那种出自内心的反应。新加坡华人的反应较为平静。新加坡华人只捐出 120 万美元，香港的华人则捐出了 17 000 万美元，台湾捐出了 5 000 万美元，马来西亚华人捐出了 120 万美元。这些捐款数目反映了感情联系的程度。”[①] 新加坡华人捐赠财物的部分原因是基于文化和血缘的亲近性，但是笔者认为，他们的行为更多是基于人道主义的考虑。

由此可见，政府培养国民的国家认同获得成功的关键是实行多元种族文化政策的立国政策，并把实施多元种族文化的政策当做新加坡的立国精神，通过英语把各族群联结起来，从而培养了华人强烈的国家认同意识。许多学者认为，族群认同与国家认同是一种正向关系，并以中国为例来支持这种观点。例如，中国的民族自豪感不断增强，国家认同也不断提升。政府通过各种重大活动来增强民族自豪感，从而增强人们对国家的认同度，从现实来看，这是一种行之有效的方法。例如，2008 年 8 月 8 日在北京举办奥运会，不仅中国人的民族自豪感达到顶峰，形成了极高的国家认同，海外华人也为此倍感自豪。

然而，中国的政治、经济、文化环境与其他国家的差别极大。汉族无论是人口数量还是各方面的发展程度，都远远超越了境内其他民族，形成压倒性的优势，而且作为一个主权独立的国家，世界上任何一个国家都不可能也没有能力颠覆中国政府，因此不存在国际生存的危机。由于国土辽阔，中国在面对各种危机时有足够的空间和条件对其进行化解。这在日本侵华战争时得到明显体现，与新加坡形成鲜明反差。因此，中国的民族认同强烈推动国家认同提升的案例，说明族群与国家认同的正向关系的观点只能建立在国内外环境比较优越的基础上，如境内某一族群占绝对优势，国际环境比较安全。假如一个国家缺乏像中国这样的国内外环境，经济发展停滞，民族关系紧张，一旦国内外环境发生重大变化，那么这种正向关系就有可能发生逆转。科索沃和南奥塞梯便是其中的代表。这两个地区的人们的族群意识都很强烈。在南斯拉夫和前苏联未解体之前，虽然他们的国家认同不是很强烈，但尚有国家认同，一旦国际环境发生变化，强烈的族群意识就会促使他们寻求独立。从这点来说，中国只能作为个案进行研究，由此提出的族群与国家认同的正向关系不能成为放之四海而皆准的规律。

---

① 摘自 1992 年 12 月 14 日李光耀在香港大学的演讲。

笔者认为，族群与国家相互影响的关系必须建立在一定的基础上，并受到多种条件的制约，不仅要受到国内政治、文化、经济环境的影响，而且要受到国际环境的制约。例如，新加坡的国内环境相对来说比较好，华人主导社会，经济发达，种族关系也较为和谐，但是国际环境很不安全。新加坡不仅国土面积小，而且处在马来人（印度尼西亚、马来西亚）的包围之中。不仅宗教情况复杂，而且境内的回教徒极易受到马来西亚和印度尼西亚回教的影响。如果华人族群认同过于强烈，就会引发马来人的猜忌，造成内乱，华人很容易被淹没在马来人和回教世界中。因此，政府只能淡化中华文化，削弱华人族群感，增强他们的国家认同，以避免单一种族过强而造成其他种族产生受歧视和被漠视的感受。作为政府的喉舌，华文报纸只能贯彻政府的意图，不敢越雷池一步，因此它们把培养国民的国家认同感放在首位。

二、大力培养华人的国家认同

作为政府的喉舌，为配合政府缓和种族矛盾，增进种族关系的政策，新加坡华文报纸在培养华人的国家认同方面起到了十分重要的作用。经过数十年的宣传与教育，本土出生的华人的国家认同感非常成功地被培养起来，然而在华人社会内部，除了受华文教育的人与受英文教育的人存在隔阂外，从新加坡和中国移民来的华人与当地出生的华人也存在矛盾。为消除华人内部的矛盾，华文报纸除了向社会呼吁相互理解和宽容外，还推出各种专栏或专题为华人新移民的国家认同感进行辩护，并要求新移民注意与当地华人的联系，培养更强烈的认同感。

随着经济的发展和人们观念的改变，新加坡本地的出生率严重不足，为保持劳动力，以及提高新加坡的国家竞争力，政府从其他国家引进了众多的人才及大量的劳务人员，中国是新加坡吸引人才的主要国家。“面临知识型经济发展的新加坡，为能成为亚洲生物科技、新媒体与医药中心，以开创新的经济发展动力，于是积极展开‘抢人’的工作，将吸纳人才的触角伸向入中国排名前五十的著名大学。贸工部长杨荣文强调，除非在这场人才竞争比赛中获胜，否则新加坡将失去所有的比赛。”① 客观地说，这些从中国引进的人才及劳务人员为新加坡的经济和社会发展作出了重要贡献。然而，本土出生的华人却对中国新移民颇有微词。

① 郭俊麟. 新加坡引进外来人力政策之评析. 海华与东南亚研究，2004，4（4）90

很多新加坡人认为新移民不放弃原有的文化，就是缺乏国家认同感，他们是来新加坡淘金的，是匆匆过客，不会真正热爱新加坡。许多新加坡人对政府的移民政策也持质疑态度。有人认为，政府为引进中国学生，为他们提供全额奖学金，免交学费，每个月还能拿到1 000新元的生活费，让他们在顶级大学（如新加坡国立大学、南洋理工大学）深造，这是不合适的。按照合约，他们只需毕业后在狮城任一公司或政府服务六年，就可以有自由选择的权利。许多中国学生毕业后，千方百计进入在中国设有厂房或分支机构的跨国公司，要求派驻中国。这样，这些学生一边拿新加坡水准的薪水，一边还能与家人团聚，合约结束后，他们既可以考虑留在中国，也可以考虑赴欧美发展。许多本土出生的华人对中国学生心生不满，认为政府拿纳税人的钱去栽培他国的学生，而新加坡华人的子女却需要支付昂贵的学费，这对本土出生的华人子弟不公平。

新加坡本土出生的华人也对政府的移民政策不满，认为该政策存在另一个重大漏洞。例如，许多马来西亚华人成为新加坡永久居民后，母亲与女儿继续申请新加坡公民，但父亲与儿子却保留永久居民身份。这样他们可以享受永久居民比外国人在教育及医药费便宜等优惠。儿子读完中学后，父母却在儿子需要服兵役时（18岁）让孩子放弃永久居民身份，使其自费读完大学或到海外读大学，巧妙地避开服兵役的义务。当他取得大学学位，在新加坡找工作时，由于他的母亲是新加坡公民，本人又有高学历，所以很容易再次成为“移民”，而且很容易入籍。因此，有读者写信给《联合早报》：“这些新移民钻法律漏洞，对新加坡吸引外来人才成为公民的政策非常不利，也不利于强化他们的国家责任感。”

对于本土华人对新移民的不满，副总理兼内政部长黄根成寄希望于传媒，希望传媒发挥教育和解释功能，澄清事实，培养移民的国家认同感。他接受《联合早报》采访时说：“传媒在这方面可以协助还原事情的原貌，以正视听。国人应明白的是外人要融入新的生活环境是不容易的，许多新移民来这里工作，也寻找机会在本地开启新的生活。我们应该帮助他们，而不是让几个不顾法纪的外国人损害整个移民社群的形象。”① 鉴于本土华人对新移民缺乏国家认同感、规避服兵役等行为的不满，《联合早报》于2007年4月1日专门辟出两版，刊出《吸引新移民：一个牵动情感与情绪的

① 吸引新移民：一个牵动情感与情绪的问题．联合早报，2007-04-01

问题》一文，非常深入地探讨了新移民的国家认同感。该文作者认为："任何一种政策都不可能完善到没有漏洞，然而，我们再看这个移民和奖学金政策，以及规定学生必须为新加坡服务六年的合约，其实从客观来说，这些学生都为新加坡作出了贡献，即使他们被派驻到中国，他们仍然为新加坡的公司服务，创造财富。他们也怕被公司解雇，一方面担心失业，另一方面又怕无法完成六年的合约。所以，他们都很拼命地工作。许多新加坡人光看到这些学生衣着光鲜，两全其美，却没有看到他们所做的贡献，以及他们内心的焦虑。"①

文章指出，政府也为优秀的新加坡学生提供了多种奖学金，有些学生还可以拿到政府的全额奖学金到美国深造，其中一些学生甚至违约留在美国工作。人才在任何一个国家和地区都是最宝贵的财富，特别是优秀的人才，任何一个国家和地区都想网罗。例如，香港近几年为中国内地的优秀学生提供全额奖学金，也是为了吸纳人才。如果新加坡不推出优惠政策，招徕中国优秀学生，怎能使这些学生为新加坡服务？文章认为，合约仅是反映雇主与雇员之间的工作关系，要想员工真诚地为公司服务，那么公司就要想办法留住雇员的心，使他们觉得留在公司里有更好的发展前景，这样才能激发他们的创造性。同样的道理，如果新加坡能为中国学生提供良好的发展环境，绝大多数学生在六年后仍然会选择为新加坡服务。那么，他们将是新加坡宝贵的人才资源。既然人才得来不易，又何必在乎他们的工作方式？只要真诚对待他们，为他们提供发展空间，新加坡会从他们身上受益，也会得到回报。对于马来西亚华人移民钻法律漏洞而逃避服兵役的情况，文章认为，该政策确实需要修补，长久下去，确实不利于强化新移民的国家认同感，也无法平衡其他国民的心理情绪，因此呼吁新移民要履行服兵役义务，增强国家认同感，以平衡其他国民的心理。

除了此文外，《联合早报》还刊出了一系列有关新移民国家认同感的文章，一方面希望本土华人对新移民要宽容，不要歧视他们，另一方面，不断呼吁新移民改变心态，加强与本土华人的融合，不要在新移民当中形成独自的社群，从而出现早期新加坡宗族和帮派现象，这不利于新加坡团结与国家认同，也不利于社会的和谐。

实际上，除了新移民课题外，华文报纸对其他一系列有关华文教育及传承华族文化的课题也采取适当、技巧性地报道，尽量不挑动其他族群的情绪，在配合政府传承

① 吸引新移民：一个牵动情感与情绪的问题. 联合早报，2007-04-01

华族文化及培养双文化精英的政策中，注意培养华人的国家认同感。因此，它们的报道策略能够得到国家领导人的肯定。

国家认同关乎新加坡的生存与发展，况且华人又是社会主流族群，华文报纸受到政府的控制，自然会教育华人树立强烈的国家认同感。由于新加坡种族关系复杂，华文报纸不可能同时强化华人的族群认同与国家认同，事实上，在新加坡同时强化华人的双重认同，只会带来更多社会问题，并造成其他种族的紧张心理。因此，我们才看到华文报纸对有关华人的国家认同的讨论都是相当正面的，而且态度鲜明地希望华人忠于新加坡。从华文报纸一系列有关培养华人国家认同感的文章与观点，以及它们配合政府政策的态度来看，它们充分发挥了传媒在培养国民对国家认同方面的作用。

三、把国家认同与政府认同等同对待

长期以来，新加坡由人民行动党执政，一方面该党确实比较廉洁，执政能力强，政绩显著，得到华人的高度认可，另一方面人民行动党通过选举制度的设计，巧妙地划分选区，在一些不满政府华文教育政策的选区中配备大量的非华族选民或者受英文教育的华人选民，这样，不满政府政策的华人参选者无法获得其他族群的支持而当选。在这种政治体制下，华文报纸被政府严格控制，当然也就无法大量刊登反对政府的文章。为了保持种族关系的和谐，政府对网络也实行严格的言论控制。因此，包括华文报纸在内，传媒有关华文教育、华人族群和国家认同的讨论、新移民的国家忠诚感、华族文化在新加坡的传承等都会引起政府的高度关注。在缺乏民主色彩和种族关系复杂的国家中，华文报纸只能淡化族群认同而培养国民的国家认同，虽然培养华人的族群认同有助于华文报纸的生存。

由于人民行动党长期在新加坡执政，又不断吸纳大量人才，在治理国家方面得到国人的肯定，同时人民行动党通过控制传媒来树立其良好的执政形象，这使得华文报纸对国家的认同在某种程度上与政府认同等同起来。虽然在表面上，华文报纸超脱于政党之争，对反对党的新闻也进行报道，但是如果我们仔细统计有关执政的人民行动党与反对党的新闻数量和版面比例，就可以发现，有关反对党的新闻少得可怜。当然，由于人民行动党执政，传媒报道人民行动党和政府的新闻是很自然的事情，但是由于人民行动党自建国以来就执政新加坡，而且每一届的政治选举都能取得压倒性胜利，反对党只能获得少数席位。因此，有政治家评论说，人民行动党是故意输数席给

反对党，以营造新加坡的民主选举形象，显示新加坡是一个民主橱窗，如果人民行动党想拿下全部议席，完全是可以做到的。

新马分离后，新加坡认为马来西亚华人缺乏政治地位，并决心通过制定多元种族发展路线，一方面促进人们对新建的国家的认同，另一方面决心作为东南亚华人的救星，通过新加坡的橱窗示范作用，提高华人在其他东南亚国家的地位。更重要是，李光耀决心自力更生，在缺乏资源的情况下，建设一个比马来西亚更加繁荣的国家，以显示自己及人民行动党的能力。对于李光耀的政治抱负及在新加坡实行的政治制度，马来西亚首相东姑·阿都拉曼于1966年5月11日在巫统群众大会发表演说时，讥讽李光耀：马来西亚政府所实施的统治，不是采取铁腕手段或者独裁手段。他说："马来西亚政府所执行的政策，与李光耀毫不相干，我们决不违反目前本邦民主制度，甚至他今日所标榜的民主制度，甚至准许人民行动党干预本邦的内政。"很显然，东姑·阿都拉曼并不认同新加坡由人民行动党执政的政治制度，他认为，人民行动党执政新加坡将不可避免地使新加坡缺乏民主自由。

事实上，从李光耀执政新加坡伊始，新加坡政府便呈现出被著名社会学家马克思·韦伯称之为"传统型"统治和"卡里斯马"统治相结合的特征。这种"传统型"统治与"卡里斯马"统治相结合的统治方式被新加坡的执政党——人民行动党所推崇，后来的两位总理也延续了李光耀的执政理念。1990年10月，时任总理的吴作栋在国会发表演说时说："我们感到特别幸运，因为31年来新加坡一直由英明又正直的人统治。"由此可见，他对李光耀的执政理念是非常赞同的。

然而，一个国家长期由一个政党执政，多少都会出现问题，如权力过分集中、容易滋生腐败、社会缺乏自由。对于一党专政有可能造成的政治后果，新加坡政府采取许多措施加以防范，力求使人民行动党避免出现腐败问题，并以透明公正的态度出现在世人面前。每一次的政治大选，人民行动党人都会穿着白衣进行拉票，以示人民行动党公正、透明、廉洁。虽然人民行动党执政效率高，政绩显著，然而，新加坡缺乏言论自由却是不争的事实，特别是涉及种族话题时，政府绝不允许传媒报道有可能煽动种族情感的新闻。由于新加坡所有的报纸都隶属于新加坡报业控股公司，而该公司又隶属于淡马锡控股（国有企业），因此，包括华文报纸在内的所有报纸都成为政府的喉舌。由于人民行动党长期执政，人民行动党的纲领就是政府执政的政策，造成人民行动党等同于政府，而政府又管理新加坡的各种事务，大到国家政策，小到年轻人何时结婚，生多少个孩子，都要讨论和涉及，这给外界一个很强烈的印象，政府就像是国民的家长。虽然人民行动党没有像中国明言传媒是党和国家的喉舌，但是在新加坡，由于华文报纸已经国有化，事实上已经是人民行动党的喉舌。这样，政府要求华文报纸淡化族群认同，强化国家认同，实际上就是在某种程度上培养人民对政府的忠诚感，从而培养对人民行动党的忠诚感。在人民行动党控制国家机器的舆论工具的政治背景下，华文报纸把培养华人对国家的认同与培养华人对政府的认同等同起来，成为维护人民行动党继续执政的重要舆论工具。

从目前新加坡的政治现实来看，人民行动党非常廉洁、透明，取得了显著的政绩，人民高度信任该党，也是人民行动党能够长期执政的主要原因。然而，人民行动党长期执政，会不会走入一党专政的死胡同？把新加坡的未来完全交给和寄托给一位睿智的人士，当该人士的人格或者执政方向出现重大问题时，新加坡的未来会不会因此变得灰暗？当前，人民行动党完全靠自律的方式建立起一套行之有效的监督制度，因此传媒的舆论监督的声音非常微弱，这种只靠自身监督能够长远保证新加坡保持高效、廉洁吗？华文报纸把国家认同等同于政府认同，政府认同等同于人民行动党认同，会不会神化政治人物，从而给国家带来不可估量的损失呢？我们在肯定人民行动党对新加坡的贡献的同时，对上述问题也持质疑的态度。

第二节　马来西亚华文报国家认同

一直以来，马来西亚华人的国家认同都受到政府的质疑和批评。马来西亚政府虽然也想增强华人的国家认同感，但是却采取“一个国家，一种文化，一种语言，一种种族”的政策，希望用马来文化同化华族文化，以达到全民皆认同国家的目的。然而，由于政府实施不公平的种族政策，不仅没有达到目的，反而制造了严重的种族问题，使华人的国家认同成为一个难题。

一、国家认同意识受质疑

平心而论，任何质疑马来西亚华人的国家认同意识，甚至批评他们缺乏国家认同意识的行为，对华人来说都是相当不公平的。笔者曾于 2006 年和 2008 年两次赴马来西亚进行调查，均发现他们具有非常强烈的国家认同意识。针对我们常把海外华人当成中国人对待的情况，马来西亚华人很明确地表达了自己的效忠对象：我们是马来西亚人，不是中国人。然而，马来西亚华人的国家认同为何一直得不到马来人及政府的认可呢？笔者认为，一方面政府不信任华人的国家认同感，出台不公平的种族政策，甚至把华人当做寄居在马来西亚的移民；另一方面，华人热爱国家，却感到无处为国分忧，处处受排挤，即使有一腔报国心，却总是得不到马来人的理解。两者严重缺乏交流与沟通，相互猜疑，从而造成了今天马来西亚华人热爱国家却无法得到马来人理解的处境。

效忠马来西亚，但又得不到马来人的理解，反而长期受到质疑，且要面对不公平的种族政策，与强烈的族群认同相比，马来西亚华人的国家认同有所下滑。这主要是自政府实施“新经济政策”以来，马来人在经济、文化、政治均得到了长足的发展，华人却仅在经济方面有所建树，在文化和政治方面均受到全面压制。作为华人的喉舌和反映华人心理变化的气象表，华文报纸全面、客观地反映了华人的心理变化。

一直以来，虽然绝大多数华人土生土长在马来西亚，也落地生根把自己当做马来西亚公民，但是他们的国家认同仍然受到马来人的怀疑，而且不断有马来人政客发表歧视华人的种族主义言论。如 2005 年 11 月在巫统全国代表大会上，原巫青团长希山慕丁高举马来剑，警告非马来人勿挑战回教与马来人的权利，之后连续三年，他均在大会上举剑威吓华人和印度人。2008 年 8 月槟州升旗山区部主席阿末依斯迈发表“华人寄居论”，严重伤害了华人的感情。《星洲日报》记者陈云清如实报道了这些种族主义言论，却因此受到警察的拘押，被扣押了 18 小时。这些侮辱华人的举动和言论，使华文报纸不得不利用传媒的动员功能，凝聚族群力量，从而在读者中产生“我爱马来西亚，马来西亚爱我吗”的疑问，真实地反映了华人对国家认同的迷茫。

2002 年，马来西亚华人学者王碧君（Heng Pek Koon）开展了“马来西亚人关于国家认同感和族群认同感”的调查，比较详尽地讨论了华人与马来人的国家认同差异。2008 年 5 月，笔者利用赴马推广新书的机会，再继续王碧君的调查，并对两个调查的数据进行了比较，结果发现，在 2002 年，只有 16.8% 的华人认为族群认同与国家认同一样重要，而 2008 年此数据却上升到 63.5%（见表 5 - 1）。与之形成对比的是，2002 年单独选择国家认同的华人有 53.6%，但是到了 2008 年，这一数字降至 27.0%，呈现大幅滑落的趋势。

表 5-1　你认为，族群认同与国家认同哪一个重要？

族群与国家认同	国家认同		华人族群		同样重要		没有回答		调查人数总计	
	2002 年	2008 年	2002 年	2008 年	2002 年	2008 年	2002 年	2008 年	2002 年	2008 年
百分比	53.6%	27.0%	21.3%	4.1%	16.8%	63.5%	8.2%	5.5%	291	74

从以上的调查数据来看，很显然，在 2002—2008 这七年中，华人的族群认同感大幅度上升。族群认同意识是反映少数族群地位和利益能否得到维护的重要衡量标准。华人族群认同在这七年中得到显著增强，在某种程度上反映了华人的利益受到损害，造成他们的国家认同不断下滑。

移民意愿与人数也是反映人们国家认同的指标。笔者的调查数据显示，与 2002 年的调查相比，2008 年想移民的华人有所上升（见表 5-2），这也从一个侧面反映了华人国家认同有所下滑的事实。

表 5-2　如果有机会移民，你想移民吗？

移民倾向	没有		有	
	2002 年	2008 年	2002 年	2008 年
百分比	73.2%	68.1%	26.8%	31.9%

通过 2002 年与 2008 年的调查比较，再结合马来西亚华人的现实，我们不难发现，华人族群感不断上升，国家认同不断下滑，反映了华人不满在过去七年中华人在政治、经济、文化领域中不断被边缘化，以及受到不公平对待的事实。如果政府继续忽视华人的感受，华人国家认同将会继续下滑，而族群认同将不断上升，必将造成马来西亚种族关系更加紧张。

由于马来种族主义在马来西亚有愈演愈烈的趋势，而这种比较极端的种族主义又违背了世界文明的发展潮流，因此华人和华文报纸对马来种族主义抵制的声音越来越强。他们均希望通过政治选举来改变现状。2008 年 3 月 8 日，马来西亚举行大选，不仅大量华人投票给反对党，而且华文报纸也从过去支持执政的国阵转向平衡报道，甚至有所倾向反对党。大选期间，政府控制的英文报和马来文报对民盟（由民主行动党、回教党和公正党三党联合组成）进行不客观、不公正的报道。大选后，民盟号召支持者抵制马来文报和英文报，却不抵制华文报。民主行动党主席林冠英的新闻秘书黄伟益于2008年5月28日接受笔者采访时也承认这一事实。时任马华公会会长的黄家定坦然接受大选结果，认为华文报比马来文报、英文报公平，重视民主选举，以民意为依归，并肯定政府在过去几年给予华文报相当大的空间，而且办报负责人也能独立地思考。他对《星洲日报》在大选期间较为客观、公正的报道表示肯定，认为其有较好的公信力。

华文报纸作为华社重要的舆论工具，一直以来都受到政府的关注，甚至被极端的种族主义者抨击其是华人融入马来社会的最大障碍。南洋报业集团负责人钟天祥于2008年5月27日接受笔者采访时承认，华文报的存在确实会造成一部分马来人对华人国家认同的质疑，因为一方面它们是族群语文报纸，维护华人权益，抗争政府，不利于族群间的交流，另一方面部分马来人在日本投降后受到马来西亚共产党的迫害，亲人被杀，所以他们憎恨马来西亚共产党，把华文报纸等同于马共。客观来说，认为华文报纸妨碍国家认同的看法，在马来人中有比较广泛的市场。然而，华文报纸虽对政府和种族主义不满，但是并不代表它们不认同马来西亚，它们只是希望通过传媒的宣传和动员，要求政府改变马来族独大、华人利益得不到切实维护的现状，希望通过支持反对党来实现建设多元种族、多元文化的马来西亚的目标。

二、培养华人的国家认同和族群认同

作为马来西亚的传媒，华文报纸必然要受到该国法律和政策的制约，要尊重当地的国家文化，维护国家利益和政府的权威，促进各族群间的文化交流与相互理解，还要注意培养华人的国家认同感。然而，华人的国家认同经常受到马来人的质疑，华文教育和华文报纸一直都被视为促进华人国家认同的重要障碍。前首相马哈蒂尔就对华人维护华文教育及华文报纸并一再发表华人有权坚持接受母语教育的言论非常不满，他曾明言，马来西亚不是中国，不会允许华人这么执著地维护华文教育。在任期间，他出台了许多压制和削弱华文教育的政策，制造了许多事件，并于1987年采取“茅草行动”，关闭致力于维护华文教育的《星洲日报》，以示政府强硬对待华人维护华文教育的决心。

平心而论，站在马哈蒂尔角度看华人维护华文教育的举动与决心，作为国家领导人，他怀疑华文报纸抗拒马来文教学，并认为其妨碍国家认同是可以理解的想法。任何一个国家的领导人都不希望国家分裂、族群之间产生矛盾和国民缺乏对国家的认同，因此，从维护国家统一和社会稳定的角度看马哈蒂尔的种族政策，似乎可以理解。然而，马哈蒂尔的政策忽视了两个非常重要的因素，一是忽视了马来文化与中华文化的落差。在经济上，华人勤奋努力，吃苦耐劳，积累了雄厚实力，而马来人在商业领域不如华人。二是马来人始终把华人当做马来西亚的外来移民，在承认华人的公民权方面始终抱着不情愿的态度，因此1957年马来人掌握政权后，不仅出台了马来人在政治上享有特权的法律，而且于1969年“5·13事件”后采取了严重向马来人倾斜的政策，不仅在经济上扶助马来人，而且在文化教育上严重偏向马来人。华人子弟的学业再优秀，也因政府出台的固打制政策而无法进入国立大学入读，造成华人子弟不得不赴新加坡、中国台湾、中国大陆和欧美等地的大学深造。

由于对政府的教育政策不满，学成之后，许多华人子弟都不愿回马来西亚就业，造成马来西亚人才大量流失，而他们的行为却被政府视为对国家不忠诚。事实上，国家资源应该公平地分配到每一个公民身上。华文报纸认为，既然华人是马来西亚公民就应该有权获得国家资源，这才体现公平、公正原则，但是在优先扶助马来人的政策面前，极少华人子弟能够进入国立大学深造。华人即使进入国立大学深造，也会受到不同程度的歧视。因为华人学生聪明勤奋，学业成绩非常优秀，所以每年国立大学推选的最优秀的学生当中，华人学生都占有相当大的比例。马哈蒂尔任首相时，有一年马来亚大学邀请他去为优等生颁奖，但是当他看到十名学生当中华人学生占了七名，马来人学生只有一名时，非常不满，竟拂袖而去，此举在华人学生心中留下了难以磨灭的创伤。

在很多社会性事务中，华人因为热衷于从事商业活动而缺乏参与其他事务的热情，所以也被政府视为缺乏对国家的忠诚。例如，针对华人不愿当兵的事实，国防卫队首长（相当于国防部长）阿都阿兹呼吁华裔子弟要打破华人不当兵的观念，加入维护国家主权的行列。他强调：“当兵不只为了护卫一个种族，而是护卫全国人民，保护国家。”① 从阿都阿兹的言论中，我们不难发现，华人缺乏当兵意愿也被质疑为缺乏对国家的忠诚。马来官员认为，华人把保护国家的重任推给马来人。事实上，由于马来人控制了警察和军队，华人加入警察和军队很难获得晋升，这也是华人不愿加入警

① 国防卫队首长：人数不到2%·华裔应踊跃当兵. 星洲日报，2009-01-28

察队伍和军队的一大原因，但是军队负责人把华人不当兵等同于不保护国家，这种态度是不客观的。华人从事商业活动也是为国家作贡献，他们为军队提供充足的国防经费，也为国防作出了贡献。因此，政府官员不能因为华人不当兵就说华人缺乏保护国家的思想。

对政府政策不满意，同时又认同马来西亚，使华人内心产生了既爱又恨的感情。而反映华人内心矛盾的华文报纸则通过刊登华人的言论和文学，真实地表达了华人内心的焦虑。在华人得不到政府公平对待的情况下，华文报纸一方面要维护和培养华人的国家认同，另一方面只好增强华人的族群认同，凝聚华人力量，维护华人权益。于是它们充分利用传媒的宣传和动员功能，培养华人的族群认同和国家认同。虽然华文报纸属于少数族群传媒，但是它们在族群力量的动员及影响政府的决策过程中，其影响力不逊色于马来文报纸和英文报纸，《星洲日报》为此作出了表率。星洲媒体集团董事经理刘鉴铨说，华人要自我肯定，不要自我矮化，不要以为自己是少数族群传媒，反正说出来的也缺乏影响，就不去努力报道，结果影响力越来越小。他认为，报纸与环境息息相关，要努力配合国家的政策、方向，要热爱国家。刘鉴铨的谈话，反映了华文报纸在增强它们的影响力、促进报纸的国家认同等方面所作出的积极努力，也反映了华文报纸同时认同族群和国家的事实。实际上，华文报纸一直坚持报道国家大事，反映华人诉求，才使得华文报纸的影响力不断得到加强，从而成为政府不可忽视的舆论力量。华文报纸在平衡各种族利益，反击马来文报的攻击，促进华人的族群和国家认同方面作出了积极贡献。

三、国家认同与政府认同区别对待

由于许多华人认为，华人得不到政府的公平对待，无论是在政治上，还是在经济和文化上，都受到马来人的压制，因此一直对由巫统掌控的政府非常不满。虽然政府由国阵组成，但是巫统在国阵中独大。华人政党——马华公会也参加了国阵，且担任了一些部门的部长，但是这些部门都不是关键和重要的机构，而且华人认为马华公会没有为华人争取更多的权益。政府偏向马来人，一些马来官员又经常作出侮辱华人的举动，这更使华人愤怒。

1969 年“5 · 13 事件”后，政府出台了马来人优先的政策，该政策执行了三十多年，华人认为马来人已经在经济方面追上华人，政府应该对该政策进行调整，不应该再偏向马来人，应该平衡各种族利益，但是巫统（主导马来西亚的最大的马来人政党，国阵重要成员）为保证马来人的选票，仍然决意执行该政策，这使华人非常不满。同时，政府对包括华族在内的非马来人文化采取任其自生自灭，甚至是摧毁华族文化的政策，如对佛教、道教寺庙不拨款不拨地，或者少拨款少拨地，甚至拆掉佛教寺庙，却大量拨款给回教理事会，用于在全国各地兴建大量伊斯兰教堂，这让华人觉得政府对华人及华族文化非常不公平。华人认为，他们也是纳税人，而且在纳税方面比马来人还多，为何政府如此厚此薄彼。华人觉得在社会的多个领域中都得不到政府的公平对待，但是又土生土长在马来西亚，热爱这一个经过数代建设起来的家园，因此，他们眷恋马来西亚，舍不得离开这块土地，因此出现了他们认同国家但不认同政府的现象。

星洲媒体集团董事经理刘鉴铨在接受笔者专访时反驳马来政客关于华人缺乏国家认同的言论，他说："华人没有奴役过马来人，奴化马来人，反而提升当地文化。华人对本族文化有很深的感情，珍惜华族文化传统，这既是对国家的认同，同时也是对先贤的尊重，怎么会使国家认同变弱呢？反而是当地种族主义才会使华人无法增强国家认同。华人不仅爱护本族文化，也接受马来文化，比如说，我四个孩子都懂华文，但并不排斥马来文，反而接受马来文化。"他认为："接受与认同是两个概念。认同是堵墙。对文化、价值观的接受并不影响国家认同。比如说，我对美国价值观和文化很欣赏，接受美国好的东西，但并不效忠美国，不能把接受与认同等同起来。华人对美国多元文化政策非常欣赏，但是却不会在政治上认同和效忠美国。同样的道理，华人热爱华族文化，但却不会在政治上认同中国。"

他指出："建国时，巫统、马华会公、国大党的领导人都接受英文教育，因此能够形成共识，权力分配也比较公平。然而，一直以来，华文教育受到歧视，1969 年后，政府完全没有按照建国时各族领袖所达成的精神，而是严重偏向马来族。年轻华人对政府没有好感，即使拿政府奖学金，也不会买政府的账。政府的不公平导致学术上也不公平，看看现在的国立大学，有多少个院系是华人领导的，华人做教授的比例是多少。人们效忠和认同国家，但不认同政府。华人接受这样的政府，但不代表认同它。在种族社会中，这种情况仍然会延续下去。底层马来人和华人没有很深的成见，如果没有政客的挑拨，不会发生种族冲突，虽然言语不同，但不会打起来，但政客却操弄种族课题，使之成为棋子，有用的时候就拿出来，通过煽动种族情绪，发表侮辱华人的言论来迎合一些极端马来人，造成华人对政府越来越失去信心。对于马来政客煽动种族情绪的举动，《星洲日报》表示坚决反对和抵制。”

现任马华公会署理会长的蔡细历指出，国家领导层有诚意去解决各民族的问题，马华会长也经常提出华小与华社的问题，但是最大的问题发生在执行政策者的行政偏差，以致有关政策无法有效执行。比如，非土著难申请成为公务员，或者成为公务员后，因行政偏差之故，升职机会很少。他认为，如果马来领袖每天总是强调马来人的特权及固打制，最终华人将会变成“受害者”。他批评一些国立大学采取“选择性开放政策”，以致无法留住人才。他以一名外国脑科专家（可能是一位马来西亚华人）最近向一所国立大学申请教职却处处碰壁为例，说：“这名专家准备回国服务，因此向一所国立大学申请教职，该大学却不乐意聘请，该专家退而求其次，只要求客席教授一职，但该大学仍表示没有兴趣。”他抨击该大学的做法：“如果把国家议程变为种族议程，在这种情况下，更多有素质的讲师都会选择离开国立大学。”[①]

种族主义造成华人与马来人有非常深的隔阂。南洋报业集团负责人钟天祥深有同感：“马来族和华人在文化和政治认同上要相互宽容。五十周年时《南洋商报》举办了各种活动，教育华人要爱国。文化与政治要分开，文化没有彼此，文化没有分别，中华文化不是中国的，是世界的。当前要改变华人认同国家但不认同政府的关键在于马来人要注意种族主义、种族性的危险性。”

除了政府出台不公平政策，以及马来政客不顾华人感受不断发表侮辱华人的言论和漠视华人为国家所作出的贡献外，马来西亚实行现代民主制度也是造成华文报纸认同国家但不认同政府的原因之一。虽然华文报纸时刻受到《内安法令》的限制和威胁，但是在涉及华人权益时，它们勇敢地站出来，并不畏惧政府。这也是因为马来西亚实行现代民主制度为华文报纸提供了一个发表言论的空间，是民主制度为华文报纸创造言论空间所作的贡献。华文报纸利用这种民主体制，引导舆论，推动多元文化的发展，建构多元文化的马来西亚文化。由于它们有很强的影响华人选票的作用，它们的舆论足以影响选情，政府不敢小视，再加上全球化趋势越来越明显，信息传播快捷发达而且日益网络化和全球化，政府要想关停华文报纸要冒损害政治形象和国家形象的风险，故此政府官员有时对华文报纸的言论虽然有诸多不满，但是也不敢过分惩罚

---

① 马华副总会长蔡细历：马政府需严正看待印裔问题. 联合早报，2007－12－05

它们。因此，华人人口众多、有雄厚的经济实力，以及民主制度的实施为华文报纸发表维护族群利益、增进族群认同、反对政府的言论提供了许多条件。在这样的情况下，政府对其认同国家但暗地抵制政府的做法有时也无可奈何。

第三节　新马华文报国家认同比较研究

由于华人在新马两国的政治地位不同，新马两国的民主制度也不尽相同，造成华文报纸的国家认同出现很大的差别，命运也出现很大的差异。新马华文报纸对政府和国家认同的不同态度，不仅让我们思考传媒在国家认同中的作用、民主政治对传媒在国家认同过程中的影响，还让我们思考在马来西亚这样一个非常特殊的环境中，华文报纸认同国家但却不接受和认同政府的原因与后果。同时也为笔者提供了许多有代表性的例子，使笔者能够更加深入地探讨华文报纸在培养读者的国家认同时的作用，以及如何影响他们的政治取向和未来的道路。

一、两者均有较强的国家意识和国家认同

虽然马来西亚华人认为他们受到了政府的不公平对待，但是他们仍然对马来西亚怀有很深的感情。在这一方面，华文报纸在增强华人的国家认同方面作出了很大贡献。马来西亚博特拉大学外文系中文专业高级讲师郭莲花于 2008 年 9 月至 10 月在巴生县的 13 所中学，就马来西亚高中生所阅读的华文文章进行了问卷调查，结果发现，“学生从多种渠道阅读马来西亚华文文章，但是从华文报纸阅读华文文章的比例最高。有 38. 0% 的学生表示他们阅读的华文文章来自报纸的副刊，有 22. 7% 的学生表示通过‘华文课本’，有 18. 9% 的学生通过‘家里藏书’。她认为，对于马华文学和思想的传播，当地华文报的文艺副刊一直以来扮演着一个十分重要的角色。她的调查显示，超过 1/3 的学生通过报纸的副刊（包括文学副刊）阅读华文文章，他们把副刊作为课外消遣读物。由此可见，副刊成为中学生阅读华文文章最重要的渠道，反映了马来西亚

华人学生阅读华文文章的一种特殊现象”①。

调查还发现，一半以上的学生（占56.2%）认为马华选文具有尊重各民族生活方式和风俗习惯的题材，可以达至国民团结的目标。接近一半的学生（占49.9%）认为选文有助于培养学生的国家意识，可见学生也认同对国家意识的培养是有必要的（见表5-3）。在某种程度上，选文符合课程纲要的要求，即教材要反映马来西亚多元族群、信仰、语言的客观环境，传达各民族的社会文化背景的信息，使学生在顺应全球化的发展趋势之际，保留本身的文化观和价值观，促进其团结友爱的精神。

表5-3　学生对入选马华篇章的看法②

学生对入选马华篇章的看法	是	不是	不知道
尊重各民族的生活方式和风俗习惯，以达至国民团结的目标	56.2%	8.3%	35.5%
有助于培养学生的国家意识	49.9%	10.8%	39.3%

从以上的调查结果来看，华文报纸在传播华族文化，帮助华人了解马来人社会，促进他们对马来西亚的认识，增进对国家的感情以至认同马来西亚等方面都起到了积极的作用。郭莲花认为，马来西亚华文报纸的副刊文章记录该地的政治、历史、地理、风土人情、文化背景，展现出作者特殊的生活经验、情感和价值观，对读者产生非常大的影响。然而，包括副刊所反映的马来西亚现状与种族关系，以及华人在马来西亚开拓历史、文化思想发展历程等，长期被排除在“国家文学”主流之外，这不只是对华人国家意识的否定，对母语教育和马来西亚华文文学的发展也产生了一定的负面影响。

与马来西亚华文报纸努力增强华人的国家认同但是又不满政府的态度不同，新加坡华文报纸的国家意识相当明显。这是因为新加坡华人能够主导社会，而且能够保证华人的利益不受损害。作为主流和强势族群，新加坡华人没有马来西亚华人如此艰难的政治环境，华文报纸可以放下争取族群利益的包袱，配合政府的政策，淡化族群意

① 郭莲花. 马来西亚高中生马华篇章阅读调查. 2009年复旦大学“马华文学的教学与研究”国际学术研讨会论文

② 郭莲花. 马来西亚高中生马华篇章阅读调查. 2009年复旦大学“马华文学的教学与研究”国际学术研讨会论文

识，促进各族群的交流，塑造所有人都享有的新加坡，因此它们可以没有族群存亡的后顾之忧，全力营造华人的国家意识，增强华人的国家认同。所以，新加坡华文报纸有非常强烈的国家意识是毋庸置疑的事实，然而，摆在它们面前的却是一条非常尴尬的道路，那就是培养华人的国家意识、增强华人的国家认同的做法无形中要求它们接受政府把英语作为社会媒介语言的政策，接受英文报纸为主流报纸的现象。虽然社会越来越西化并不是政府愿意看到的事情，但是在西化的大形势下，培养华人的国家认同感就是要求华人接受西化的既成事实，对华文报纸是一个巨大的冲击与挑战。

二、认同国家但对政府的认同态度不一

自从 1957 年马来西亚脱离英殖民统治并宣布独立后，境内的华人便逐渐树立了落地生根的想法，特别是土生土长的新一代华人，已经基本上放弃回归中国的念头，接受成为马来西亚公民的事实，并履行公民义务，因此他们形成了效忠和认同马来西亚的思想。然而，政治上的不平等决定了华人与马来人在其他领域的不平等，从经济到文化华人都受到政府种族政策的重大影响。长期以来对巫统把持朝政、出台偏向马来人的政策的不满，造成华人无法认同政府。华文报纸不断刊登有关马来人特权的讨论文章，批评政府漠视华人权益，揭示出华人对政府强烈不满的事实。华人报纸在经济和文化政策方面都进行了非常深入的批评报道，营造了批评政府的舆论氛围，迫使政府不得不正视华人的诉求，由此形成了华文报纸鼓励华人培养国家忠诚感的同时，却对政府的种族政策多加批评，反对由巫统独自把持朝政、漠视华人权益。

华文报纸这种认同国家但不接受和认同政府的态度，与马来西亚实行西方民主体制有密切关系。在民主制度下，人们形成了政府是由人民选出来的就要为人民服务的思想。如果政府管理不善，执政者就要下台，由其他政党执政。因此，很多时候，传媒是监督政府的强大力量。受民主思想影响，华文报纸作为市场化和私有化程度很高的少数族群传媒，一直以来，不仅监督政府，而且可以相对客观地评价政府的管理。这虽然使华文报纸时刻面临政府的制裁，准备接受停刊关门的后果，但是也增强了华文报纸的影响力，使其更能得到华人的支持与拥护。

在新加坡，情况并非如此。华文报纸既认同国家，也认同政府，更认同人民行动党。它们不仅有强烈的国家认同意识，而且极力配合政府的政策，高度认同政府。它们是一党长期执政的产物，因此才会出现很特殊的现象：当华文报纸报道有关“讲华

语运动”，推动华人传承华族文化的活动受到其他族群的质疑时，政府会出面为华文报纸辩护。这种情况充分说明，华文报纸完全是政府的喉舌。

新加坡华人为自己能够主导社会非常自豪，并以东南亚多元族群和睦相处的橱窗自居。2006 年 9 月 15 日，李光耀在新加坡一项会议上批评印度尼西亚和马来西亚“有系统地”边缘化当地华人的做法。该言论被报道后，立刻引起马来西亚和印度尼西亚政府的批评，然而，他的言论却在两国的华人社会中产生共鸣。华人普遍认同李光耀的观点，认为马来西亚华人确实被歧视和边缘化。马来西亚华文报纸还为此举例说，2006 年 9 月 20 日，政府在国会表明，在第九个大马计划下（2006—2010 年），当局打算增建的 180 所小学中没有一所是华文小学，这种情况足以说明华人受到漠视和排挤。

在新加坡华人的内心中，他们对马来西亚华人充满了复杂心情。他们非常同情马来西亚华人，但又看不起被马来人统治的马来西亚华人，觉得他们受到马来人的奴化却不敢反抗。笔者在新加坡作研究时，经常能感受到新加坡华人对马来西亚华人的轻视态度。一位华人司机谈起马来西亚时不屑地说：“马来西亚人口比我们多四倍，地域大 400 倍，然而，我们的国民生产总值与之差不多，人均国民生产总值是他们的五倍多。”新加坡华人同情马来西亚华人，但是又带着歧视的眼光看待他们，以致在马来西亚华人心中留下了不好的印象：新加坡华人过分傲慢。马来西亚华人也看不起无根的新加坡华人，看不起他们整天被圈养，唯唯诺诺地过日子，过着那种缺乏言论自由、投票时缺乏选择的生活。他们认为，新加坡华人华语讲不好，英语又不怎么样，只会见风使舵，缺乏自己的文化特质，不知哪天这个岛国就会像落叶那样被秋风横扫。

马来西亚华人认为，虽然马来西亚华人受到不公平对待，但起码可以通过抗争保留自己的母语教育和华文报纸。只要保住文化的根，华人就保留了族群的灵魂，在困难面前就会团结起来，在关系族群生存的关键时刻，会共同维护族群利益。1998 年亚洲爆发金融危机，许多华商没有从马来西亚撤资，而是与国家共进退，使其早日从金融危机的影响下恢复元气，因此受到马哈蒂尔的高度赞扬。马来西亚华人揶揄新加坡华人：学西方，人家说你是东方人，甚至是中国人，在亚洲，又因为社会西方化，被亚洲国家称为西方国家，两头不着边，悬在空中，当面对国难时，国人缺乏归属感和忠诚感，常常一跑了之。在 2003 年 SARS 爆发期间，许多新加坡华人跑到国外就是一个非常值得反思的案例。因此，很多马来西亚华人接受笔者访谈时表示，如果要他们在新加坡与马来西亚选择其中一个时，他们宁愿选择马来西亚，所以出现了许多马来西亚华人成功地申请成为新加坡永久居民后，却不愿意加入新加坡国籍的现象，也由此看到，每天凌晨和傍晚，连通新马两国的长堤因为过分拥挤而出现寸步难行的景象。许多马来西亚华人跟笔者说，申请新加坡永久公民，纯粹是为了通行方便，言下之意就是新加坡并不值得留恋。

新马华人之间的情感纠缠，很少在两地的华文报纸上出现，也很少有这方面的争论，一方面两地华人同根同源，另一方面，毕竟两地华人有各自的感情归属，有各自的生活方式和文化追求，政治现实造成了两者在认同国家和政府方面出现了很大的差异。

鉴于新加坡华文报纸高度配合政府政策，淡化族群意识，建构国家认同和认同政府所带来的一些负面后果，一些学者不仅对政府淡化族群意识的做法表示质疑，而且批评华文报纸过度配合政府的文化教育政策。1999 年 3 月 7 日，《海峡时报·星期刊》刊出有关“新加坡华文知识分子在 21 世纪扮演的角色”座谈会的评论文章，其中由沃伦·费尔南德斯（Warren Fernandez）所写的《你是否必须是非华人才算新加坡人?》（Must you be non-Chinese to be Singaporean?）引起了笔者的关注。他质疑政府的英语语言政策：“声称单靠英语便能达到目的的人应当考虑，国家果真放弃教授母语的话，年轻一代会不会失去一些重要的珍贵的东西？我认为会，所以才迫切希望新加坡人保存自己的文化遗产，把它发扬光大。”[①] 他说：“为何亚洲人珍惜自己的文化传统会引起争论？单靠用英语来传承文化和价值观，放弃学习母语，会给我国的年轻一代造成怎样的损失？在‘促进团结’的前提下，各族人民有必要‘淡化’（downplay）自己的民族特点吗?”[②] 他认为：“依我看来，现代化未必意味着西方化或等质化，全球化未必意味着世界麦当劳化。在世界一天天变得更小，一天天变得越来越相似的时刻，我是宁可看到在新加坡和其他地方，各民族赞扬本族的独特文化和维护多元化。只要社会采取步骤，促进各民族之间的了解、容忍与相互信任，新加坡人没有必要在促进团结的名义下，‘淡化’自己的民族特点。”[③] 沃伦·费尔南德斯有关新加坡知识

① Warren Fernandez. Must you be non-Chinese to be Singaporean? *The Straits Times*, 1999－03－07

② Warren Fernandez. Must you be non-Chinese to be Singaporean? *The Straits Times*, 1999－03－07

③ Warren Fernandez. Must you be non-Chinese to be Singaporean? *The Straits Times*, 1999－03－07

分子的使命，以及政府政策和华文报纸的任务与职责等观点，向我们展示了华文报纸完全配合政府政策存在的负面效应，也向我们提出了传媒与政府保持距离，以超脱的眼光本着客观、公正的报道精神报道社会新闻的重要性，也说明把政府与国家等同对待将给社会带来的严重后果。

三、均致力于建构多元种族社会但结果不同

通过对新马两地华人族群和国家认同的比较分析，我们不难发现，影响华人族群认同的关键在于族群文化是否得到传承。新加坡华人的族群认同之所以逐渐薄弱，其主要原因便是政府在推行英文教育的过程中有意无意地限制了华族文化的传播，使越来越多的华人没有能力阅读华文报纸，对本族历史所知有限，无法从华人的历史中找到身份认同，从而建立起作为华人的自尊和自信。

客观来说，新加坡政府独立时实施的淡化华人族群意识、培养国家意识的做法，对于国家建构起到了积极作用，使华人的族群认同逐渐转变成国家认同，造成华人认同新加坡就是认同华人族群的现象。然而，政府过于强化华人的国家认同，而忽视他们的族群认同，便会使他们失去文化之根，产生负面影响。“很想当白人的华人，如果有机会的话，他们很希望移民到白人国家去。华人种族认同感越弱，对于新加坡的倾向性、向心力就会越弱。”①新加坡将会因此流失许多人才，这对于严重缺乏资源的新加坡来说，显然是弊大于利。因此，如何在培养华人的国家认同的同时，增强他们的族群身份认同，但又避免出现华人沙文主义和种族主义，对新加坡政府来说是一个极大的挑战。

正因为担忧华文报纸在报道华人社会事务时出现华人沙文主义和种族主义倾向，政府对其相当关注，十分注意平衡它们的言论，使其不偏离政府的轨道。华文报纸因此不得不履行为政府传播信息的义务，配合政府的政策，而且在华人主导社会的背景下，也不可能发表关于华人要增强族群认同的文章，呼吁华人增强身份认同。所以，新加坡华文报纸配合政府建构多元种族社会，消除华人的族群认同情结，培养他们接纳其他种族的心理，以及为促进种族间的和谐作出相当大的贡献。从这一方面来看，新加坡华文报纸致力于建构多元种族社会由于有政府的支持，而且华人能够主导国

---

① 孙传炜．四分一本地华族学生不想做华人．联合早报，1999－12－04

家，其目标有充分的政治保障。

对于马来西亚华人来说，他们始终处于族群和国家认同的困惑之中。由于政府实施马来人优先的“新经济政策”，华人原有的文化、经济优势逐渐被削弱，而且即使不断强调自己的马来西亚公民身份，仍然被极端马来民族主义者的言论伤害，因此这种状况促使他们不得不强化华人的身份认同。一项调查显示，“75%的马来人表示，基于肤色，他们从来没有受到不公平的对待，但只有45%的华人和49%的印度人有同感。另外，只有42%的华人相信，政府的政策能够使国家团结”，“华人的确最不满，也觉得自己受到最不公平的待遇。这是政府必须立即解决的问题”[①]。显而易见，当华人越来越感到被边缘化，族群权益得不到很好的保护时，他们就会自发地团结起来，凝聚族群，强化族群认同。虽然他们仍然忠诚于马来西亚，但是在特定的历史时间，他们的族群认同甚至会强于国家认同。

在一个特殊的政治环境中，马来西亚华文报纸对国家充满了热爱，对政府却充满了愤慨，这不仅缘于华人得不到政府的公平的对待，也缘于自身得不到政府的公平对待。例如，华文报纸的领导人在传媒界做了几十年，为社会作出了很大贡献，却很难获得拿督的头衔。然而，一位马来文报纸的领导人仅工作了一年，就获得了拿督的金章。虽然名利是身外之物，但是政府厚此薄彼的做法只会伤害华文报纸从业者的心。他们因此对华人遭遇的不公平的待遇感同身受，能够更准确、更敏感地把握到华人不满政府的心情，从而通过手中的笔把华人的感受表达出来，从而产生了独特的认同国家但不认同和接受政府的现象。

新马华人族群与国家认同的差异，以及两国政府解决种族问题的思维，使我们思考如何在一个多族群（民族）国家实现和谐和国家认同的问题。笔者认为，从今天的角度来看新加坡的种族政策，新加坡政府通过实施维护多元种族文化政策，强化各族群的国家认同，无疑具有很强的借鉴价值和意义。如果马来西亚政府也实施多元种族文化政策，不压制和消灭华族文化，尊重华人的族群性，实现各族群的平等发展，那么华人的族群和国家认同也有可能走上新加坡华人的道路。但事实上，在马来西亚，种族问题根深蒂固，要达至多元种族和多元文化的目标，希望非常渺茫，特别是在华人人口比例不断下滑，政治、文化和经济领域优势不断萎缩的形势下，华文报纸建构

---

① 最新民调显示 马青年只与同族交往 与他族交流机会甚少. 联合早报，2008－04－19

华人的国家意识，努力促成多元种族主义的愿望或许只是一个非常遥远的梦想。

世界上许多多族群（民族）国家都面临族群（民族）问题，也造成了世界的动荡和族群间的相互仇杀，数以万计的难民因为族群相互仇杀而流离失所，处境悲惨。在世界迈入21世纪，迎接信息文明和后工业文明的时代中，因为狭隘的宗教思想和族群利益而使不同族群之间产生仇恨，甚至相互厮杀，完全背离了现代文明的初衷，也损害了人类的价值，践踏了人的尊严。面对族群纷争而引发的人类灾难，如何妥善解决这些问题，笔者认为，民族国家采取多元民族文化政策，特别要保护少数族群文化，为少数族群提供平等甚至更好的发展机会，实现他们参政议政、文化传承、经济发展的愿望，从而削弱他们抵制国家认同的基础，甚至消灭他们淡化国家认同的土壤，不失为一个比较可行和现实的方法。

第六章

全球化背景下新马华文报的族群与国家认同

THE COMPARATIVE STUDY ON CULTURAL，ETHNIC AND NATIONAL IDENTITY OF CHINESE LANGUAGE NEWSPAPER IN SINGAPORE AND MALAYSIA

关于全球化的概念，许多学者根据自己的研究领域和学科知识提出了不同的见解。英国著名学者安东尼·吉登斯（Anthony Giddens）认为，全球化是指由不同地域之间日益紧密和快速的联系所产生的一种“时空压缩”的状态和感觉。美国学者托马斯·弗里德曼（Thomas L. Friedman）认为，全球化就是资本、技术和信息通过形成单一全球市场并在某种程度上形成地球村的方式，实现跨越国家边界的一体化。詹姆斯·罗西瑙（James N. Rosthau）认为，全球化是行为、习惯和技艺等方面的效仿，是制度、惯例等方面的同化与建构。美国学者约翰·汤姆林森（John Tomlinson）认为，全球化指的是快速发展、不断密集地相互联系和相互依存的网络系统。这些学者从不同角度对全球化的概念进行了阐述，体现了全球化不分学科、不分领域的特点。

从上述有关全球化的概念来看，我们不难发现对全球化的概念论述均包含了“同化”、“压缩”、“一体化”、“相互联系、相互依存”等要素，其中核心的内容是世界“各民族的各方面的互相往来和各方面的互相依赖”。由于不同的学者站在各自的学科背景来定义全球化的概念，而且该概念涉及的面太广，如何定义全球化的概念在学术界仍然没有形成共识。不过，纵观今天全球化研究的理论，我们发现，虽然许多学者从不同的领域和视野出发，提出了许多不同的理论体系，但是几乎都认为，全球化并不必然造成族群、民族和地区的消失，甚至不排斥国家主权的观点，只是认为随着全球化的深入，“世界正在变小”，“全球相互依赖”，世界逐渐缩小成一个整体。

因此，综合不同学者对全球化概念的阐述，笔者认为，全球化是个人或公司企业可自由地从事跨国文化、经济活动，即因技术创新，透过贸易、资金、人员、信息等流动，加深经济、文化整合的一种过程，包括：资金流通、信息网络、跨国企业兴起、人员大量移动、消费与文化生活模式一致化。全球化的核心是效益，它是全球化的动力。全球化的表现形式是联结，反映在文化同化或一致化、时空的压缩和权力的转换造成社会关系的重构。由于全球化造成世界各个领域的联结相当紧密，所以对世界各国政治、经济、文化的冲击很大，对发展中国家的影响更大。

作为反映新马华人的华文报纸，它们在全球化的浪潮中受到强烈冲击。随着经济全球化的进一步拓展和深入，两国的种族关系和传媒及族群文化都受到相当大的影响。作为反映新马华人思想与文化的华文报纸，文化全球化既威胁它们的生存与发展，也为它们提供了另一个发展的空间。由于新马华文报纸处于一个不同的政治、经济与文化背景中，所以它们的全球化道路也显现出很大的差异。

第一节 全球化对华文报族群与国家认同的影响

经济、文化全球化，对世界各国的政治、经济和文化均产生了重大影响。经济和文化迅速全球化的同时，移民也出现了全球化的现象。世界各国人员流动更加频繁，从中国移民至世界各国的人数迅速增长。移民为促进世界各国的文化交流创造了条件，也为世界各国的人们了解不同文化、增进彼此的理解提供了条件。

新马是东南亚各国，甚至是世界各国华文报纸最发达的两个国家。华文报纸的市场化程度最高，而且是在种族关系相当敏感、文化全球化影响较大的国家发行，因此面对全球化的冲击，它们及时调整策略，适应全球化的发展趋势，寻找到了新的生存与发展的空间。它们的族群和国家认同也在全球化的趋势中呈现出新特点。

一、报业跨国化对华文报纸族群与国家认同的影响

“全球化不应仅仅是简单的资本和市场扩张或贸易的加强。它不仅是经济现象，也并不仅仅影响经济，而是一种更宽、更深、更复杂，涉及各领域的政治、经济、文化相互交叉的现象，包含着许多新形式的交流与革新。全球化促进了世界的平坦化，为人们在全球范围内工作的分配、知识的传播与娱乐的共享提供了多种形式并存的全球性平台。面对全球化的冲击，人们担心全球化会导致传统文化的解体，但是我们若忽视了它对于提高个人能力、丰富文化内容的意义，将会忽视其潜在的对人类自由与多样化的积极作用。”①

全球化为传媒的国际化提供了很好的机会。世界上很多大的传媒集团都利用全球化的机会，一方面在全球扩展市场，另一方面进行资源的优化配置，把一些非核心业务外包给工资薪酬较低的服务商，以降低成本。如路透社在全球拥有 197 个办事处，共有 2 300 名记者，服务的对象包括投资银行家、金融衍生品交易商、股票经纪人、报纸、广播、电视和网络等，然而，随着经济形势变差，很多客户开始缩减开支，路

---

① ［美］托马斯·费里德曼．世界是平的：21 世纪简史．何帆，肖莹莹，郝正非译．长沙：湖南科学技术出版社，2006. 370

透社为了降低成本，也为了提高效率，决定把一些业务分解，外包给其他国家，如印度、英国等。

路透社执行官格洛瑟说，他上任后的主要目的是缩减路透社的总工资支出，但也要保住尽可能多的好的记者岗位。他说："我们做的第一件事件就是尝试在班加罗尔雇用6名记者，让他们做快讯和表格，以及其他所有我们能够让他们在班加罗尔做的工作。这些雇员都有会计专业的背景并且接受过路透社的培养，但是他们的工资水平、福利和休假完全和当地标准一样。印度是个绝佳的招聘人才的地方，你不仅能够招聘到技术人才，而且能够招聘到金融人才。当一家公司发布其收益数据的时候，它会将这些数据发送到主要的通讯社，如路透社、道·琼斯、彭博。""在得到公司的基本财务数据后，媒体竞争的优胜者就要看谁的处理速度更快。虽然将数据发送到班加罗尔会有1秒钟左右的时滞，但你会发现班加罗尔的工作质量和在伦敦、纽约没什么两样。唯一的区别是，班加罗尔的租金和工资支出是在西方国家的1/5。"①

尽管是经济的压力和世界变平的现实迫使路透社走了这一步，但是格洛瑟却试图将这视为追求完美而必须做的事情。格洛瑟说，我们把低端的报道放在世界上其他地方，使路透社变得更有效率，而这会使得路透社乐意保留下来的那些记者更加注重高附加值的深度报道，这也有利于他们实现自我价值。将新闻通讯外包到印度也让路透社扩大了它的报道范围，过去路透社出于成本考虑根本不报道一些小公司，也不稀罕那些小公司购买信息的能力，因为纽约记者的工资成本太高了，他们不可能雇用很多记者，但是在金融危机面前，他们不得不考虑接纳小公司。他们把一些低端的业务外包给印度的班加罗尔，因此可以腾出人手为那些小公司服务，这在以前是不可能做到的，因为纽约一名记者的工资足以在印度雇用几名记者。截至2004年夏天，路透社已经将班加罗尔的工作人员扩大到了300名，格洛瑟计划进一步将当地的员工扩大到1 500名。在这些人当中，有一部分是路透社的老员工，他们在班加罗尔负责培训工作，也有那些负责往表格中填写数据的工作人员，但大部分当地的员工做的是更为专业化的数据分析工作，如分析股票市场上的数据。

格洛瑟已将路透社的员工裁减了将近1/4，但没有大幅度解雇记者。他认为，在

---

① [美] 托马斯·费里德曼. 世界是平的：21世纪简史. 何帆，肖莹莹，郝正非译. 长沙：湖南科学技术出版社，2006. 14～16

全球化的趋势下，路透社的员工是可以理解这种做法的。路透社唯有这样做，才能生存并重新兴旺。传媒的市场化和国际化，使传媒降低成本，并获得更大的发展空间，增加了利润，但是路透社的全球化使人们提高了警惕，这些世界性的传媒在各地聘用员工，并在世界各国开拓市场，是否会瓦解当地的文化和政府，对多民族的国家带来冲击，造成社会不稳定。更令政府担心的是，由于路透社关注弱小族群并报道他们的境况，会不会造成那些弱小族群利用世界性的传媒来争取自己的族群利益，由此造成族群间相互敌视、国家不稳定，甚至导致国家的分裂。此外，人们也非常担心，世界性的传媒在世界开拓市场，会不会改变他们对公司所在地的国家认同问题，或者说，它们会不会因为过分追求商业利益而削弱了对公司注册地的国家认同。

实际上，传媒跨国化的同时也在本土化。他们必须尊重当地的法律，用当地语言和适当的文化包装方式进行新闻传播活动。也就是说，全球化其实在某种程度上是“本土化”，为了追求更大的商业利益，市场化和商业化程度很高的传媒往往淡化族群和国家认同。例如，美国新闻集团为了在中国开拓市场，只能根据中国受众的信息需要和获取信息的习惯进行传播，而不能很明显地向中国受众灌输美国的价值观，要求中国人在政治上认同和效忠美国。

在全球化的趋势中，面对跨国传媒在全球化过程中取得的巨额利润，以及传播西方价值观的现实，新马华文报纸同样要经历全球化的过程。新马两国要想在极度饱和的市场中开拓新市场，获得更多的商业利益，并传播新马华人的文化与思想，也必须走全球化的道路。事实上，新马两国的华文报纸已经走向了全球化，如马来西亚星洲媒体集团在柬埔寨和印度尼西亚办报，新加坡报业控股在中国开拓市场。它们也利用网络实现了全球传播的目的，提升了他们在海外华人中的影响。接下来的问题就是它们如何有效地传播新马华人社会的信息，以及如何通过文化传播影响西方社会，让西方社会了解新马华人社会。

与西方传媒的跨国化相比，新马华文报纸无论是规模还是经营的范围都有相当大的差距。截至 2007 年 12 月 22 日，星洲媒体集团的市值是 21.67 亿港元、南洋报业集团市值为 7.44 亿港元、香港明报集团市值为 7.89 亿港元。三家于 2008 年 4 月合并成“世界华文媒体集团”，市值约 37 亿港元，相当于 5 亿美元，与美国新闻集团 400 多亿美元资产相比，差距十分明显，但是毕竟迈出了走向世界的第一步。这样，它们就可以利用集团化后形成的资源优势，降低成本，获取更大的利润。合并后的集团，为了开拓世界各国的市场，特别是中国市场，它们以传播和认同中华文化为纽带，向世界各国华人传播最新的华人信息。在这样的环境下，虽然属下子报不断强调当地华人要对当地国家效忠，但是对于集团而言，形成了多个国家认同，不仅新马政府质疑华文报纸的意图，其他一些国家的政府对于新马华文报纸的集团化也产生了质疑。如马来西亚政府对此颇有疑虑，担心三家集团合并后，会不会重构马来西亚华人社会，甚至影响华人与马来人的种族关系，进而干涉马来西亚的政治、经济和文化制度。更令政府关注的是，集团会不会利用全球传播的优势，集中全球华人的力量向政府施压，造成马来西亚华人的国家认同被削弱。

与此同时，新马华人也对华文报纸的跨国化产生怀疑态度。人们普遍产生忧虑，那就是华文报纸在全球化过程中，通过整合资源、优化配置，实现了跨国化的目标，然而，对那些弱小的华文报纸来说，就有可能使它们的生存空间更加狭小。此外，马来西亚华人也担忧，这些实力雄厚的传媒兼并弱小的传媒后，会不会垄断华文传媒业，成为政府的代言人，而丧失了维护华人权益、增强华人族群的功能。马来西亚星洲媒体集团、南洋报业集团与香港明报集团合并，组建世界华文媒体集团，在马来西亚华人社会产生了抗议活动和反对的声音，明显反映出华人对上述问题的焦虑。

美国著名社会学家伊曼纽尔·沃勒斯坦（Immanuel Wallerstein）在论述全球化的概念时强调要以“世界体系”对全球化进行研究。他提出在这个体系中，各个民族文化都是相互联系的，而且呈现动态变化，民族文化的社会地位可以轮换。他认为要跳出以民族文化作为单元研究的视野，转向以“世界体系”为参照的整体研究方法。笔者认为，这对于从整体的角度研究新马华文报纸的发展状况、表现形态及面对全球化呈现的统一形象有非常大的借鉴价值。然而，令我们感到疑惑的是，“世界体系”的研究方法会不会造成新马华族文化的扁平化？它们在与其他族群文化的位置变换过程中，会不会以牺牲某些特点为代价而换取位置的变换呢？也就是说，作为少数族群传媒，新马华文报纸会不会在这个体系中，为寻找更有利的商业位置而自我牺牲，从而失去了喉舌作用和族群认同功能呢？

在民族国家仍然存在的背景下，在全球化日益深入的时代中，华文报纸为了吸引新的受众，它们有可能会屈服于商业利益而淡化族群和国家认同。从目前的种种迹象来看，华文报纸已逐渐淡化了政治认同的功能，在跨国化的过程中，它们以中华文化为纽带，以维护当地华人权益为责任，这更加促进了华人的族群和身份认同。

二、种族关系政治化对华文报纸族群与国家认同的影响

新马两国有一个共同的特点，就是种族关系相当敏感。在英殖民时期，英国政府采取分而治之的方式对马来人、华人和印度人进行统治和管理，因而造成三大种族相互产生隔阂，这种隔阂一直延续到今天。因此，新马两国的种族关系一直与政治纠缠在一起，成为影响新马两国社会稳定的重要因素。然而，新马两国的种族构成有本质性的差异，特别是在全球化日益深入的今天，两国在解决种族关系问题的方法上呈现出重大差别。

新加坡南洋理工大学拉惹勒南国际研究院于2007年所做的一项调查发现，超过90%的新加坡人接受任何种族担任新加坡总统或总理。在各族群当中，愿意投选他族议员的人也介于97%至100%之间，这表明他们投票时不带种族色彩。参与调查的华人有922名，能够接受马来族总理、印度族总理或其他少数种族总理的华人受访者，分别达91%、94%和95%。其他种族的受访者则有超过97%的人能够接受他族担任总理。

从调查结果来看，“新加坡人似乎不仅已经接受少数种族担任总统或议员，甚至还能接受一位来自少数族群的总理。这显示新加坡人在评估担任重要职位的人选时，先看那人的能力而不是种族。新加坡虽未有非华族担任总理，但假以时日，人们会接纳少数族群领导新加坡。调查结果也显示新加坡华人对他族的警察和军人都感到放心，也不介意自己的教师、医生、上司、同事、下属、邻居是他族”[①]。这说明在全球化的影响下，以及政府实行比较包容的种族政策，再加上华人是社会的主流族群，新加坡的种族关系呈现相对和谐的状况，各种族相互包容，马来人和印度人接受了华人作为社会主流族群的社会现实，而华人也能接受其他种族担任总理的可能。

在比较和谐的种族关系面前，虽然政府一直把种族关系当成国家大事来对待，但是新加坡的种族关系变成社会的重要政治议题后，从调查的结果来看，人们显然与政府的看法有些距离，也就是说，人们认为种族关系已经不太重要。例如，从各种族相互接受的调查结果来看，人们认为政府规定组屋区的种族比例限制越来越不重要，人们不会在乎是否和同种族或信仰同宗教的人住得较近，而更在乎对方的社会地位。新

① 洪艺箐. 超过九成国人接受任何种族当总统或总理. 联合早报，2007－11－03

加坡当前比较和谐的种族关系和各种族之间相互接受的现实，使其能以一个比较完整的新加坡去迎接全球化的挑战，适应竞争，吸收他国文化而促进其不断自我更新，从而能够在全球化的进程中找到生存的空间，促进新加坡经济继续繁荣。

然而，在马来西亚，马来人缺乏自信，总是带着种族主义的色彩制定国家政策，这使得政府制定的政策呈现出相当浓郁的种族色彩，造成社会弥漫着相当浓郁的相互不信任、不团结的气氛。直至今天，把华人归为中国侨民的还大有人在。例如，2008年8月，阿末依斯迈在槟城发表华人寄居论；前首相马哈蒂尔说，躺在巨人旁边，永远没有安全感。这些言论严重挑拨了种族关系。当《星洲日报》报道了阿末依斯迈的华人寄居论后，报道不仅没有得到政府的重视，报社反而因此收到了内政部的警告信，要其解释报道的原因及提供不应受到内政部对付的理由。前内政部长赛哈密面对人们的质疑，对发信给《星洲日报》的做法辩护道："不希望要求报章解释的做法被认为是约束媒体的自由，因为内政部有责任确保社会不会发生冲突，或因为一些有关种族、宗教或文化的报道引起愤怒的情绪。有时候人们可能跟随着欲望而忘了本身的行动已过分，或是已触及其他人的利益。因此，我们采取了数项步骤，如要求解释、给予警告、吊销或撤销执照。"①

新加坡华人能够接受非华人出任总统和总理，在马来西亚，华人出任首相的讨论却受到马来人的非议。即使以华人为主要组成部分的政党——民主行动党在2008年3月大选中获得华人的支持，也引起许多马来人的不安，他们指责民主行动党的胜利会把马来西亚导入新加坡社会制度，致使华人成为社会主流，而马来人几乎无立足之地。

2008年3月16日，两名马来读者投函《马来西亚前锋报》（巫统控制的马来文报），对民主行动党在霹雳、雪兰莪及槟城大胜表示不安。他们担心，马来西亚有朝一日将成为另一个新加坡，由华人支配一切，马来人只好靠边站。来自雪兰莪的读者沙益哈欣在信中指出，大选重演1969年的历史，巫统的马来人政治主导权再次受到威胁。他说："巫统信任马华、国大党和民政党，把它们当做主要伙伴，分配部长职位给他们。不过，华人和印度人朝秦暮楚，这种政治契约无法维持长久。由于巫统主导的政府过于大方或软弱，导致民主行动党在华人社会扩张势力。而民主行动党的目

① 为何不应受对付？内政部要《星洲日报》解释. 星洲日报，2008－09－12

标是把马来西亚变成另一个实行任人唯贤的新加坡，意味着非马来人在损害马来人的情况下垄断，不会有马来主权、马来语文、回教及传统马来习俗。”沙益哈欣认为，这是马来人过于信任其他种族的不良后果。他说，时代已经改变，马来人却忘记大多数华人仍旧当自己是华裔，把马来西亚人放在第二位，印度人也是一样。他说，尽管如此，巫统领袖遵守宪法的社会契约，每个马来西亚人都有一票，而不是让马来人拥有两票或乡村贫民在国会有更大声音。①

另一名吉隆坡读者以笔名“时日无多”投函说，霹雳和雪兰莪州以往是由马来人/回教徒支配，如今却落入民主行动党手中，他感到痛心。这是因为，民主行动党一直以来公开宣称不承认回教及抗拒回教。在霹雳州，民主行动党在联合政府的议席最多，但由于宪法规定只有马来回教徒可担任州务大臣，因此民主行动党将扶植傀儡大臣。他说，槟城的情况更糟，国阵政府过去就无法解决马来人更加贫穷及边缘化的问题，如今槟州更是出现了对马来人及回教不友善的政府。他担心马来西亚或上述三州不久之后会跟随新加坡的步伐。他说：“新加坡原本属于马来人，过后却由人民行动党治理，在任人唯贤及民主名义下，我们有了今天不属于马来人的新加坡，一个由华人支配的国家，马来人几乎没有发挥空间。”②

从两名马来读者投书《马来西亚前锋报》的情况来看，种族关系仍然是马来西亚发展的最大问题。笔者在马来西亚进行调查时发现，这两名马来读者所反映的思想，实际上代表了相当一部分马来人的看法。事实上，不仅华人与马来人存在很深的隔阂，印度裔也与马来人有很大的矛盾。2007 年 11 月，马来西亚印度教徒权益委员会发动大集会，抗议政府对印度裔不公。集会有 2 万人参加，政府用高压水枪和催泪弹驱散了人群。事后，内政部向各种语文报纸发出“出版指南”，要求他们不要渲染印度裔大集会及警方提控参加者的新闻。内政部警告各语文报纸，特别是淡米尔文报纸，不要渲染印度人被指是种族清洗的受害者的新闻。由此可见，不仅华人感觉受到马来人歧视，印度人也有同感，说明政府一味偏向马来人，已经受到华人和印度人的抵制。种族关系越来越敏感，也是因为政府没有根据形势，对种族政策进行调整的结果。

---

① 《前锋报》读者：民行党大胜威胁马来人主导权．联合早报，2008－03－16

② 《前锋报》读者：民行党大胜威胁马来人主导权．联合早报，2008－03－16

由于种族关系敏感，一件很小的事情都会上升至种族问题，引发社会的不安。例如，华文报纸曾经报道过一则华人司机开车撞死马来人的新闻。如果人们以平常心看待这种交通事故，会觉得这个事故非常普通，根本不会跟种族关系联系起来。然而，由于事故涉及两个种族，报纸报道这个事故就得非常小心，稍有不慎就会引起种族问题。2007 年 9 月 16 日，《中国报》报道了两名华族少年开车撞到一名马来族电单车司机的新闻，由于涉案人员分属两个种族，报纸不得不小心翼翼地处理此事。这两名华族少年开车途中与一辆电单车相撞，不料引起当地马来族居民的不满，出动大约 30 名青年殴打他们。该报借华族少年父亲的话，“马国是多元种族国家，各族向来都能够和睦相处，希望今后若有涉及不同种族的车祸，双方应该冷静，不可动粗伤人”，间接地批评了马来人粗暴对待华族少年的做法，但是报纸没有过分渲染种族矛盾，避免把很平常的交通事故上升为种族矛盾。从现在的马来西亚的政治现实来看，种族问题已经成为困扰该国发展的重要问题。华人和印度人都不信任带有马来人色彩的政府，而马来人主导的政府又不信任华人和印度人，种族关系和社会越来越政治化。

马来西亚严重的种族问题，必将阻碍该国的经济和社会发展，更令人担忧的是，经济和文化全球化已经席卷全球，要求各国以更加开放和包容的态度对待国内的少数族群。然而，马来西亚偏向马来人的政策，促成了敏感和高度政治化的种族关系，成为该国融入全球化的一大障碍。全球化严重冲击民族国家的制度，如果民族国家存在非常敏感的种族关系，而处于弱势的少数族群又感觉受到主流社会和政府的歧视，那么他们的国家认同就会被削弱，甚至丧失对国家和政府的信心，从而促使他们更加注重族群的身份认同。马来西亚华文报纸之所以如此维护华人的族群认同感，也是因为政府三十多年所出台的不平等的种族政策，使华人日益感觉到被边缘化才作出的抗争。这种抗争使得华文报纸变得越来越政治化，甚至副刊所刊登的文章都具有很明显的政治战斗精神。马来西亚华文报纸高度政治化，致力于族群和国家的双重认同，然而，在全球化的冲击和影响下，它们会不会因此提升华人从族群走向民族认同，在追求政治权力方面走得更远，从而使华人族群的政治性更强？这是一个很值得探讨的问题。如果这种状况持续下去，将会对马来西亚的繁荣与稳定，甚至对国家的统一造成很大的威胁。

三、文化全球化对华文报族群与国家认同的影响

随着经济全球化，传播技术的进步及交通网络的不断完善，文化全球化也在世界范围内迅速发展。它的出现有两面性，一是有可能导致世界文化“麦当劳化”，二是它能在推动世界文明的进一步发展中作出贡献。世界各地的文化在参与全球化时，也借文化全球化的机会，展现出该地文化的特点与形象，从而为世界各国人们所了解，并且在文化全球化的过程中通过吸收其他文化的精髓而不断得到发展，同时推动当地经济和社会的发展。

世界经济学家戴维·兰德斯（David Lands）在其所写的《国富国穷》一书中指出，尽管气候、自然资源和地理环境都可以解释为什么有些国家能够从农业社会跃进到工业社会，而有些国家不行，但最关键的原因是他们具有不同的文化禀赋，特别是是否具有一个社会在勤劳、节俭、诚实、忍耐和坚忍等方面的价值观，以及这些价值观深入民心的程度。他认为，在全球化造成的扁平的世界里，文化会在两个方面影响不同人群的发展。第一是文化的外向程度。在多大程度上，它可接受异己的文化？它在全球化与本地化的结合方面表现如何？第二是文化的内向程度。在多大程度上，人们有强烈的民族认同并集中精力于国家经济发展；在多大程度上，社会中的人与人彼此信任，即使互不相识，也可以共同合作；在多大程度上，这个国家中的精英能够关心社会大众，并愿意回报自己的祖国，或是对国家的贫穷置之不理，只顾在国外捞钱。

戴维·兰德斯认为，“国家文化的外向程度越高，越容易吸收国外的新思想、新技术，并把它们同自己的传统相融合，印度、美国、日本和近年来的中国文化在这方面的能力就很突出。他说，在这个世界上，开放的文化和不排斥新元素的文化会占优势。开放对于一个国家来说十分重要，因为这意味着人们开始接触有才能的人，并肯定他们的才能。他认为，当你和世界另一个角落的开发者聊天时，你并不知道他或她的肤色，你们彼此联系的基础是因为对双方才能的认同而不是种族或民族。他说，如果你生活在崇尚这种文化观的国度里，这种文化会潜移默化地改变你对整个人类社会

的看法”①。

笔者认为，戴维·兰德斯的观点有一定的借鉴意义。当谈到经济活动时，人们很容易忘掉对一国发展起到最大推动作用的文化容忍度和宽容度。当宽容成为人们的行为准则时，人人都会因此得到好处，因为宽容是彼此信赖的前提，而彼此信赖又是创新和企业精神的基础。增进不同群体或社会之间的信任水平，会使双方都得到好处。从当今世界的发展潮流来看，只有适应性和包容性强的文化才能够得到真正的发展。四大文明古国：印度、中国、埃及与巴比伦，只有印度和中国利用全球化的机会获得了长足的发展，而曾经相当辉煌的埃及文明和巴比伦文明现在却停滞下来甚至被毁灭，而这两种文明恰恰都是伊斯兰文明。

不可否认，伊斯兰文明曾经在8世纪创造了璀璨的文明，为世界文明的发展作出了积极且重要的贡献，然而，当它辉煌的时候，世界对石油的需求并未如今天这般迫切，而且当时西亚也没有发现大量油田。这说明，伊斯兰文明曾经有过很强的学习能力，然而，当世界非常渴望石油，而西亚在发现并开采了大量石油后，伊斯兰国家便利用石油创造财富，文明建设处于停滞的状态，甚至对世界文明持排斥态度。故此，风靡世界的畅销书《世界是平的》的作者托马斯·费里德曼认为，正是因为缺乏包容，使得一些伊斯兰国家在全球化的浪潮中不安地挣扎，因为它们无法把全球化与本国传统有效地结合。他引用了英国历史学家保罗·约翰逊的话：“印度教的本质就是教人学会宽容，这种文化带动了印度整体的繁荣。中国人和印度人到一起总是会形成一个群体，共同繁荣，再看看居住在乌干达的印度人曾受到独裁者伊迪阿明的排斥，最终被宽容的英国社会所接纳。现在，这个群体中产生的百万富翁比英国任何一个移民群体中出现的都要多。”他认为：“回顾历史，当伊斯兰世界学会了宽容，它就会繁荣起来，但是在当代，一些伊斯兰国家已经被某些精神领袖所统治，他们拒绝宽容，拒绝改变或创新，这种意识形态最终延误了许多伊斯兰国家的经济发展。”②

新马两国现在都面临种族问题的挑战，而种族问题又与宗教关系密切，华人与马来人的矛盾最大，而绝大部分的马来人信奉伊斯兰教。如果马来人缺乏宽容，那么种

---

① ［美］托马斯·费里德曼．世界是平的：21世纪简史．何帆，肖莹莹，郝正非译．长沙：湖南科学技术出版社，2006.327～328

② ［美］托马斯·费里德曼．世界是平的：21世纪简史．何帆，肖莹莹，郝正非译．长沙：湖南科学技术出版社，2006.329

族问题就会产生，与之相反，如果马来人有比较包容、开放的思想，他们就能与华人相处得比较好，而且能够被华人接受。所以，新马两国的种族关系现状呈现出很大的差别，这种差别也是导致新马两国经济发展出现距离的一大原因。

建国以来，新加坡实行多元种族政策，种族关系相对缓和，超过九成的国人接受任何种族的人当总统或总理，人们不介意总理是马来人或者印度人。但是在马来西亚，掌握了政权的马来人却对华人出任首相持反对态度。2008 年，奥马巴当选美国首位黑人总统一个星期后，马来文报纸开始"变调"，从一开始的大肆吹捧，转为提醒非马来人认清现实，不要急于想要成为首相，甚至提醒非马来人不要乘机挑起少数民族担任首相的论争。

《马来西亚前锋报》于 2008 年 11 月 15 日在言论版发表文章，批评非马来人"得寸进尺"，从前争取副首相职位，当奥巴马当选美国总统之后，又乘机要求担任首相。这篇题为《非马来人成为首相的条件》的文章指出，一些发展中或先进国家的确已经有了少数民族总统或总理，一旦非土著领袖能够被同化，吸收多数民族的文化、语文及风俗习惯之后，这种情况就会发生。"然而，当我们努力推行一种语文政策，以及公平分享国家经济蛋糕的时候，非土著领袖及人民持怎样的态度？我们相信，马来人能够接受华人成为首相，可是必须附带条件，那就是非马来人必须准备全面接受及捍卫宪法阐明的政策，并且成为真正的马来西亚民族，正如印度尼西亚和泰国华人。马来人必须给予信心，认为土著的前景不受动摇，缺乏这个信心，就别对马来人接受其他种族领导寄予很高的期望。"①

该报笔名阿旺（Awang）的作者也在《马来西亚前锋报》的"窃窃私语"专栏中说，奥巴马与马国非马来人的背景大大不同，奥巴马的母亲是美国白人，奥巴马也是美国主流宗教基督教教徒。他说："美国已经独立 232 年，其人民包括外来移民只讲一种语言，也只有一种源流的教育，马来西亚却很不同。在这里，非马来政党仍然无法摆脱种族政治。"另外，也有读者写信给《马来西亚前锋报》，认为非马来人必须在被同化之后，才能够成为首相，他说，泰国前首相他信（又称猜信）祖籍中国，却在放弃华人姓名之后，才能成为泰国总理，既然泰国华人能做到这一点，为何马来西亚华人不能做到呢？反对党——回教党主席在接受《星洲日报》访问时也表示，虽然同

① 马国马来报提醒非马来人"认清现实别急于当首相". 联合早报，2008 - 11 - 16

意华人出任首相，但前提是这个华人必须是穆斯林。由此看来，华人出任马来西亚首相几乎得不到马来人的支持。

在新加坡，新加坡南洋理工大学拉惹勒南国际研究院于2007年所做的一项调查发现，虽然人们不介意总理是马来人，但若以宗教区分，除了回教徒和印度教徒外，其他宗教或非信徒都有超过10%的受访者不希望总理是回教徒，这个现象在“少数宗教”族群中特别显著，有22%的人不愿意新加坡有位回教徒总理（见表6－1），也就是说，仍有78%的人能够接受回教徒出任总理。在宗教的接受程度上，虽然回教被接受的程度比其他宗教低，但是仍有89%的人能够接受回教徒出任总理，说明新加坡人相当开放和宽容。而在马来西亚，马来人相当保守，而且比较排斥其他宗教，如按照法律规定，马来人可以收养华人小孩，而华人却绝对不允许收养马来人小孩。华人对皈依伊斯兰教徒的华人比较宽容，但是马来人一出生下来就是伊斯兰教徒，而且不允许他们改信其他宗教。这种状况使华人认为自己受到马来人的歧视，伊斯兰教相当封闭且缺乏包容，对其他宗教不公平，因此华人与马来人的隔阂越来越深。

表6－1　新加坡各种宗教信徒接受与被接受调查表①

	佛教与道教	回教	印度教	基督教	少数宗教	非信徒
接受程度	92%	93%	95%	93%	94%	93%
被接受程度	96%	89%	90%	95%	93%	96%

马来西亚马来人相对保守与排斥异教的宗教信仰态度，不仅造成境内种族关系复杂、敏感，而且使国家竞争力和活力不断下降，不断被邻近国家超越，其经济活力不仅落后于新加坡、泰国，甚至比不上越南。新加坡严重缺乏资源，只有地理位置优势，但这种地理位置优势随着各种交通网络的完善和技术的更新，不断被削弱，所以它只能充分利用境内的人力资源及开放和包容的态度，通过建立比较先进、高效率、廉洁的体制来适应全球化，从而获得经济的高速发展，成为世界瞩目的亚洲四小龙之一。2007年马来西亚国民生产总值1 620亿美元，人均5 950美元，新加坡国民生产总值1 410亿美元，人均32 030美元。两者比较起来，自然使新加坡华人对国家取得

① 洪艺箐. 超过九成国人接受任何种族当总统或总理. 联合早报，2007－11－03

的成就感到自豪，而看不起马来西亚。

2007 年 9 月 27 日，李光耀发表言论："马来西亚拥有所有的资源，假若它能为华人和印度人提供教育机会，重用他们并把他们当成公民对待，那么它将万事俱备，媲美甚至超过新加坡的成就，到时候新加坡就会很乐意重新加入。"[①] 李光耀的意思很明显，马来西亚有如此丰富的资源，人口与国土面积均很大，但是人均生产总值却比不上新加坡，这是因为马来西亚没有厚待华人，把华人边缘化。他认为，如果马来西亚善待华人，肯定会取得比新加坡更大的成绩，到那时，新加坡也很乐意重新加入马来西亚联邦。这个言论带有很强的讽刺意味，自然受到马来西亚政府的反驳。两国也因为李光耀的言论而产生外交风波。

事实上，抓住全球化的机遇，才有可能得到发展。印度和中国抓住了信息革命的机会，勇敢地接受全球化的挑战，因此得到长足的进步。新加坡通过建立创新与高效的管理体制，以开放和包容的态度面对全球化，因此在经济发展程度方面远远超越了马来西亚。新马两国不同的发展速度与繁荣程度，以及两国种族关系的紧张程度和马来人与华人的融洽程度，使我们有理由相信，在全球化的冲击下两国的差距将越来越大。

在全球化的冲击下，以及传媒的全球性传播，人们的眼界变得更加宽广，接受外部信息的速度更快，渠道更多，人们很容易、自然地把接受到的信息与自己的生活环境中出现的事物进行比较，从而衡量自己是否受到政府和社会的公平对待。在文化全球化的年代中，资讯网络的全球化，使人们已经可以接受到来自世界各地的信息，这样，人们往往可以超越族群和国家认同的局限而培养世界公民意识。例如，《星洲日报》通过各种方式举办讲座和文化活动，教育和培养华人的慈善意识，培养他们的世界公民意识，出资帮助安徽、云南等地的失学儿童重返学校，捐款解救缅甸受台风袭击的灾民和中国汶川地震灾民。

文化的全球化依赖于人员频繁的往来和思想的交流。随着传播技术的日新月异，文化全球化变得更加快捷和迅速，使世界各民族、国家或地域文化因为广泛的接触和交流出现世界文化快速发展的趋势。因此，从这个角度来说，文化全球化就是凭借种种传播工具，以及人员的频繁流动和思想的交流，使各民族、各国家文化进行广泛而

---

① 李光耀"重返大马"说再掀口水战 大马举国还击. 国际先驱导报，2007－10－15

且快速的交流活动，并在这个过程中相互整合、相互影响，从而产生文化的同质化、异质化、混合化、文化发展不平衡化的现象。多民族国家的文化在面对文化全球化的挑战时，出现上述四种中的哪一种现象，取决于该国家的文化抵抗能力和国家整合不同族群文化的能力。

文化全球化使散布在世界各地的人们都可以利用当今全球的媒体网络来更多地关注他们本土或自己族群的新闻、传统和朋友。本土文化参与的全球化也被称为倒转的全球化。这种本土文化参与的全球化的现象是由于散居在外的亚洲人（尤其是中国与印度在世界各地的移居者）对于本土新闻与信息的强烈需求而引起的。这种倒转的全球化更倾向于族群与文化认同，而在某种程度上淡化了文化的政治色彩。例如，移居海外的华人，接受当地的华文报纸信息，关心来自中国的消息，热爱中华文化，但是在政治上有可能并不认同中国的政治制度。这也反映了文化全球化的一种特殊现象，人们越来越淡化国家认同而倾向于族群和文化认同。《联合早报》和《星洲日报》网络版每天的浏览量都数以万计，它们不仅为新马的华人提供了丰富的资讯，而且为海外的华人提供了了解新马两国华人社会的窗口，特别是《联合早报》的网络版，有87%的浏览者来自中国，7%来自欧美等地，已经实现了传播的全球化。它不仅参与文化全球化，而且为世界华人了解新加坡提供了条件。网络传播的全球化，已经超越了新马两国的地理局限，使得报纸从业者具备世界眼光，它们不仅关心本土的华人社会与当地国家的信息，而且关心世界华人的信息，这有可能促使他们的传播跨越国家的藩篱，成为凝聚海外华人力量、传播华族文化的重要纽带，从而导致传播活动超越单纯的国家认同。

虽然，文化全球化仍然受到民族国家的国界和法律的限制，事实上，我们仍然受到民族国家传统上的“围墙、天花板和地板”的影响，这也是制造经济和文化全球化摩擦的重要原因，然而，信息、知识产权和资本自由流动，使民族国家在经济和文化全球化中面对越来越多的挑战，而作为立足本地华人面向海外华人的新马华文报纸在面对文化全球化的影响时，不断超越国家认同的政治局限，展现出更多的族群和文化认同意识。它们这种超越国界的族群和文化认同的策略，将伴随着中国的发展而不断延伸下去，并且随着传播科技的进一步发展而呈现出中华文化全球化的现象，这必将对新马华人，乃至海外产生深远的影响。

第二节　作为少数族群传媒的华文报的族群与国家认同

全球化的迅速拓展，对新马华文报纸的族群与国家认同造成了相当大的影响，促使它们不得不在面对全球化的过程中不断自我调整，以适应全球化的竞争，一方面获得更大的市场，另一方面通过参与全球化，为自己的生存寻求国际保障。在全球化的冲击下，华文报纸文化、族群和国家认同出现了许多变化，随着全球化的进一步深入，华文报纸的族群与国家认同也将面临更多的挑战。

一、国家碎片化对华文报族群与国家认同的挑战

不可否认，在马来西亚，作为少数族群传媒，华文报纸的存在，对多民族国家造成了相当大的影响，也强化了少数族群在政治生活中的地位与权利，然而，如果它们过分强调华人族群地位和权益而忽视国家权益，就有可能激发华人长期被歧视和被边缘化的情绪，甚至会促使他们致力于争取国家权力，造成马来西亚面临解体的危险。

在西方国家眼里，人权、民主、自由应该没有国界，各族群、民族有权选择自己的文化和生活方式，这在某种程度上为民族国家的少数族群维护生存权和发展权提供了理论依据，然而，这种人权无国界的理论和观点，却对许多民族国家中的政治产生了重大影响。例如，民族国家的少数族群以西方人权论为理论，要求更多的政治权利。少数族群从族群转变成民族，就会寻求政治、经济、文化的独立，这样民族国家就会面临四分五裂的后果。目前，马来西亚还看不出华文报纸激发华人寻求政治独立和解放的现象，但是随着全球化的冲击，以及境内华人对政府越来越不满的情绪，它们的政治走向很值得观察。

华人六百多年前开始从中国移居到马来西亚，成为当地的少数族群后，便办起以华文为传播语言的传媒。作为少数族群重要的喉舌，华文报纸强化华人族群地位，关注华人族群的政治自治权，也有可能鼓励聚居在一起的华人追求类似于科索沃阿尔巴尼亚族的民族自治的方式，争取更大的政治权力，甚至寻求独立，这对马来西亚的统一和社会稳定将产生巨大的影响。

科索沃独立的例子向我们展现了全球化对唤醒族群政治意识的影响与作用。事实

上，作为世界重要的移民和少数族群（新加坡除外），新马华人也在全球化的影响下逐渐增强族群的政治意识。早在 1965 年，新加坡的华人就为维护族群权益脱离马来西亚而建国。新加坡与科索沃相隔 43 年相继独立，说明不论哪一个少数族群，如果关注自身政治地位，就会提升和强化族群的政治意识，从而走上争取政治权力甚至走上独立的道路。作为少数族群的喉舌，少数族群传媒发挥的作用尤其显著。例如，新加坡独立前，华文报纸如《南洋商报》和《星洲日报》不断呼吁和鼓动华人争取公民权，并认为这对华人的生存与发展将起到决定性的作用。在华文报纸的呼吁下，华人精英为新马华人向英国殖民政府争取公民权，使大量华人获得了长期居留和发展的权利。这些报纸对唤醒华人的政治意识，以及争取公民权起到了相当重要的作用。这种情况从一个侧面凸现出华文报纸的政治影响力。新加坡华文报纸强化华人的社会地位与政治权利，促使华人争取政治权利，并独立建国的例子，有可能成为其他少数族群传媒争取族群政治权利的最终出路。然而，这条道路非常危险，很可能进一步引发和制造新的全球性的民族问题，使由多族群、多民族构成的国家面临解体的危险乃至引起战争。也正因此，华文报纸因为反映弱势族群的问题而得到了世界的同情，但同时也引起了马来西亚主流社会对其政治认同的怀疑。

今天，全球化制造了国家碎片化的危险，却提高了少数族群的地位。一些少数族群传媒借此机会关注族群权益，要么倾向独立，致力于争取国家权力；要么与政府合作，共同解决族群问题，从而在保留族群特色的基础上，接受主流社会所拟定的政治、经济、文化制度；要么完全认同主流社会，放弃争取族群的生存权而选择一条被同化道路。对于前两种选择，少数族群传媒的反应最为激烈，更加强化它们对族群地位的维护与争取，形成强烈的族群意识，从而割裂族群间的联系，甚至走向政治完全由自己决定的道路。对于马来西亚，华文报纸非常强烈地维护族群利益，并表达华人长期被边缘化的不满，在政治上也鼓动华人争取更大的政治权力。它们的举动会不会激发和导致华人走向争取独立自主的道路，这是一个值得研究的问题。

综合全球化带来的少数族群传媒强化族群地位，并争取政治权利的现象，笔者认为，政府出台处理族群问题的政策对少数族群的影响最大。如果少数族群的权益得不到维护，文化受到歧视，经济受到压制，政治受到挤压，作为弱势群体的少数族群及代表其权益的传媒自然就会抗争。反之，如果少数族群的权益得到政府的重视，少数族群传媒在增强族群认同方面没有外在的压力，从而很自然地削弱了族群认同功能，种族关系也会得到一定程度的缓和。例如，马来西亚建国初期，由于三大种族联手赶走英殖民政府，达成社会契约，因此，三大种族在很大一段时间能够比较和睦地生活在一起。事实上，1969 年“5・13 事件”后，华人也默认政府扶助马来人的政策，希望通过这样的让步来换取国家的稳定与种族关系的缓和。然而，政策执行三十多年后，马来人的经济、文化已经得到了长足的进步，但是政府还以马来人的经济处于劣势为由继续推行这种政策，这当然引起华人的强烈不满，他们对政府的离心力也由此增强，也影响他们对国家的效忠。因此，全球化在某种程度上更加关注少数族群的生存与发展，特别是其有助于推动各种文化向更加开放和包容的方向发展。然而，如果巫统为了继续执政，不惜牺牲华人利益来讨好马来人，继续维护马来人的特权，这样，华人的利益无法得到维护，无法在政治上寻求突破，对政府和国家的离心力可能会逐渐增强。这对马来西亚国家的稳定与种族的和睦，有比较负面的影响。对华文报纸来说，它代表华人的利益与声音，面对不公平的种族政策，在全球化的冲击与影响下，它们的政治动员与政治走向值得研究。

二、敏感的种族关系对华文报纸族群与国家认同的挑战

马来西亚是个典型的多元种族、多元文化、多元宗教的社会。六百多年前，华人漂洋过海、披荆斩棘来到这里，创造了璀璨的文化，取得了辉煌的经济成就。今天，他们能够以公民身份参与国家建设，对此他们付出了无数的血汗，作出了巨大的贡献。华文报纸作为华人的社会公器、传声筒、族群权益的捍卫者，既发挥了积极作用，也付出了沉重的代价。今天，马来西亚的种族关系依然尖锐和敏感，华文报纸依然面对着种族关系的挑战。一条关于马来民族的新闻，稍不小心便会被渲染成敏感的种族话题，甚至被控煽动种族情绪，遭到内政部的检控。面对如此僵硬和敏感的种族关系，华文报纸不得不戴着镣铐跳舞。

2006 年，以中庸治国的马来西亚前首相阿都拉・巴达维发表题为“建立民族团结”的政策性讲话，其中包含以下两项要点：[1]

第一，国民必须坚守在国家独立之初已获得各主要族群认同，并已在联邦宪法中

---

① 萧依钊. 多元种族、多元文化和多元宗教社会中，华文报游走钢索. 2006 年世界华文传媒高峰论坛的报告

列明的社会契约①。社会契约是经过仔细衡量各种繁复细微利益之后所达成的。政府绝不允许争论社会契约，因为它将破坏种族间的平衡。这就意味着华人和华文报纸不能挑战马来人的特权。这是一条无法逾越的底线。

第二，媒体不能有绝对的自由去谈论宗教、种族、文化和语文等敏感话题，尤其是在多元种族、多元宗教、多元文化和多元语文的“年轻国家”。政府为了国民团结、国家安全和社会安宁，绝不会妥协，因此，政府会毫不犹豫地对付滥用新闻自由者。

阿都拉的讲话，反映了马来西亚引以为傲的“三大民族和谐共处”，其基础其实相当脆弱，须由各族群小心翼翼地维护，而媒体在报道种族、语文、文化和宗教等敏感话题时，犹如在钢索上游走。

阿都拉·巴达维明确指出，其他族群要接受马来人获津贴的事实，因为这是国阵政府治理这个国家多年的心得，即接受马来人必须获得一些津贴的事实，以协助他们取得进展。在2004年亚洲媒体峰会，阿都拉·巴达维回答菲律宾的一位记者的提问时说，回教只是被别有居心者“骑劫”，假回教之名推广恐怖主义，将回教等于恐怖主义是完全不正确的。回教和佛教皆追求和平，并同样推崇好的价值及好事，媒体在这方面应该给予积极及建设性的报道。他说，马来西亚媒体、宗教与大马政治人物配合，并确保媒体能够客观、公正地进行报道。这段谈话也反映了马来西亚伊斯兰宗教不容被挑战和歪曲误解的事实。即使伊斯兰存在某种不足之处，政府也会禁止媒体对其进行报道。因此，在种族和宗教两大方面，媒体要非常小心谨慎。

21世纪，民族、国家、族群、宗教等范围里的仇恨不断滋长。“仇恨”转化成意识形态和自由正义，它使战争、歧视、压迫和野蛮都有了堂皇的理由。媒体让这种仇恨意识扩散得更快，使得对抗和冲突更为普遍。面对尖锐的种族关系，作为不同族群、不同宗教间对话的桥梁、传播讯息的公器及三权的监察者，华文报必须很小心地报道有关种族的话题。

神学家汉斯·孔恩（Hans Kung）曾提出了一个攸关人类未来的论述：“宗教之间没有对话，就不能和平相处；没有宗教间的和平，就不可能有世界和平。”② 因此，当极端的宗教分子和投机政客企图挑起种族、宗教仇恨的时候，马来西亚的华文报都以

---

① 其中明文规定马来人的特权和伊斯兰教的地位不能受到挑战。

② 萧依钊. 多元种族、多元文化和多元宗教社会中，华文报游走钢索. 2006年世界华文传媒高峰论坛的报告

对话来代替对抗。星洲媒体集团总编辑萧依钊说："对话的双方都应具有愿意改变自己的诚意。真诚的对话会使我们更宽容、更通情达理。"这种忍辱负重的办报宗旨一直体现在《星洲日报》的新闻报道中。

早在1992年，《星洲日报》就阐明了自己的理念。时任《星洲日报》副总编辑洪松坚针对政府对华文报纸的指责进行了澄清。他说："我们（华人）和国内其他民族一样，都有一个，希望建立一个进步与和谐的社会。在这个社会里，所有的公民，不分肤色和种族，都有机会行使自己的合法权利及享有适当的社会地位。大家都知道一个不稳定的社会是对人民有害的，同时也会危害到国家利益。正因为这样，华文报纸总的来说，无意在报纸上玩弄种族课题，以争取读者。对于《星洲日报》来说，这是我们的信念。我们没有丝毫理由毁坏我们同舟共济的那条船。""不幸的是，非华人可能会因为翻译有欠正确而对华文报纸的报道产生误解。"

他说："我们曾经不止一次称赞首相马哈蒂尔医生所提出的2020宏愿，不过有多少次这样的报道经过详细翻译，送给内阁部长阅读？再举一个例子。《星洲日报》曾经在华人社会发动捐款，替双溪毛糯烟花厂爆炸案的各族灾民筹获将近一百万元的款项。这样的义举是否受到政府成员的注意，把《星洲日报》所扮演的积极的、不时为各族人民作出社会和福利贡献的角色记录在案？""简单地说，只有对抗性的报道才会引起有关方面的注意，而积极的做法却被忽略。这对华文报是不公平的。和其他语文报章比较，我们所服务的是一个不同的社群。除了三个政党之外，政府还批准了好几千个华人社团的设立。凡是教育、文化、社会和政治问题，华人社团无一不关心，所以给予这些社团的报导（道）是华文报纸长期以来所遵循的传统。"①

他强调："我们坚信据实报道。把真相告诉人民。虽然有些时候真相并不是那么令人喜爱。不过这样做是很重要的。这是扑灭谣言或避免猜疑的最佳办法。比方说有关柔佛古庙的新闻。古庙的部分围墙于1991年12月9日凌晨三时被柔佛州政府拆除。对于那些居住在新山一带的人来说，这件事已经不是秘密。根据我们所知，事发后，在柔南的几乎所有华人都已经通过口头传达知道了这件事。华文报假如没有报道这个事件的话，我担心可能会出现以下的反效果：第一，人民大众会以为政府压制新闻。换句话说，他们可能会说：噢！大概是政府已经训令报章不要刊登这样的新闻。第

① 洪松坚. 阐释民主运作真谛提出问题解决问题. 星洲日报，1992-03-04

二，在咖啡店或是通过其他媒体，如电话、传单、录音带和录影带广泛发出指责。我们现在生活在一个极端发达的时代。有关这个事件的文告也可以通过电传机来传播。正如华人谚语所说的那样：纸包不住火。这样的事是有可能会发生的。”①

他恳请政府允许自由发言，他说：“最近（1992 年），当我重温马哈迪（马哈蒂尔）首相的著作（《马来人的困境》）的时候，我有这样的看法：被东姑·阿都拉曼政府视为极端敏感的许多问题，在书中被提出来一一加以讨论，提出问题的目的是为了解决问题。这本书的出版证明了在马哈蒂尔政府之下，言论自由和新闻自由不但是允许的，同时也是受到鼓励的。”② 洪松坚认为，争论并不一定就是坏事，有争论才会有改进，“我们从这些争论和视角当中达至共识。这就是民主的精神和机器在运作”。

2006 年，马来西亚发生了马哈蒂尔与现首相阿都拉的争端。两位政治人物的纷争，给马来民族的政治带来危机。“部分政治人物为了转移族群内部的视线，开始提出一些损害族群和谐关系的议题，例如槟城巫青团重提首席部长一职轮任的建议，认为该州的马来人遭华人边缘化。这引起华文报纸的不满，它们也提出反建议，其他州的首席部长与州务大臣也应该推行类似的制度。”③

槟城巫青团的建议得到阿都拉的女婿、巫统青年团副团长凯利（Khairy Jamaluddin）（此人曾在英国牛津大学求学）的大力支持。他认为，“华人在马来人闹分裂时所提出的诉求，是一种趁火打劫的行为。这位曾留学英国牛津大学、年轻又有学问的马来领袖所持的理由非常简单，他认为马来人在槟城的发展洪流中被边缘化，都是因为担任首席部长的华人领袖没有公平对待该州的各族”。④

马国主要的马来文报纸《马来西亚前锋报》（*Utusan Malaysia*）和《每日新闻》（*Berita Harian*）都突出报道了凯利的言论，并说“槟州马来人和新加坡马来人一样已被边缘化，目前槟州只剩下浮罗山背还有马来人”。两份报纸的报道和言论显示，凯利的言论已得到马来主流报纸的支持，而且可能进一步挑起马来人对华人的不满情绪，造成族群对立。

可以预见的是，一些马来政客将会乘机捞取政治资本，如森美兰州务大臣莫哈

---

① 洪松坚．阐释民主运作真谛提出问题解决问题．星洲日报，1992－03－04

② 洪松坚．阐释民主运作真谛提出问题解决问题．星洲日报，1992－03－04

③ 利亮时．马国华人的梦魇：族群关系．联合早报，2006－09－07

④ 利亮时．马国华人的梦魇：族群关系．联合早报，2006－09－07

末·哈山（Mohamad Hasan）就警告华人领袖，挑战社会契约形同玩火。他更直指华人是外来移民，强调华人的公民身份是作为这块土地的主人（马来人）所给予的。

南洋理工大学中华语言文化中心副研究员利亮时于2006年9月7日在《联合早报》撰文评论说，族群问题不断被挑起，源于马国政府没有致力去消除族群隔阂的意识。1969年5月13日发生在马国的种族暴动事件是政治的分水岭。事后马国政府开始规划调整经济和政治策略，以恢复长久的国家稳定。因此，1970年代出台了“新经济政策”，以扶持经济处于弱势的马来族群。在政治方面，巫统（UMNO）则扩大了执政组织并同更多政党结盟，成立了国民阵线（Barisan Nasional），以此减少在野党的力量。

利亮时认为，新经济政策基本上是优待或扶持“经济弱势族群”的政策，这项政策无疑能缓解原本存在的族群隔阂和矛盾。然而，这只能带来族群合作，却无法真正推进族群间的融合。因为这些优惠政策的推行，无法淡化族群意识，一旦国内形势发生大变化时，就可能强化原本存在的族群意识。更甚的是，若扶持的对象是一个国家的最大族群，这可能带来更严重的问题。他一针见血地指出：“就马国而言，在经济蓬勃和政治稳定时期，族群关系在外人看来是融洽无比。然而，当经济出现问题，以及某个握有政治资源的族群内部出现紧张关系时，族群意识就会浮现出来。这种情形不断地在1969年以后重演，华人永远都是扮演挨打的角色。”①

他反驳巫青团：“如今马国两位政治领袖的纷争，似乎被槟城马来人边缘化的课题给掩盖了，部分政客的目的达到了，但是他们是否曾考虑过，这些毫无根据的指责正不断伤害着马国的华人？华人只占马国人口的26%，没有掌握政治的实际权力，怎么可能将马来人边缘化？从实际情况来看，马来民族自新经济政策推行后，在政治、经济、教育的地位不断提升，何来边缘化之理？况且，槟城州首席部长以下还有马来人担任副首席部长，以及其他的马来州行政议员，他们都是州政策的决策者，怎么会允许首席部长随意伤害他们种族的权利？”他批评凯利及其他一些马来人，“在世界顶尖名校受教育的马国政治精英，应该是博览群书、见识超群之士，为何所发表的言论是如此毫无依据？指责华人是经济霸权，将马来人边缘化，这些言论似乎是出自1950至1990年代一些政治人物之口。这些应该是属于上世纪的台词，竟然出现在今天的

① 利亮时. 马国华人的梦魇：族群关系. 联合早报，2006－09－07

马来领袖口中，确实令人感叹族群问题难以处理，而且又有颇大的可操弄空间”。

1950 年开始，华人便纷纷入籍马来亚，成为马国的公民，在这个地方扎根。这些华族移民的第二、三、四代，都是在马来西亚土生土长，他们都为国家打拼，用他们的血汗和智慧来灌溉这片土地。然而，这些努力往往被人家曲解为对其他种族的伤害。当国内政治动荡时，华人就会被扣上“经济霸权”或“边缘化某某种族”的大帽子。每一次被戴上帽子，华人的心里就流一次血。许多华人因此说，无论怎样认同马来西亚，华人总会被马来人质疑。多次被伤害之后，华人就会产生强烈的抵制情绪，种族关系更加敏感和尖锐。

利亮时因此指出：“1970 年代后马国政府所推出的政策，只是加强族群的合作，但是无法促进融合，更无法达至融合，因此族群间依然存在浓厚的族群意识。当国家经济不断下滑，政治纷扰出现时，族群意识就会逐渐抬头，而华人往往是受害者。马国的政治领袖有必要对马国族群问题深入探讨，逐步建立一个融合的社会，不要让族群问题的梦魇永远缠着马国的华人。若族群问题不断让不负责任的政客来操弄，换来的将是国家的沉沦。”①

伊斯兰教已经被政府定为国教，马来人的特权不容挑战，这使得华文报纸在涉及这方面的课题时，不得不格外小心。然而，要想完全避开这两个雷区，是不可能的。因为种族关系也涉及华人的权益，如果华人在一些政客的刺激性言论下总是像待宰的羔羊，也许这些政客就会得寸进尺，华人的权益更有可能受到侵犯，但是刊登对抗性的言论和新闻，又有可能触犯《煽动法令》。敏感的种族关系，使华文报纸非常注意报道的技巧。然而，它们的忍让总是有限度的，不可能长期忍让下去，特别是像《星洲日报》这样的市场化程度比较高且面向全球发展的传媒来说，它们超越国家认同的可能性更高。在后现代主义时代，尊重人权、尊重多元文化的生存空间，已经成为世界各国的共识。马来西亚僵化的种族困局，以及政府为取悦马来族而出台漠视其他种族的政策，在全球化的冲击下，只能使华人越来越寒心，使华人越来越背离马来人政府，越来越抗拒马来文化，华人与马来人的关系越走越远，华文报纸在维护华人及强化华人的身份认同时更加强硬。

---

① 利亮时．马国华人的梦魇：族群关系．联合早报，2006－09－07

三、全球化迫使华文报纸发挥族群认同功能

民族的东西，才是世界的东西，越是民族的文化，越能得到世界的认可，而国家的文化却很难得到公众的认可，因为人们形成了一种观念，就是如果文化借助国家的力量，就会使文化的传播带有明显的政治宣传的色彩。人们希望看到纯粹的文化，而不希望文化带有任何政治色彩和明显的功利目的。这也是当民间的传媒与政府控制的传媒同时传播同一条新闻时，人们更相信民间的传媒的原因。所以，代表少数族群权益的少数族群传媒，由于反映弱势群体的声音，更能得到世人的关注。

新媒体不断涌现，为少数族群传媒的全球化传播提供了良好的便利条件。面对政治、经济、文化的全球化趋势，鉴于全球化缺少弱势族群的声音，以及少数族群传媒的弱小造成弱势族群文化传播的缺位和话语权的弱小，促使我们不得不面对这样一个事实，那就是少数族群传媒必须进行全球化传播，才能喊出少数族群的声音，反映他们的诉求，以引起世界性的关注，从而迫使当地政府正视和解决少数族群的问题和诉求。在全球化的冲击下，社会出现少数族群更加接近和获取少数族群传媒所传播的信息的现象。因为少数族群传媒更能反映本族的文化，传承传统，报道新闻，维护权益，更重要的是，它们不仅可以为自己提供个人化的服务，而且能够缓和文化转型的阵痛，以及缓解文化转型期间的空虚。

全球化有一个悖论，那就是实力雄厚的媒体在全球化过程中起主导作用，然而，由于民族国家复杂的族群（民族）关系，少数族群传媒在某个特定时间也拥有强大的话语权，令当地政府不得不加以重视。例如，在马来西亚，华文报纸虽然是少数族群传媒，但是在政治选举过程中，它们动用跨媒体的传播手段，形成报纸、广播、电视、网络的立体传播网络，影响华人的投票意向，使政治候选人不敢忽视它们的作用，而且华人报纸也向世界传播了华人的权益诉求。在这样的传播态势下，华文报纸的诉求往往能够得到候选人的呼应，并得到他们的承诺。

从马来西亚华文报纸的例子中，我们看到，在全球化的趋势下，少数族群传媒在复杂的政治、经济、文化、全球化传播等多种因素的综合作用下，它们的影响力和话语权有时反而得到增强。如果善于利用这些因素，少数族群传媒有时可能产生比当地主流传媒和西方传媒更大的舆论影响力，从而达到维护族群权益的目的。华文报纸利用被边缘化的特点，以弱势传媒的形象和维护华人弱势族群的形象出现在公众面前，

不仅能得到世人的同情，还会在世界上形成对马来西亚政府的外在舆论压力。因此，作为少数族群传媒的华文报纸有全球化传播的优势，有履行维护族群利益、增进族群认同的义务，只有这样才能得到华人的认可。鉴于新马华人不同的社会地位，新马华文报纸虽然都面向华人传播，但是在维护族群权益方面有着本质的区别。

新加坡华文报纸无须维护族群权益，但是能表达一部分受众的呼声，提醒政府维护他们的权益，尽量使社会达到公平，并促进问题的解决。在面对全球化时，华文报纸能够以国家的意志迎接挑战，拓展生存空间和发挥影响力。而在马来西亚，由于华人处于弱势地位，除了私营经济上稍有优势外，在政治、文化方面，华人皆处于被动局面。华人每天都很辛劳，要工作很长时间，才能平衡家庭支出。例如，华人要工作至深夜 11 点，而马来人在晚上 6 点就关门休息了。华人在住房、教育、医疗方面非但得不到政府的帮助，有时甚至还要受到政府政策的限制，这使华人非常灰心和不满。同时，全球化的竞争，又使华人面临更多的挑战，一旦全球经济形势转差，自力更生的华人的生活就更加艰难。华人习惯了把华文报纸当做表达心声的传媒，他们向报纸投稿和接受记者的采访，把不满和希望表达出来，通过华文报纸反映华人的感受，并通过舆论希望政府能够满足华人的合理期望，但长期以来，政府只在坚持马来人特权的范围内对政策进行微调，无法满足华人希望各种族平等的要求。在这样的政治背景下，华文报纸在面对全球化的挑战及改变不平等的种族关系的要求下，只能走上维护华人权益并增强华人族群身份认同的道路。

作为全球化的中心力量之一，传媒在推动全球化方面起到了重要的，甚至是决定性的作用。然而，有时候媒体如果超越了冷静、客观地评判社会的界限，对政治、经济、文化进行全面干预，就会引起族群之间相互猜忌。传播的全球化，“不仅能够重构由非领土扩张化所耗尽的文化意义和认同感，而且能够重构全球文化政治的相关形式”[①]。少数族群传媒在传播全球化的过程中，会不会因为介入当地的政治、经济、文化，强化族群认同而披上政治的外衣，引发少数族群与主流社会的矛盾，这是一个很令人警惕和关注的问题。例如，马来西亚华文报纸注重反映华人的权益诉求，有时不知不觉就介入种族议题，从而导致华人与马来人产生争论，制造了社会的不满情绪。在新加坡，华文报纸因为报道华人学习华语的热情，也会被其他种族认为其过分夸大

① ［英］约翰·汤姆林森．全球化与文化．郭英剑译．南京：南京大学出版社，2002. 41

华语在社会中的作用，漠视其他族群语言，有华文沙文主义倾向。

少数族群传媒一方面要争取族群的各种权益，维系族群认同，另一方面又要避免族群之间的文化冲突甚至政治冲突，而要达到这个目的，势必要平衡各方面的利益，迫使他们在维护族群权益的同时，要考虑其他族群的感受，从而导致一部分本族人士不满。过分崇拜媒介权力，在全球传播时放大少数族群受歧视的心理感受，不仅会煽动少数族群的不满情绪，而且会引起主流社会的不满，从而制造族群间的矛盾，造成少数族群与主流社会两败俱伤的局面。全球化所带来的复杂性，使少数族群传媒不得不在复杂的环境中保持理性的态度，谨慎地使用媒介权力，既能维护少数族群的权益，促进族群认同，又能得到其他族群的理解，但如何达到这个目的，这显然是少数族群传媒面临的一个巨大的挑战。

第三节 全球化背景下新马华文报的族群与国家认同的走向

全球化对新马华文报纸的变革及发展方向均产生了重大影响，也直接影响了它们的族群认同与国家认同。在中国迅速发展，以及从中国走出大量新移民的历史背景下，新马华文报纸的族群与国家认同会发生怎样的变化，这是一个很值得关注的话题。

事实上，随着全球化的不断深入与发展，世界公民意识已经影响了越来越多的人们，再局限于国家认同的政治束缚，似乎就与世界文明发展的趋势背道而驰。在全球化的影响下，华文报纸为了适应全球化的竞争，传播华人社会信息，介绍新马华人的文化，拓展全球华人市场，从长远的角度来看，它们的族群与国家认同将产生不同程度的变化。然而，由于新马两国的华文报纸所处的政治环境不同，向外拓展的市场领域也不相同，因而它们的族群与国家认同将走向不同的道路。

一、新马华文报纸的族群与国家认同的不同趋势

众所周知，马来西亚的种族关系相当敏感和复杂，华文报纸一直都为华人的政治处境寻找出路，同时抗争政府的不公平种族政策。前马华公会总会长黄家定强调，无

论是在政、经、文、教上，大马华裔必须是主流民族之一，应与其他种族和平共处及平起平坐，并确保国家宪法公平对待各民族。他说：“身为主流民族之一，我们在这个国家就是主人。我们生于斯、长于斯，参与国家争取独立，并根据宪法推动党务、为人民服务及参与政府的决策以及监督一切的行政偏差。”① 黄家定的言论，在某种程度上证明了华人确实受到马来人及政府的不公平对待。然而，华人对政府不公平种族政策的这种不满，又引起了马来人的反弹。

由于华人能够吃苦耐劳，因此，即使政府出台马来人的扶助政策，并且执行了三十多年，华人的经济仍然占据上风。此外，华人传承的是历史悠久的中华文化，无论是文化的历史，还是内涵的丰富程度，马来文化均无法与中华文化相提并论，因此，华人这种先天的文化和经济优势使马来人颇感恐惧。“马来人的恐惧包括马来语会被英语取代、英语不好将失去就业机会、回教地位受质疑，这是全球化趋势变化造成的担忧，怕外国文化威胁他们”②，而“华人和印度人则担心母语教育被剥夺、各自的宗教会向回教妥协等，这些对未来的不安定性的恐惧，造成国民无法更团结”③。“建国初期，由于三大种族的领袖选择各族团结，而不是同化或分隔各族的方式领导大马，因此我们才能共享彼此的差异，且和谐共处。”④ 然而，愈演愈烈的种族主义，相互猜忌，不断出现的抢尸案、华人寄居论等，使华人对政府维护多元文化和平等的文化地位倍感怀疑。

马哈蒂尔执政后期，把马来西亚定为回教国，并把回教提升至不可侵犯的地位，造成华人心中集结一股不安与郁闷之气，他们觉得，马国原本是个宗教自由的世俗国，现在却越来越宗教化，而且“一些偏差政策……破坏了族群间的信任和产生不公平对待的心理”⑤。在一则广为流传的网上播客中，一位马来传教士愤然声称，马国的“华人和印度人是富有者，他们欺负马来人!”⑥ 他还说：“对于回教，最好不要有所质疑，否则5·13悲剧可能重演!”⑦ 在同一则播客中，人们能够看到那位丈夫死后尸

---

① 黄家定：与友族平起平坐　华裔须是主流民族之一. 星洲日报，2007-06-15
② 詹德拉：种族和谐最大挑战　互不了解产生恐惧. 星洲日报，2007-07-05
③ 詹德拉：种族和谐最大挑战　互不了解产生恐惧. 星洲日报，2007-07-05
④ 詹德拉：种族和谐最大挑战　互不了解产生恐惧. 星洲日报，2007-07-05
⑤ 吴俊刚. 虽楚有材，晋实用之. 联合早报，2000-10-22
⑥ 吴俊刚. 虽楚有材，晋实用之. 联合早报，2000-10-22
⑦ 吴俊刚. 虽楚有材，晋实用之. 联合早报，2000-10-22

体被人强行搬去按回教葬礼埋掉的印度妇女（印度教徒）的怨恨和无奈。

踏入21世纪以来，不同种族因为不同的立场，形成越来越针锋相对、矛盾尖锐的局面。这种种族间的矛盾、嫉恨，如果持续恶化下去，将会出现怎样的恶果可想而知。敏感的种族关系，不仅使华人感到相当无奈，而且因为政府常常偏袒马来族而倍感受歧视，从而促使华人不断流向世界各地，特别是新加坡。

“从1996年至今，共有111 313名大马人选择成为外国公民。在这期间，放弃大马国籍的非马来人有26 804人。然而，在2000年至2006年，马来西亚自愿放弃公民权的人当中，以华人占绝大多数，接着是马来人和印度人，在此期间，共有16 474名马国人放弃公民权。其中14 316名是华人，占总数的87%，1 098名是马来人（占6.6%），822名是印度人（占5%）。其余是其他种族。”[①] 人们不知道26 804人当中有多少是华人，但是有一个确切的事实就是华人占多数。在1996年至2007年期间，放弃马来西亚国籍的总共才26 804人，然而，在2000—2006年放弃马来西亚国籍的华人就有14 316人，这说明从2000年开始，马来西亚华人越来越感到国内种族关系复杂，得不到政府和其他种族应有的尊重，于是选择了移民。

鉴于种族关系越来越敏感且有被激化的危险，时任马来西亚副首相的纳吉[②]呼吁各族人民看待问题时要“去种族化”，不要从种族本位出发，以免小事变大，演变成为种族问题。2007年9月15日，他接受《星洲日报》的专访时要求各种族尊重马国是个多元种族国家的现实，人民凡事应该三思而后行，因为任何小事都有可能闹大成为种族问题，即使这些事件起初不是种族问题，也会变得非常种族化，因此人民必须尽量遏止小事闹大的现象。纳吉说：“假如大家都从本身种族的有色眼镜来看事物，不管发生何事，都用这种有色眼镜来分析，就让反对党有机可乘，从中煽风点火，把问题闹大。”[③] 他提醒执政联盟国阵成员党的领袖要谨慎发言，从政者演讲时必须照顾到所有族群的感受，不要以为只是在会场内对自己的党员发表谈话，因为他们所说的话最后都会被群众听到或看到而作出不同的解读。他也要求作为最大的华文报纸——《星洲日报》要在缓和种族矛盾、增强华人的国家认同感方面作出贡献。

① 马移民外国者87%是华人. 联合早报，2007－11－23；逾11万大马人放弃公民权. 星洲日报，2007－07－06

② 纳吉于2009年4月3日接任首相。

③ 纳吉吁马国各族看待问题应“去种族化”. 星洲日报，2007－09－17

种族主义、民族主义已经违背了世界文明的发展潮流，阻碍了文化和思想的交流，不利于多元文化的交融与发展，然而，它们却在马来西亚不断发酵，而且颇有市场。在全球化如此深入的今天，马来西亚种族关系还如此敏感、僵化和复杂，说明马来人与华人之间存在着严重的矛盾，这种矛盾如果得不到有效的解决，不仅不利于各种族的团结，还将危及国家的发展，甚至使经济丧失活力。

作为反映华族文化和思想的重要媒体，华文报纸要反映华人的心声与诉求。当它们面对如此敏感的种族关系，以及僵化的种族思想和感受到华人一直被歧视、华族文化被压制、多元文化主义迟迟无法实现的现实时，很容易走上增强族群意识、淡化国家认同的道路。

反观新加坡，建国后，政府一直严格执行多元种族政策，境内虽然偶尔产生种族情绪，但是总体而言，各种族的关系比较和谐，迄今只发生过三次种族骚乱。第一次爆发于第二次世界大战刚结束后不久；第二次是在 1950 年，因个人法律纠纷而引发；最严重的一次则为 1964 年 9 月 2 日的华巫冲突，造成 2 人死亡、562 人受伤。

1964 年发生种族动乱，马来人都为村里的安全而担忧。为了自身的安全，他们与毗邻的华人村庄达成互不侵犯的共识，结果两个村庄的居民都安全地度过了那次动乱。主管回教事务的环境及水源部部长雅国博士，经历过该次骚乱，对其印象深刻，他强调了各族相互信任、关怀，以及和谐共处的重要性。他说："如果在危机发生时相互指责、散播谣言、猜疑或引发紧张情绪，那将给社会带来更大的破坏。所以我们有必要加强人民之间的信任，危机发生了也不会动摇信心。即使是出现了些许的动摇，也能把破坏保持在最低的层面。"①雅国还说："自从美国发生 9·11 事件之后，新加坡社会整体已经取得了进步，克服了之前存在的一些摩擦，但人们不能满于现状，因为种族和宗教等分歧一触即发。我们需要继续努力促进社会的凝聚力。"②

中国台湾桃园县县长朱立伦考察新加坡的种族关系后，也认为新加坡维持族群和谐值得台湾学习。他说："新加坡的社会比我们更复杂，超过百分之七十是华人，还有马来人、印度人、欧亚人，我所知道至少有四大族群。然后华人社会里面，有所谓的福建人、潮州人、客家人、广东人、海南人，以华人的角度区分至少也有五大族

---

① 蔡慧玲. 雅国：要加强各族互信. 联合早报，2008 - 03 - 14

② 蔡慧玲. 雅国：要加强各族互信. 联合早报，2008 - 03 - 14

群，更不要讲大陆各省籍。你们在这么复杂的环境中，能够创造出一个社会和谐稳定的发展，是非常不简单的。”① 在一个种族关系相对缓和，各种族都没有感觉到受歧视的政治环境中，华文报纸自然很难利用族群不公平的话题挑起社会争论，事实上，政府也不允许这样做。因此，新加坡的华文报纸即使受到文化全球化的冲击，它们也能够以坦然的胸怀和没有种族矛盾的态度从容应对挑战，而且可以把迎接全球化的挑战作为国家交给它们的任务。例如，政府把维持华族文化当做华族能否继续存在的高度来对待，把华族文化的维系当做新加坡是否能以亚洲国家生存的条件来对待，并以其是否适应和有能力应对全球化的冲击当做新加坡文化是否有能力生存在全球化时代中，政府从站在一个国家的文化的存亡的角度要求华文报纸积极面对挑战，并为之提供众多资源。因此华文报纸能获得国家的支持，而不是单枪匹马地应战。

新加坡华文报纸被政府视为传播族群文化、促进族群和谐、传播政府信息的重要媒体，因此，政府十分关心华文报纸的生存与发展，觉得有必要继续维持华文报纸的生命力，以传承华族文化，保留亚洲价值观。然而，在马来西亚，华文报纸却被视为传播族群文化、妨碍国家认同、阻碍族群融合、对抗政府的媒体，非但得不到政府的资助，反而处处受到政府的制约。在迎接全球化的浪潮中，华文报纸开放的行为更被马来人视为西方化、非马来西亚化。新马华文报纸在迎接全球化的过程中所遭遇到的不同对待，使新加坡华文报纸在国家认同方面仍然表现得相当积极；而马来西亚华文报纸则因为感受到歧视和不公平对待，而把族群认同放到与国家认同相同的位置上，族群认同甚至强于国家认同。

二、全球化背景下华文报纸的文化与族群认同新变化

华文报纸作为关注华人社会、报道当地重大事件、传播其他族群的大众媒体，随着全球网络传播的形成，已经自觉或不自觉地走向全球化。例如，新马华文报纸一方面通过纸质媒体向世界华人传播新马的新闻，另一方面，通过因特网建构联结全球的传播网络，使新闻传播超越了国界的局限，从而展现出世界传播的趋势。同时，新马华文报纸的市场已经饱和，面对因特网和其他新媒体的挑战，销量呈现下滑趋势，因此它们必须在海外拓展市场。例如，星洲媒体集团在东南亚攻城略地，在柬埔寨和印

① 曾昭鹏．专访台湾桃园县县长朱立伦：新加坡维持族群和谐值得台学习．联合早报，2007－09－19

度尼西亚创办了《柬埔寨星洲日报》和《印度尼西亚星洲日报》，新加坡《联合早报》则主攻中国市场。这样它们的受众群都发生了重大变化，也对其族群和国家认同产生了直接影响。例如，印度尼西亚的《星洲日报》培养印度尼西亚华人对印度尼西亚的国家认同，柬埔寨的《星洲日报》培养柬埔寨华人对柬埔寨的国家认同，而马来西亚的《星洲日报》则培养马来西亚华人对马来西亚的国家认同，那么一旦印度尼西亚与马来西亚发生冲突，《星洲日报》又如何处理两国华人的国家认同？《星洲日报》站在哪个角度来面对不同国家华人的国家认同呢？同样的道理，《联合早报》认同新加坡，它在中国的影响相当大，而且正在获得越来越多的中国广告，如果中新关系变差，《联合早报》就不可避免地陷入两难的境地。2004 年 7 月，当时还是副总理的李显龙访问台湾地区引起了中国的强烈抗议，两国关系陷入低谷，而《联合早报》也受到中国读者的抵制。为了缓和中国读者的情绪，该报花了大量篇幅解释李显龙的访台目的，并阐述了新加坡的两岸政策，希望化解此事。

任何时候，传媒都与政治同行。在经济利益面前，新加坡华文报纸不可能完全顾及国家利益而忽视中国读者的感受。因为中国的市场如此之大，而且《联合早报》已经在中国读者当中形成了重大的影响力，在中新两国发生争执时，一味维护新加坡利益，就会遭到中国读者的背弃，因此，它必须在国家认同与商业利益之间作出某种平衡和妥协。一直以来，新加坡华文报纸都想在中国开拓市场，而且中国政府也允许其在上海、北京的三星级宾馆销售，但是它仍然很难在中国公开发行。因此，打开中国市场，仍然是其今后的重点，然而，在如此急迫的商业目的面前，新加坡华文报纸不能再用高度认同新加坡的立场来办报，只能遵循文化和族群认同办报的宗旨来获得读者的认可。所以，从长远的角度来看，新加坡华文报纸的文化传承的功能会得到增强，但是国家认同仍然能够保持较高的水平。

与新加坡面向全球化十分关注商业利益的目的不同，马来西亚华文报纸全球化同时兼顾商业与文化传播的目的。由星洲媒体集团、南洋报业集团与香港明报集团合并而成的世界华文媒体集团，其受众遍及世界，而且以中国年轻一代的移民为主要的传播对象。该集团行政总裁张裘昌向英国《金融时报》表示："年轻一代（新移民）越来越多地在海外接受教育。尽管许多人在中国做生意，但他们却将家人送到国外……人们也越来越多地看到，国外一些城市的华人数量已经达到了 30 万到 40 万。在我看来，这为华语报纸或媒体的存在提供了理由。”[①] 他补充说：“还没有人去密切观察这些中国移民的情况。如果能知道它最终的规模将有多大，会很有意思。目前的不同之处在于，移民人口的素质已明显改善。他们更加富裕，受教育程度也更高。根据联合国（UN）2006 年的一份报告，在 2000 年至 2005 年间，中国大陆每年的净移民数量接近 40 万人。这为集团提供了大量的受众。”[②] 张裘昌表示：“目前（华语媒体中）还没有全球性的角色。（海外华人）是一个服务没有跟上的市场。”[③] 为了吸纳中国新移民，由三家华文媒体集团合并的新集团不断加强全球性传播网络的建设，并以文化为纽带，在世界各国开疆辟土。

对于该集团今后的战略，集团董事主席张晓卿明确表示该集团以华族文化薪火相传为己任。他说：“自从踏足媒体世界，在自我的期许和勉励中，我希望有朝一日，建立一个以华人为主体的华文媒体世界，使散居世界各地的华人，都可以看到华文报纸，都深刻体认中华文化的充实和灿烂。”[④] 他认为，西方文化能够在世界上流行，并深刻地影响世界各国的价值观，很大原因就在于传媒的全球性传播。假如华文报纸也能像西方强势媒体那样在全球传播中华文化，不仅有助于使中华文化得到各国人民的了解，而且对于提升海外华人的形象、改善和创建海外华人良好的生存环境也有积极意义。以中国新移民市场为今后的主攻对象，以文化传播为纽带，世界华文媒体集团建立起横跨世界的华文信息传播网络，以全球眼光看待马来西亚的种族之争，使之能够超越狭隘的国家认同。

事实上，海外华人的构成相当复杂，他们有不同的价值观，甚至在华族文化上也受到当地文化的影响而呈现出差异，具体主要体现在两个方面。

一是海外华人生活在不同的区域，有不同的价值观，甚至华人之间也采用国际通行的语言进行交谈，人们能够以更加宽广的胸怀看待种族认同。著名华人研究者王赓武认为：“新一代专业人士使用国际通用的专业词汇，谈论同样的司法、科学和社会科学概念，并没有沟通障碍。在高层次的交流当中，华人的种族认同并不会扮演重要的角色。”例如，在 20 世纪 70 年代逃到澳洲的数十万名越南难民中，将近一半是华人，然而，他

---

① 李晖. 世界华文媒体集团瞄准华人移民潮. 联合早报，2008 - 06 - 23
② 李晖. 世界华文媒体集团瞄准华人移民潮. 联合早报，2008 - 06 - 23
③ 李晖. 世界华文媒体集团瞄准华人移民潮. 联合早报，20080 - 6 - 23
④ 张晓卿. 壮大海外华文报纸的文化实力. 星洲日报，2001 - 06 - 08

们中很多人都不会讲华语。由于没有共同的语言，这些越南华人难民无法与已经在澳洲定居的华人相处，在商场上他们还是竞争激烈的对手。“这些越南华人难民并没有因为他们是华人，而获得澳洲华人的同情。”① 他认为，来自不同国家地区的华人，因为接受了高等教育，接触共同的专业知识，学习同样的经商策略，接触同样的科技，累积共同的专业用语，承认彼此的专业精神，成为跨越政治认同的群体。

二是华人在保留华族文化的同时，也受当地文化的影响。例如，虽然世界各国涌现出一股华文热，却跟不上华人后代被当地同化的速度。除了中国、马来西亚拥有完整的华文教育外，世界其他国家还没有完整的华文教育，华文只是作为当地的外语，选修的人很少，中国第一代移民非常热爱中华文化，有浓郁的华人色彩，也阅读华文报纸，但是第二代、第三代都被当地文化所同化。“黄香蕉”现象比比皆是。因此，华文报纸的全球化不能以国家认同的方式来联结各地的华人，只能以共同的文化作为纽带。这样，华文报纸就会强化文化认同而淡化国家认同。

虽然在马来西亚，全球化仍然无法冲破法律、政策的限制，却影响了人们的文化与思维方式。人们透过全球化这个窗口，看到更多的不同文化和价值观，从而对自身的文化归属和身份认同产生反思。当国内存在不平等，而且违背世界文明发展潮流的时候，人们很自然地进行反抗。作为文化和思想传播的主要工具，华文报纸在全球化的过程中发生了新的变化，也面临新的矛盾，一方面要承担华族文化的传播，促进华人的族群和国家认同的使命，另一方面，又要在全球化的环境中拓展市场，因此不得不走上以华族文化为纽带，淡化国家认同的具有政治色彩的道路。

三、少数族群传媒的族群与国家认同理论的实践与思考②

少数族群传媒是维系族群认同的重要工具。它们不仅传播族群信息，也传播当地主流社会信息；不仅服务族群，而且促进族群间的文化交流，促进族群融入主流社会。少数族群传媒起着当地主流传媒、跨国传媒不可替代的作用。海外华人在世界移民族群中具有很强的代表性，他们不仅数量多，而且文化也保持得相当完整。以海外华人为传播对象的海外华文传媒，也在世界少数族群传媒中具有很强的代表性，一是

---

① 陈颖佳．王赓武教授：海外华人不是一个样．联合早报，2007－07－08

② 此文已经于2009年1月在台湾举办的《新时代、新视野－海外华人学术研讨会》作过报告，也被收录进《新世纪的海外华人变貌》。该书由台湾玄奘大学夏诚华博士主编，台湾玄奘大学海外华人研究中心于2009年出版。

有海水的地方就有华人的足迹，有华人足迹的地方就有华文传媒；二是海外华文传媒数量庞大，有些还具有很强的社会影响力，如马来西亚的《星洲日报》、新加坡的《联合早报》等。这些华文传媒承传族群文化，传播当地主流社会信息，影响华人社区舆论，促进华人了解当地国家情况，沟通中国与海外华人社会信息等，对中华文化在海外的传播作出了杰出贡献。然而，许多当地的主流族群却从国家认同的角度出发，认为这些海外华文传媒传播族群文化，维护华人权益，无助于增强华人的国家认同感，而且会使华人游离于国家之外。鉴于其他族群对华文传媒的忧虑，本版块以马来西亚华文报为例，通过问卷调查，探究它们对国家认同的态度，希望通过客观地展现华文报的社会作用，并以其为代表阐述少数族群传媒在当地社会中的角色，验证西方社会学家关于少数族群传媒传播祖籍国或者族群文化，并不会影响少数族群对国家效忠的观点。

1. 少数族群传媒的族群和国家认同理论的提出

少数族群传媒的族群和国家认同是世界上许多民族国家共同面对的问题。这是因为传媒具有强大的影响社会舆论的作用，同时它又能够凝聚族群力量，传播和维系族群文化。因此，许多民族国家的主流社会一直有这样一个疑问：少数族群传媒传播祖籍国或者族群文化是否过度强调族群认同，并在政治上效忠祖籍国，而忽视了对少数族群的国家认同和忠诚感的培养。学术界为此进行了大量的研究，通过调查访问和对历史文献的调阅，对少数族群传媒进行了广泛细致的研究，提出了许多很有价值的观点。

迄今为止，美国著名社会学家罗伯特·帕克（Robert E. Park）的《移民报刊与控制》（1922）一书仍然被认为是目前对少数族群传媒理论论述得最为完整和系统的著作，后人对少数族群传媒的调查基本上是建立在帕克研究的基础上，并围绕某一族群传媒而展开的。

19 世纪末 20 世纪初，大量新移民包括德国移民来到美国。如何使这些新移民效忠美国，是当时美国主流社会普遍关心的问题，同时，美国社会也存在排斥新移民的现象。美国著名社会学家罗伯特·帕克通过对移民报刊的研究，以实证调查资料为根据，反对政府压抑或控制这些报刊的舆论。他再三强调，移民报刊的角色有助于维护种族文化，并使读者通过族群语言接触到主流社会，了解主流社会，从而顺利地融入美国社会中[1]。他反对政府实施对德裔的歧视政策，认为这些政策不仅无助于美国的国土安全，而且会把德裔推向背离美国利益的道路。

继帕克之后，多位欧洲学者继续研究西欧阿拉伯和土耳其移民报刊的特点，与此同时，一些美国学者也在境内进一步探索来自非洲和亚洲移民报刊的族群和国家认同问题。综合他们对少数族群传媒的观点，我们不难发现，他们均认为它们的存在有助于延续少数族群文化，帮助少数族群融入主流社会。其中美国学者布罗（Judith R. Blau）、托马斯（Mim Thomas）等人在《移民报刊：族群缓冲机构，纽约 1828—1984》（Ethnic Buffer Institutions – The Immigrant Press：New York City，1820 – 1984）一文中提出的观点较有代表性。他们通过对非裔和亚裔报刊的研究，提出了与帕克相同的看法：没有证据显示，这些移民报刊憎恨或拒绝同化（assimilation）。他们的调查也显示，"没有证据表示，它们传播祖籍国文化就在政治上效忠它们，相反它们在某种程度帮助少数族群了解和融入主流社会，这有助于社会的稳定和民族国家的统一"[2]。

如此多的欧美社会学者通过对少数族群传媒的研究，提出它们传播祖籍国文化并不意味着它们在政治上效忠祖籍国的观点，这为缓解和消除主流社会对少数族群传媒妨碍国家认同的疑虑作出重要贡献，也为我们进一步深入了解少数族群传媒的性质与特点提供了新的视角。

2. 调查目的与实施手段

本调查采取问卷调查的方法，目的是调查马来西亚华文报纸的族群和国家认同情况，并把它作为少数族群传媒的典型代表，深入研究少数族群传媒的国家认同取向，并验证罗伯特·帕克所提出的少数族群传媒传播祖籍国或者族群文化，并不意味着它们拒绝融入主流社会的看法。研究采取 SPSS 软件对数据进行分析统计。

（1）调查目的。

少数族群传媒是否妨碍了少数族群融入主流社会，进而使他们削弱甚至排斥国家认同，这个问题一直以来成为学界关注的问题。许多学者，如美国著名学者罗伯特·帕克、布罗等，为此进行多次社会调查。结果发现，没有证据显示少数族群传媒传播

---

① Robert E. Park. *The Immigrant Press and Its Control*. New York：Harper & Brothers，1922，p. 230

② Judith R. Blau，Mim Thomas，Beverly Newhouse，Andrew Kavee. Ethnic Buffer Institutions – The Immigrant Press：New York City，1820 – 1984. *Historical Social Research*，Vol. 23，1998，No. 3，pp. 20 – 37

族群文化妨碍了少数族群的国家认同，相反却促进了少数族群对国家的认同。

与其他国家的少数族群传媒一样，马来西亚华文报的国家认同和政治效忠也受到马来人的质疑，但是有关调查和研究却相当欠缺。学界曾经数次对华人的国家认同进行调查，如2002年马来西亚华人学者王碧君开展了“马来西亚人关于国家认同感和族群认同感”的调查等。然而，这些调查仅针对华人的族群和国家认同进行调查，而没有对影响华人的国家认同的变量进行调查，所以调查只是大致了解华人的国家认同倾向，而缺乏对影响华人态度的原因进行探究，因此，这些调查从某种程度上说是存在缺陷的。

海外华人是世界移民的重要组成部分，除新加坡外，他们在海外都是少数族群。他们所创办的华文报数量多，在当地也有一定的影响力，特别是马来西亚华文报，其影响力并不逊色于主流报纸——马来文报。因此，马来西亚华文报是世界上比较有代表性的少数族群传媒，本调查把其作为少数族群传媒的代表进行调查，以检验少数族群传媒传播祖籍国文化并没有促使该少数族群效忠祖籍国的观点。

为检验上述观点，本调查提出假设：华文报纸越传播华族文化，在政治上越倾向中国。根据假设，本调查把华文报的影响作为自变量，把华人的族群和国家认同作为因变量。

（2）调查方法。

2008年5月25日，笔者在吉隆坡会展中心（Convention centre）每年举办一次的大型华文书展中进行了一项“马来西亚华文报：妨碍抑或促进了华人的国家认同”的调查。

问卷用中文撰写，不署名回答，一共设计了26题，其中11题是情况调查，15题是态度调查。这15题采用统计学比较流行的李克特（Likert）量表，把回答选项分为五档，如非常有帮助、较有帮助、一般、很少帮助、极少帮助，然后分别赋值为5、4、3、2、1，输入SPSS软件后对有关数据进行统计和显著性差异检验。统计采用百分比、平均值、多因子多变异数T检验（MANOVA）和交叉表卡平方（X^2）相关分析等方法。

调查采用现场随机抽样的方式进行调查。调查人员站在书市门口，计算进入门口的人数，每50人派发一份问卷。如果被调查者拒绝填写或是未成年人，就延后一位受访者，然后再按每50位抽1位的方式调查。该抽样采取当场填写和回收的方式。调查进行2天，共派发问卷74份，其中男24位，女50位，回收率100%。

数据输入 SPSS 进行统计时，效度为 0.787，说明效度较高；信度为 0.806，说明调查可靠性较高。这两个资料说明调查结果比较真实可信。

3. 资料统计与讨论

调查显示，华文报致力于族群认同，但是也鼓励华人增强国家认同，更鼓励华人了解马来人社会，热爱国家，融入多元种族社会中。有 74.3% 的受访者认为华文报大量介绍了马来人社会的情况，而认为很少或者极少介绍马来人社会的只占 21.6%；共有 79.8% 的受访者认为华文报有助于或者极其有助于自己更深入地了解国情，只有 14.9% 的人认为其很少或者极少提供帮助。由此可见，华文报为读者了解马来人社会，直接或间接推动华人融入多元种族社会提供了条件。

调查发现，“在华文报的眼里，国家认同与族群认同哪一个重要”这一项的回答数据显示，有 63.5% 的华人认为族群与国家一样重要（见表 6－2）。这说明，大部分华人认为，华文报把族群认同与国家认同置于同样重要的位置上。

表 6－2　在华文报的眼里，国家认同与族群认同哪一个重要？

	数量（人）	百分比
国家	20	27.0%
华人族群	3	4.05%
一样重要	47	63.5%
很难判断	3	4.05%
漏填	1	1.4%
总计	74	100%

这项调查还预设了一个前提，那就是如果让华文报在国家认同和族群认同当中选一个时，华文报该怎么选择。有 27.0% 的人选择国家认同，只有 4.1% 的人选择族群认同，说明华文报偏向国家认同，反映出华文报有较强的国家意识。从调查资料来看，华文报不会阻碍华人的国家认同，因此，指责它们淡化华人的国家认同，鼓动华人抵制马来人的观点是不成立的。

如果把阅读华文报的习惯作为自变量，把华文报传播中华文化对华人的国家认同的影响作为因变量进行多因子方差比较统计，结果显示，华文报传播中华文化影响华人的国家认同在组内没有呈现显著性差异（见表6－3，$P>0.05$），也就是说，经常阅读华文报的读者与较少阅读华文报的读者在认同马来西亚方面，并没有受到华文报的影响。

表6－3　华文报传播中华文化影响华人国家认同比较表

组内比较		概率	95%信任区间	
			低信任值	高信任值
极其不受影响	较不受影响	.960	－.21	.34
	一般	1.000	－.59	.59
	较受影响	.468	－.10	.40
	极其受影响	.962	－.46	.74
较不受影响	较受影响	.909	－.19	.35
	一般	.998	－.66	.53
	极其受影响	.608	－.14	.42
一般	较受影响	.952	－.44	.74
	极其受影响	.950	－.22	.37
较受影响	极其受影响	1.000	－.28	.27

注：采取多因子方差统计方法，使用Tukey HSD计算方法。

此外，调查发现，87.8%的华人认为，阅读华文报能增强族群感，但是并不认为华文报传播中华文化会影响他们的国家认同（见表6－4，$P>0.05$）。

表6－4　族群认同与国家认同组间比较表

	平方和	离散值	中间平方值	概率
组间值	1.425	4	.356	.967
组内值	165.218	65	2.542	
总数	166.643	69		

注：①采用多因子方差统计法。

②把华人的族群感作为自变量，把华文报影响华人的国家认同作为因变量。

为具体了解华文报对华人国家认同的影响，笔者把影响华人族群和国家认同的各因素进行交叉表卡平方（X^2）相关分析统计（见表6－5），结果发现，华人阅读华文报确实能增强族群认同感，但不会影响到他们的国家认同。如第1项（“阅读华文报有助于增强自己的华人族群感吗?”）和第4项（“在华文报的眼里，国家认同与族群认同哪一个比较重要?”），没有显著性差异（$P>0.05$）。赞同“华文报传播中华文化、坚持华文教育等促进华人增强族群感的做法”，与赞同“族群认同比国家认同重要”没有联系，也就是说，赞同华文报传播中华文化的做法，不会导致华人形成族群认同比国家认同更重要的观念，说明华文报没有影响到华人的国家认同。

表6－5　各因素相关分析显著性差异检测交叉表

	1	2	3	4
1	1	－.075	.191	.139
4	.139	－.020	－.087	1

注：①表格中的数据是皮尔逊（Pearson）相关系数。

②表格中的“1”为“阅读华文报有助于增强自己的华人族群感吗”；“2”为“华文报强调华人权益会不会影响到华人对国家的忠诚”；“3”为“中国崛起会不会影响你对马来西亚的忠诚”；“4”为“在华文报的眼里，国家认同与族群认同哪一个比较重要”。

另从调查资料来看，认为国家认同不受华文报影响的华人均多于持相反意见的华人。如有70.2%的受访者认为华文报传播中华文化不会妨碍他们对国家的忠诚。这从另一个侧面说明华文报传播中华文化，不会影响华人的国家认同，华人没有因为阅读华文报就削弱了国家认同感。

调查还发现，只有12.2%的华人表示愿意移居到中国（大陆5.4%、香港4.1%和台湾2.7%），低于愿意移居到欧洲、澳大利亚、新西兰和新加坡的比例（见图6－1）。华文报是影响华人的国家认同的重要变量，按照马来人的说法，华文报传播中华文化，就会削弱华人的国家认同，并会在政治上认同中国，那么大多数华人应该会选择返回中国，然而，统计资料却呈现出不同的结果。如果说中国大陆的经济与社会发展程度仍然无法吸引马来西亚华人回归，那么台湾地区与香港地区是华人社会，经济高度发达，中华文化也处于主流地位，应该会吸引大量华人回流，但是数据显示，很少有华人会选择定居香港或台湾地区。在台湾地区，中华文化完全处于主流地位，而且文化气息很浓，但华人选择回流台湾的比例仍然很低。这说明，马来西亚华人并不因为中国大陆是文化母国就一定要回归中国，也不因为台湾或香港地区的经济发达、社会稳定、中华文化繁荣就定居到这些地区。这从一个角度说明文化认同等同于政治认同的说法是站不住脚的。

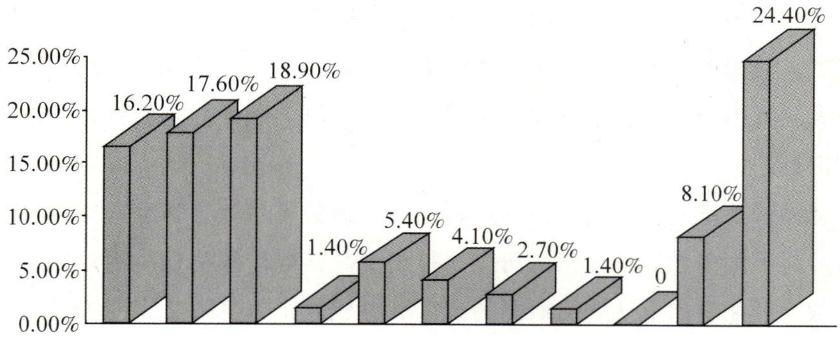

图 6－1　2008 年马来西亚华人移居目的地调查

此外，中国学者俞云平在《部分马来西亚华裔新一代的文化与族群认同》一文中所发表的数据，也显示出华人无意认同和移居中国。“有 64.9% 的人认为父辈祖辈对祖籍国的感情要比他们强。在那些尚未就业的学生中，有 70% 以上的人希望将来的职业是商人或专业技术人员，而在回答希望到什么地方发展事业时，2/3 的人只选了马来西亚，其余的一般选择包括马来西亚在内的多个地方。当然，在当地化过程中，他们仍然保留着华人的民族特性，以及对族源的历史记忆，从而形成与当地民族保持种族文化上的相对独立性的少数族群。”①

笔者在调查时也发现，许多华人承认祖先和文化来自中国，但再三强调他们是马来西亚华人，而不是中国人。这也说明他们有很强的国家归属感，有落地生根的观念。综合上述调查，我们可以得出结论，有关华文报传播中华文化，导致马来西亚华人在政治上认同中国的假设不能成立。

① 俞云平．部分马来西亚华裔新一代的文化与族群认同．八桂侨刊，2005（1）

笔者在马来西亚、新加坡和柬埔寨进行田野调查时也发现，华文报纸从业者认同文化来自中国大陆，但是在政治上并不认同中国。在马来西亚，华文报纸从业者说，他们是马来西亚华人，与中国没有政治上的从属关系，而且华文报纸也不受中国管辖，因此，他们没有义务宣传中国，对中国的正、负面新闻都要进行报道，所以我们可以在这些报纸上看到大量有关中国大陆的负面报道。客观地说，马来西亚华文报纸有自己的编辑原则，它们的商业化程度很高，而且它们是私人拥有的企业，并不会因为文字、文化与中国一致，就在政治效忠上倾向中国。

事实上，马来西亚华文报纸是传播中华文化、维护族群权益的重要舆论工具，也是帮助华人融入当地社会、增强国家认同的有力工具，因此，它们具有族群与国家双重认同的特点。

从调查结果及华文报纸所登载的资料来看，美国著名社会学家罗伯特·帕克和其他学者通过对美国少数族群传媒的研究，得出少数族群传媒虽然传播族群文化，但不会要求少数族群在政治上认同祖籍国的观点能够成立，也进一步说明少数族群传媒传播祖籍国文化不会削弱和妨碍少数族群的国家认同。

4. 讨论

我们把华文报作为调查样本，对其国家认同态度进行调查，所获得的结果显示，少数族群传媒传播祖籍国文化，并不意味着他们鼓动少数族群在政治上效忠祖籍国，妨碍他们对国家的认同。然而，少数族群传媒的国家认同却为何一再受到民族国家政府和主流社会的关注呢?

调查发现，政府出台的针对少数族群的政策，极大地影响了他们对国家认同的看法。例如，60.8%的马来西亚华人认为不公平的政策影响了他们对国家的认同，更具体一点，44.6%的华人认为政府没有为各族群提供平等的发展机会，33.8%的华人认为政府没有营造多元种族社会的氛围，觉得他们被边缘化。实际上，马来西亚华人所面临的困境也是世界上其他少数族群同样面对的问题。少数族群的权益在许多国家都得不到很好的维护，也正是这个原因，少数族群传媒的国家认同才会引起人们的关注，才会在少数族群与主流社会之间产生张力。

作为少数族群的喉舌，少数族群传媒全力为他们奔走，这进一步加深了当地政府和主流社会对它们的质疑。然而，很多时候，主流社会没有看到政府的政策对少数族群的权益造成了损害，反而指责少数族群传媒传播祖籍国文化阻碍了少数族群的归化与对国家的认同，这显然不符合事实。

美国著名社会学家罗伯特·帕克等认为，少数族群传媒将随着少数族群融入主流社会而消亡①，但是他们没有意识到，正是少数族群传媒不断维护少数族群利益，才使得他们在很长时间内仍然能够生存下来。当时罗伯特·帕克认为，少数族群传媒生存的时间不会超过两年，但是许多少数族群传媒却远远超过了这个限期，有些已经生存了数十年，甚至上百年。如美国犹太社区的希伯来文报纸（The Jewish Daily Forward，1897 年）迄今已有一百多年的历史。因此，从今天的角度来看，帕克关于少数族群传媒生存时间的断言是不客观的，这也是他的失误和缺陷。更重要的一点是，他没有预料到，随着全球化波及世界各地，少数族群传媒在全球化的背景中一方面扩大了社会影响力，另一方面因肩负着保护族群文化的任务，从而在传播族群文化中更加不遗余力，也正是这个原因，少数族群传媒更加引起世人的关注，更受到族群的支持，并作为文化传承的重要工具能够继续存在下去，其中马来西亚华文报纸就是一个非常典型的例子。

在全球化的影响下，以海外华人作为传播对象的华文报纸获得了一定程度的发展空间，但是同时它们又面临着全球化“时空压缩”的危险，因此，它们在欢迎全球化的同时，也在为维护族群文化而作出种种努力。这就使得海外华文报纸的全球化呈现出矛盾性：一方面欢迎全球化，希望借全球化在言论和文化的传播方面获得更大的自由与空间，另一方面又要面对全球化造成的文化帝国主义这个巨大狮子，在“时空压缩”和话语权力不断集中的背景下，积极参与全球化，并在此过程中扩大话语权，以争取更大的族群权益。因此，马来西亚华文报纸面对全球化的矛盾心态，引发我们思考一个问题，就是它们如何在当地国家中寻找到生存的空间，并作为世界多元文化的一种形态在全球化进程中得到弘扬和发展，如何在文化民族化、文化国家化、文化全球化之间找到平衡点。

全球化所带来的国家碎片化的倾向，对国家的统一构成了相当严重的危险。世界上许多战争也是因为少数族群为维护自身权益，走向分离运动道路而造成的。如何缓和少数族群与主流族群的矛盾，少数族群可以承担重要作用，但要取决于当地政府对

① Judith R. Blau, Mim Thomas, Beverly Newhouse, Andrew Kavee. Ethnic Buffer Institutions – The Immigrant Press: New York City, 1820 – 1984. *Historical Social Research*, Vol. 23, 1998, No. 3, pp. 20 – 37

其的态度与政策。

当政府的政策比较多地考虑到少数族群的利益时，少数族群能从政策中受惠，有较大的发展空间，感受到政府和主流社会对他们各项权利的维护与尊重时，便对政府和主流社会减少抵制心理，也比较容易接受主流文化，此时少数族群传媒便逐渐被削弱甚至失去了维护族群利益的作用，变成单纯传播族群文化的工具。在少数族群不断接受主流文化的情况下，少数族群传媒文化传播的功能逐渐被弱化，导致传媒逐渐走向消亡。因此，从少数族群传媒与生俱来的特点与作用来说，很显然，政府和主流社会应改变对少数族群传媒的看法，不仅应该适当照顾少数族群的权益，为他们提供发展机会，而且应该为少数族群传媒提供宽松的舆论环境，发挥少数族群传媒帮助少数族群了解和融入主流社会的作用，这才有助于缓解少数族群与主流社会的张力，避免出现主流社会排斥少数族群，导致少数族群日益自我封闭的现象，促进少数族群的国家认同。

全球化对少数族群的生存与发展带来冲击的同时也带来了机遇。全球化促成政治上的解构、经济上的分工、文化上的冲突，少数族群文化和权益在文化全球化的冲击下，面临无法继续得到保护的困境，但如果我们从逆向视角看待全球化，全球化恰恰可为少数族群传媒的权益诉求及族群文化的传播提供机会。例如，在全球化解构民族国家的敏感时刻，民族国家为保持统一和稳定，不得不考虑少数族群传媒的要求，这样就为少数族群传媒增强影响力和话语权提供了条件。如果它们能够充分认识到民族国家种族关系的敏感性与复杂性，利用这种敏感性设计议题和内容，那么它们就不会被动地应对民族国家制定的各种针对少数族群的政策。

少数族群由于缺乏安全感，因此有很强的心理敏感性。他们对是否受到主流社会的歧视，政府的政策是否对各个种族一视同仁等问题特别敏感。鉴于这种实际情况，笔者认为，政府出台任何有关少数族群的政策，都要相当合理和公正，避免造成少数族群产生被边缘化、权益受损的心理，更不能把文化认同与政治认同祖籍国等同起来。族群、民族问题历来是民族国家保持社会稳定和国家统一最大的挑战。民族国家要想有效地解决这些问题，不仅需要为少数族群提供生存与发展的空间与条件，还要建立民主制度，建立少数族群反映和表达诉求的渠道，使其权益得到有效保护，提升他们的政治地位。事实证明，只有在制度上保障少数族群的权益，才能淡化少数族群传媒的族群、民族认同，才能增强他们对国家的认同，也才能培养他们在国家统一方面的主体意识，化解全球化对民族国家统一的挑战。

今天，少数族群传媒面对全球化的挑战而出现的国家认同问题，带给我们对少数族群前途的思索，也使我们更加关注它们的生存状况。实际上，少数族群传媒的前途与国家认同问题，以及它们在面对全球化时的迷茫与忧虑，也正反映了少数族群面对全球化时的遭遇，是少数族群面对全球化复杂心态的一个缩影。因此，对全球化背景下少数族群传媒的研究，无疑可为我们揭示和思考少数族群的发展提供许多启示，也可帮助我们更深层次地思考它们的未来。

调查以马来西亚华人对华文报纸的印象作为样本，由于时间与经费的限制，取样的范围比较窄，而且样本较少，以致造成样本缺乏代表性，是调查的一大缺陷。虽然笔者尽力通过多方面的资料补充和田野调查来弥补这一缺陷，但是由于问卷调查的研究方法本身存在的缺陷，因此调查结果或多或少会受到调查样本的影响。故此，调查不一定能够很准确和客观地反映马来西亚华文报纸的实际情况。笔者希望今后有机会在马来西亚进行更大范围的调查，进一步验证华文报纸的双重认同理论，并展开在全球化背景下华文报纸与族群关系的研究，丰富和修正有关少数族群传媒理论。

参考文献

一、中文专著

1. ［英］安东尼·吉登斯. 现代性与自我认同：现代晚期的自我与社会. 赵旭东，方文译. 北京：三联书店，1998

2. ［英］戴维·赫尔德，安东尼·麦克格鲁. 全球化与反全球化. 陈志刚译. 北京：社会科学文献出版社，2004

3. ［英］简·阿尔特·斯科尔特. 解析全球化. 王艳莉译. 长春：吉林人民出版社，2003

4. ［英］贾斯廷·罗森伯格. 质疑全球化理论. 洪霞，赵勇译. 南京：江苏人民出版社，2002

5. 里斯本小组. 竞争的极限：经济全球化与人类未来. 张世鹏译. 北京：中央编译出版社，2000

6. ［美］罗兰·罗伯森. 全球化：社会理论和全球文化. 梁光严译. 上海：上海人民出版社，2000

7. ［英］马丁·阿尔布劳. 全球时代：超越现代性之外的国家和社会. 高湘泽，冯玲译. 北京：商务印书馆，2001

7. 缪家福. 全球化与民族文化多样性. 北京：人民出版社，2005

9. 熊澄宇. 西方新闻传播学经典名著选读. 北京：中国人民大学出版社，2004

10. 郑晓云. 全球化与民族文化：郑晓云学术研究文集. 北京：中国书籍出版社，2005

11. 张旭东. 全球化时代的文化认同：西方普遍主义话语的历史批判. 北京：北京大学出版社，2005

12. 李元瑾. 东西文化的撞击与新华知识分子的三种回应：邱菽园、林文庆、宋

旺相的比较研究．新加坡：新加坡国立大学中文系；纽约：八方文化企业公司，2001

13. 云惟利．新加坡社会和语言．新加坡：南洋理工大学中华语言文化中心，1996

14. 宋旺相．新加坡华人百年史．叶书德译．新加坡：新加坡中华总商会出版，1993

15. 冯爱群．华侨报业史．台北：台湾学生书局，1967

16. 何舒敏．新加坡最早的华文日报——《叻报》（1881—1923）．南洋学报，1978

17. 王慷鼎，姚梦桐．郁达夫研究论集．新加坡：新加坡同安会馆，1987

18. 王慷鼎．《槟城新报》政论编目索引．新加坡：新加坡国立大学中文系汉学研究中心，1996

19. 崔贵强．新马华人国家认同的转向：1945—1959．新加坡：南洋学会，1990

20. 崔贵强．新加坡华文报刊与报人．新加坡：海天文化企业私人有限公司，1993

21. 崔贵强．东南亚华文日报现状之研究．新加坡：南洋学会，2004

22. 朱自存．纵观华报五十年：马来西亚华文报发展实况．马来西亚：东方企业有限公司，1994

23. 叶观仕．马新新闻史．马来西亚：韩江新闻传播学院，1996

24. 彭伟步．东南亚华文报纸研究．北京：社会科学文献出版社，2005

25. 彭伟步．海外华文传媒概论．广州：暨南大学出版社，2007

26. 彭伟步．《星洲日报》研究．上海：复旦大学出版社，2008

二、英文专著

1. Chen Mong Hock. *The Early Chinese Newspapers of Singapore* 1881 – 1912. University of Malaya Press (Singapore), 1967

2. Elizabeth Sinn. *The last half century of Chinese overseas*. Hong Kong University Press, 1998

3. Kashi Yoji. *The Nanyang Chinese national salvation movement*, 1937 – 1941. [Lawrence] Center for East Asian Studies, University of Kansas, New York, 1970

4. Francis L. K. Hsu and Hendrick Serrie. *The Overseas Chinese: ethnicity in national context*. University Press of America, 1998

5. Kusuma Snitwongse, W. Scott Thompson. *Ethnic conflicts in Southeast Asia*. Singapore: ISEAS Publications, 2005

6. Lu Yu-sun. *Programs of Communist China for overseas Chinese*. Kowloon, Hong Kong: Union Research Institute, 1956

7. Minority Rights Group. *The Chinese of Southeast Asia*. London: Minority Rights Group, 1992

8. Suryadinata Leo. *China and the ASEAN states: the ethnic Chinese dimension*. Singapore: Marshall Cavendish, 2005

9. Yen, Ching Hwang. *Studies in modern overseas Chinese history*. Singapore: Times Academic Press, 1995

10. Peng Wei Bu. *Ethnic and Culture Self-identity: From a Historical Perspective to See Overseas Chinese Language Newspaper and Its Relationship with Ethnic Chinese of Singapore and Malaysia*. Lee Kong Chian Research Report, NLB, Singapore, 2007

三、论文

1. 蔡史君. 日军占领新加坡初期的宣传政策. 亚洲文化，1987

2. 杨松年. 从郁达夫《几个问题》引起的论争看当时南洋知识分子的心态. 亚洲文化，1998

3. 范若兰，孟庆顺，谌焕义. 大陆中国移民在新加坡一个实地调查. 东南亚，2001（1）

4. 吴向东. 精彩与无奈——打工仔眼中的新加坡. 中国水运，1996（3）

5. 沈燕清. 新加坡的中国留学生. 东南亚，2003（3）

6. 小木裕文. 新加坡的中国新移民. 南洋资料译丛，2003（1）

7. [新加坡] 郭汉森. 中国的变化牵动着我的心. 中国国际广播电台华语台举办的"我看新中国"征文

8. 陆建人. 新加坡华人的中国情. 当代亚太，2001（8）

9. Bintang Peranakan: Satu Tinjauan Ringkas Mengenai Sebuabakbar Orang - orang Ci-

na Peranakan（《土生华星周刊》，对一份土生华人报章的简剖）. *Malaysia in History*, 1978，21（2）

10. An Chee Beng. Building a Malaysian Image：Chinese Newspaper in Malaysia. *Aliran Monthly*（Penang），1992，12（2）